J

Frédéric Colin

L'essentiel des Grands arrêts du Droit administratif

9e édition
2017 2018

Gualino
une marque de Lextenso

LES CARRÉS

Cette collection de livres présente de manière synthétique, rigoureuse et pratique l'ensemble des connaissances que l'étudiant doit posséder sur le sujet traité. Elle couvre :
- le Droit et la Science Politique ;
- les Sciences économiques ;
- les Sciences de gestion ;
- les concours de la Fonction publique.

Frédéric Colin, est Maître de conférences (HDR) de droit public (Université d'Aix-Marseille, Centre de Recherches Administratives EA 893) et auteurs de plusieurs ouvrages de droit public.

Du même auteur, chez le même éditeur

Collection « Carrés Rouge »

– *L'essentiel des Grands arrêts du droit administratif*, 9e éd. 2017-2018.
– *L'essentiel du contentieux administratif*, 3e éd. 2017 (avec M.-L. Messe).
– *L'essentiel du Droit public économique*, 3e éd. 2017-2018.

Collection « Master »

– *Droit public économique*, 6e éd. 2017.

Collection « Mémentos LMD »

– *Droit de la Fonction publique*, 4e éd. 2016.

70, rue du Gouverneur Général Éboué
92131 Issy-les-Moulineaux cedex
ISBN 978 - 2 - 297 - 06474 - 3
ISSN 1288-8206

PRÉSENTATION

Le droit administratif est façonné par l'intérêt général, qui ne cesse d'évoluer pour s'adapter aux besoins du public, tels qu'appréciés par les pouvoirs publics. Il développe en conséquence des principes juridiques originaux, et la possibilité d'utiliser des prérogatives de puissance publique. Il consacre des règles exorbitantes destinées à l'accomplissement des missions confiées aux personnes chargées de missions de service public. Les règles du droit administratif ont deux sources essentielles : la « loi » (entendue au sens large), mais aussi la jurisprudence, qui a un rôle prépondérant de concrétisation de la norme juridique. En effet, le droit administratif est très largement élaboré dans le prétoire de la juridiction administrative. Celle-ci a été amenée à appliquer à compter de la Révolution française un droit nouveau, le droit administratif, qu'elle a construit en l'absence de règles de droit privé adaptées à l'action de l'administration.

L'essentiel des grandes notions du droit administratif résulte donc de décisions juridictionnelles de principe élaborées par le Conseil d'État : acte administratif unilatéral, contrat administratif, recours pour excès de pouvoir, responsabilité administrative...

Si la jurisprudence administrative se trouve aujourd'hui de plus en plus codifiée par les textes, elle reste nécessaire pour incarner et interpréter la loi.

Si de « petites affaires » ont été l'occasion de « grands arrêts », à l'inverse, des « grandes affaires » ne sont pas systématiquement l'occasion pour le Conseil d'État de rendre de grands arrêts. En tout état de cause, ces dernières années ont connu des arrêts emblématiques, qui ont connu un fort retentissement. Ces arrêts « médiatiques » présentent une solution qui trouve un écho dans la société (p. ex. arrêts sur les OGM, les tarifs du gaz ou de l'électricité, la laïcité, le droit à la vie, la liberté d'expression, l'état d'urgence...). Sans doute faut-il s'en réjouir, dans la mesure où ces affaires permettent au grand public d'être sensibilisé aux problématiques du droit administratif.

SOMMAIRE

SOMMAIRE

SOMMAIRE

Liste des principales abréviations

Ass.	Assemblée
Assoc.	Association
CJA	Code de justice administrative
c/	Contre
CAA	Cour administrative d'appel
Cass.	Cour de cassation
CE	Conseil d'État
CEDH	Cour européenne des droits de l'homme
Circ.	Circulaire
CJUE	Cour de justice de l'Union européenne
CNIL	Commission nationale de l'informatique et des libertés
Cons. const.	Conseil constitutionnel
Const.	Constitution
CRPA	Code des Relations entre le Public et l'Administration
CSA	Conseil Supérieur de l'Audiovisuel
CSM	Conseil Supérieur de la Magistrature
EDCE	Études et documents du Conseil État
ENM	École Nationale de la Magistrature
JO	Journal officiel
L.	Loi
Ord.	Ordonnance
QPC	Question prioritaire de constitutionnalité
Sect.	Section
TA	Tribunal administratif
TFUE	Traité sur le Fonctionnement de l'Union européenne
T. confl.	Tribunal des conflits
UE	Union européenne

Le service public

Chapitre 1

Le service public peut se définir comme une activité d'intérêt général (critère matériel) exercée par une personne publique ou sous son contrôle (critère organique) et soumis au moins pour partie à un régime dérogatoire au droit privé (application du droit administratif). Le service public est un facteur de cohésion sociale (L. Duguit). Il existe deux grandes catégories juridiques de services publics : les services publics administratifs et les services publics industriels ou commerciaux, qui sont soumis à des règles de création identique, à des grandes lois des services publics communes, mais à des régimes juridiques distincts.

1 T. confl., 8 février 1873, *Blanco*

« Considérant que l'action intentée par le sieur Blanco contre le préfet du département de la Gironde, représentant l'État, a pour objet de faire déclarer l'État civilement responsable, par application des articles 1382, 1383 et 1384 du Code civil, du dommage résultant de la blessure que sa fille aurait éprouvée par le fait d'ouvriers employés par l'administration des tabacs ;
Considérant que la responsabilité, qui peut incomber à l'État pour les dommages causés aux particuliers par le fait des personnes qu'il emploie dans le service public, ne peut être régie par les principes qui sont établis dans le Code civil, pour les rapports de particulier à particulier ;
Que cette responsabilité n'est ni générale, ni absolue ; qu'elle a ses règles spéciales qui varient suivant les besoins du service et la nécessité de concilier les droits de l'État avec les droits privés ;
Que, dès lors, aux termes des lois ci-dessus visées, l'autorité administrative est seule compétente pour en connaître ; »
(Arrêté de conflit confirmé).

■ *Faits*

La fille de Monsieur Blanco est blessée par un wagonnet dans une manufacture de tabacs, exploitée par l'État en régie directe (service sans indépendance fonctionnelle ni personnalité juridique). Le requérant saisit la juridiction judiciaire d'une action en responsabilité civile contre l'État, au titre des fautes commises par les ouvriers de la manufacture, exploitée en régie par l'État. Il agit sur le fondement des articles 1382 à 1384 du Code civil. Le conflit est élevé par le préfet (conflit positif), qui souhaite voir appliquer le privilège de juridiction de l'État au bénéfice de la juridiction administrative.

■ *Portée*

La décision *Blanco* du Tribunal des conflits est considérée comme constituant la « pierre angulaire » du droit administratif. Redécouverte par la doctrine, on peut effectivement l'interpréter comme fondant la notion même de droit administratif. En effet, à l'occasion d'une action en responsabilité civile intentée contre l'État, le Tribunal des conflits invoque l'action de service public poursuivie par l'administration des tabacs afin d'écarter l'application des règles du Code civil à l'action en dommages-intérêts intentée contre l'État (responsabilité extracontractuelle). Les règles du droit civil ne peuvent pas, selon lui, être appliquées au service public. La décision comporte un apport fondamental en matière de compétence de la juridiction administrative en ce qu'elle abandonne la théorie de l'État débiteur (compétence judiciaire pour les condamnations de l'État à de simples réparations pécuniaires). En se référant à la loi des 16-24 août 1790, et son article 13 qui dispose que « *Les fonctions judiciaires sont distinctes et demeureront toujours séparées des fonctions administratives. Les juges ne pourront, à peine de forfaiture, troubler de quelque manière que ce soit les opérations des corps administratifs, ni citer devant eux les administrateurs pour raison de leurs fonctions* », le Tribunal des conflits instaure un ***privilège de juridiction*** au profit de l'administration, bénéficiant de la compétence de la juridiction administrative.

Dans la même décision, le service public, soumis à un droit dérogatoire du droit commun, c'est-à-dire au droit administratif (solution développée par « l'École de Bordeaux », sous l'influence du doyen Léon Duguit, au début du XXe siècle), devient LE critère de détermination de la compétence de la juridiction administrative. Le Tribunal des conflits consacre en quelque sorte une assimilation, *a priori* simple, entre action de l'État, service public et droit administratif. Ceci le conduit « naturellement » à conclure que le service public dans son ensemble doit être distingué des activités de droit privé. Cette décision consacre aussi le principe de la *liaison de la compétence et du fond* : le Tribunal des conflits consacre un lien entre la compétence de la juridiction administrative et l'application de règles exorbitantes du droit commun liées à l'exécution du service public. Cette interprétation ainsi que la place du service public ne seront pas interprétées de la même façon par « l'École de Toulouse », représentée par le doyen Hauriou qui valorisera plutôt la théorie de la puissance publique en considérant que ce n'est que dans la mesure où l'administration utilise des prérogatives de puissance publique que son activité peut être considérée comme un service public et bénéficier de l'application du droit administratif. On voit donc se dessiner la notion de service public, qui se caractérise aujourd'hui par la combinaison de deux éléments :

– la présence d'une personne publique, c'est le ***critère organique*** ;

– un but d'intérêt général, c'est le ***critère matériel***.

Cette solution a aussi été l'occasion d'envisager un critère d'identification de la compétence de la juridiction administrative : celui selon lequel « la compétence suit le fond ». Le problème de ce critère réside dans le fait que justement, le fond du droit applicable, c'est-à-dire la qualification de service public, n'est pas toujours évident.

En effet, par la suite, la solution dégagée dans la décision *Blanco* s'est compliquée. Ainsi, la présence du service public ne signifie plus automatiquement compétence de la juridiction administrative, depuis la consécration du service public industriel et commercial en 1921 par le Tribunal des conflits (affaire *Société commerciale de l'Ouest africain*, dite du « bac d'Eloka » ; V. *infra*), largement soumis au droit privé dans son fonctionnement (moins dans son organisation). Ainsi, sous l'emprise de cette jurisprudence de 1921, le service public des tabacs et allumettes aurait été qualifié d'industriel et commercial et la compétence juridictionnelle, de judiciaire.

Par ailleurs, si le service public est géré par une personne privée, le juge exige parfois, en plus des conditions posées dans la décision *Blanco*, que soient exercées des prérogatives de puissance publique.

Cette affaire est aussi l'occasion d'abandonner l'irresponsabilité de l'État, même si un régime dérogatoire est justifié encore aujourd'hui par l'accomplissement d'une mission de service public, que le juge considère comme ne pouvant être régie par les principes du Code civil pour les rapports entre particuliers. En relation avec la loi des 16 et 24 août 1790, cela interdit aux juridictions judiciaires de statuer en la matière. Dès lors, la responsabilité administrative, pendant longtemps, s'est bâtie sur des fondements jurisprudentiels, parfois différents de la responsabilité du Code civil (p. ex. consécration de la responsabilité sans faute), parfois sans s'en éloigner (p. ex. responsabilité décennale des constructeurs).

Pour aller plus loin

- **T. confl., 6 décembre 1855, *Rothschild*** : la responsabilité de l'État en cas de faute, de négligence ou d'erreur commise par un agent n'est ni générale ni absolue.
- **T. confl., 22 janvier 1921, *Société commerciale de l'Ouest africain*** : certains services publics, les services publics industriels ou commerciaux, sont largement soumis au droit privé.
- **CE, sect., 3 décembre 2010, *Ville Paris, Assoc. Paris Jean Bouin, Sté Paris Tennis*** : la qualification de service public nécessite un contrôle de la personne publique permettant de caractériser sa volonté d'ériger une activité en service public.

2 CE, 6 février 1903, *Terrier*

« Sur la compétence :
Considérant que le sieur Terrier défère au Conseil d'État une note rédigée en Chambre du conseil par laquelle le secrétaire-greffier lui fait connaître que la requête adressée par lui au conseil de préfecture du département de Saône-et-Loire à l'effet d'obtenir du département le paiement d'un certain nombre de primes attribuées pour la destruction des animaux nuisibles aurait été soumise à ce conseil qui se serait déclaré incompétent ;
Considérant que la note dont il s'agit ne constitue pas une décision de justice et ne peut à ce titre être déférée au Conseil d'État ;
Mais considérant que, dans son pourvoi, le requérant a pris, en vue de l'incompétence du conseil de préfecture, des conclusions directes devant le Conseil d'État pour être statué sur le bien-fondé de sa réclamation ;
Considérant qu'étant donné les termes dans lesquels a été prise la délibération du Conseil général allouant des primes pour la destruction des animaux nuisibles et a été voté le crédit inscrit à cet effet au budget départemental de l'exercice 1900, le sieur Terrier peut être fondé à réclamer l'allocation d'une somme à ce titre, que du refus du préfet d'admettre la réclamation dont il l'a saisi il est né un litige dont il appartient au Conseil d'État de connaître et dont ce Conseil est valablement saisi par les conclusions subsidiaires du requérant ; »
(Renvoi du sieur Terrier devant le préfet).

■ *Faits*

Le Conseil général (aujourd'hui conseil départemental) de Saône-et-Loire avait décidé de l'attribution d'une prime pour la destruction des animaux nuisibles et voté à cet effet le crédit nécessaire au budget du département. Le préfet (qui était alors, faute de décentralisation, l'exécutif du département) refuse au motif de l'insuffisance de crédits le versement de la prime au sieur Terrier, qui avait pourtant passé un contrat avec le département afin de chasser les vipères.

■ *Portée*

Cet arrêt intègre le contentieux des contrats (reconnus comme administratifs) des collectivités territoriales au sein du contentieux administratif, en les excluant de la compétence judiciaire.

La contribution du commissaire du gouvernement Romieu à cette décision est essentielle. Il formalise en effet dans ses conclusions la distinction entre ***gestion publique*** et ***gestion privée*** : « *toutes les actions entre les personnes publiques et les tiers ou entre ces personnes publiques elles-mêmes, et fondées sur l'exécution, l'inexécution ou la mauvaise exécution d'un service public sont de la compétence administrative* ». Au contraire, « *il faut réserver les circonstances où l'administration doit être réputée agir dans les mêmes conditions qu'un simple particulier et se trouve soumise aux mêmes règles comme aux mêmes juridictions* ».

Cette conception est validée par le Conseil d'État, par le prisme de la reconnaissance du service public. Ainsi, lorsque l'administration agit comme un particulier, elle doit se voir appliquer les règles du droit privé ; au contraire, lorsque l'administration agit dans l'intérêt général, c'est-à-dire lorsqu'elle gère un service public ou souhaite en déléguer l'exécution, comme c'était le cas en l'espèce, elle doit être soumise à l'application du droit administratif, que ce soit en matière contractuelle ou en matière de responsabilité. Il résulte dans ce cas compétence de la juridiction administrative (en vertu de critères qui seront précisés dans la jurisprudence ultérieure).

La décision opte aussi pour une conception *matérielle* du service public : c'est l'activité poursuivie qui est essentielle à la qualification juridique employée. Ce modèle *a priori* simple va néanmoins se compliquer par la suite du fait de la création des services publics industriels ou commerciaux, dont le fonctionnement obéit au droit privé (relations avec les « clients »). L'ouverture vers la gestion privée s'avère nécessaire du fait de la diversification des actions de l'administration, au-delà de ses domaines classiques et régaliens d'intervention. L'administration peut donc *choisir* de sortir de l'application des règles de droit privé, afin de bénéficier de règles plus souples de gestion.

Souvent, aujourd'hui, c'est la loi qui prévoit la possibilité pour les personnes publiques (notamment les collectivités territoriales) de bénéficier de « démembrements » de droit privé (p. ex. Sociétés Publiques locales ; Sociétés d'économie mixte à opération unique – SEMOP) pour faciliter leur action. Enfin, cette décision est l'occasion de soumettre le contentieux des contrats passés par les collectivités territoriales à la compétence de la juridiction administrative.

Pour aller plus loin

- **T. confl., 23 février 1908,** ***Feutry*** : la responsabilité du département, intégré au sein des personnes morales de droit public, est retenue à l'occasion d'un dommage causé par une personne qui s'était évadée suite au mauvais fonctionnement d'un asile d'aliénés.
- **CE, 4 mars 1910,** ***Thérond*** : continuité de la décision *Terrier*, appliquée au domaine de la qualification jurisprudentielle des contrats de l'administration. Ces derniers sont qualifiés d'administratifs sous condition d'avoir au moins une partie qui soit une personne publique, et d'avoir pour but d'assurer un service public. Les contrats de concession de service public constituent le prototype des contrats administratifs. L'exécution du service public et la qualification de contrat administratif qui y est associée conduisent à l'application du droit administratif et à la compétence de la juridiction administrative.
- **CE, 23 décembre 2014,** ***Commune de Fournels, commune de Janvry*** : le décret qui modifie les rythmes scolaires est bien de la compétence du Premier ministre, au nom de l'État ; comme il ne rend pas obligatoire l'organisation d'activités périscolaires par les communes, il ne contrevient pas aux principes de la décentralisation.
- **CE, ord., 18 décembre 2015,** ***Ministre de l'intérieur c/commune d'Eguilles*** : suspension des deux arrêtés préfectoraux fixant la composition du conseil de la métropole d'Aix-Marseille-Provence du fait de la QPC pendante devant le Conseil constitutionnel qui, si elle aboutissait, conduirait à rendre cette composition irrégulière. Mais **CE, ord., 1er mars 2016,** ***Ministre de l'intérieur c/commune d'Eguilles*** : le CE met fin à la suspension ; le conseil de la métropole peut donc à nouveau se réunir.

3 CE, 21 décembre 1906, *Syndicat des propriétaires et contribuables du quartier Croix-De-Seguey-Tivoli*

« Sans qu'il soit besoin d'examiner les autres fins de non-recevoir opposées par la compagnie des tramways électriques au pourvoi du syndicat ;
Considérant que le syndicat requérant a demandé au préfet d'user des pouvoirs qu'il tient des articles 21 et 39 de la loi du 11 juin 1880 pour assurer le fonctionnement du service des tramways afin d'obliger la compagnie des tramways électriques de Bordeaux à reprendre l'exploitation, qui aurait été indûment supprimée par elle, du tronçon de Tivoli de la ligne n° 5 ;
Considérant que, pour repousser la demande du syndicat, le préfet s'est fondé sur ce que le tronçon de ligne dont il s'agit n'était pas compris dans le réseau concédé par le décret du 19 août 1901 ; qu'en l'absence d'une décision rendue par la juridiction compétente et donnant au contrat de concession une interprétation différente de celle admise par le préfet, le syndicat n'est pas fondé à soutenir que le refus qui lui a été opposé par le préfet, dans les termes où il a été motivé, est entaché d'excès de pouvoir ; »
(Rejet).

■ Faits

La compagnie des tramways électriques de Bordeaux, concessionnaire du réseau, a supprimé un tronçon de la ligne n° 5 suite au passage à la traction mécanique. Le syndicat requérant conteste devant le préfet, puis devant la juridiction administrative, cette décision comme étant contraire au cahier des charges. Le Conseil d'État est à cette occasion amené à trancher la question de la recevabilité du recours pour excès de pouvoir des groupements de personnes à l'encontre des mesures d'organisation du service public.

■ Portée

Le régime juridique de l'exécution du service public consacre un compromis entre les droits et obligations réciproques de la personne qui gère le service et les usagers. Les usagers du service ne disposent « que » d'un seul droit (mais essentiel) : le service doit, tant qu'il existe, fonctionner conformément aux règles administratives en vigueur (p. ex. horaires). Ils n'ont pas droit, par exemple, au maintien du service. Les usagers sont par ailleurs recevables à attaquer les décisions qui seraient contraires à cette réglementation. La recevabilité bénéficie aussi bien aux usagers du service public industriel et commercial que du service public administratif, quel que soit le mode de gestion du service : régie directe ou délégation contractuelle. Elle concerne les mesures (qu'elles soient réglementaires ou individuelles) relatives aussi bien à l'organisation du service qu'à son fonctionnement. Sont attaquables les mesures qui portent atteinte aux droits des usagers, notamment aux grandes lois présidant au fonctionnement du service public (égalité, continuité, adaptation).

Par ailleurs, les contrats de délégation de service public doivent être considérés comme des contrats administratifs parce que le délégataire exécute de façon directe un service public. Les litiges relatifs au contrat relèvent donc du juge administratif notamment, comme en l'espèce, en ce qui concerne les litiges entre les usagers et la collectivité publique délégante. En revanche, les litiges entre les usagers et le délégataire relèvent de la compétence du juge judiciaire du moment qu'il gère un service public industriel et commercial. Les usagers sont en effet dans ce dernier cas, normalement, dans une situation ***contractuelle*** avec l'opérateur du service, et plus précisément dans une relation commerciale, qui entraîne la compétence de la juridiction judiciaire en cas de litige.

Le principe d'adaptation du service public aux exigences de l'intérêt général ne présente donc pas que des avantages pour les usagers, pris individuellement (ou même collectivement) : l'intérêt général, tel qu'il est identifié et défini par les pouvoirs publics, va pouvoir motiver selon les cas un renforcement ou au contraire un allégement du service public. Ce principe d'adaptation (ou dit aussi de « mutabilité ») constitue l'une des « lois de Rolland » et est applicable à tout service public (service public administratif ou service public industriel et commercial).

On remarquera que la solution construite par le Conseil d'État est vraiment de nature implicite. C'est bien parce que l'association avait pour objet de contribuer à l'amélioration des conditions de vie du quartier que son intérêt à agir est retenu : c'est la reconnaissance de l'intérêt collectif (mais sans aller jusqu'à l'action « populaire » ouverte à tous) à agir devant le juge administratif.

Enfin, cet arrêt est l'occasion de comprendre qu'un contrat, s'il est administratif, peut contenir des clauses qui en réalité sont de nature réglementaire (ayant le caractère d'acte unilatéral), et peuvent donc faire l'objet d'un recours pour excès de pouvoir, par nature réservé aux actes administratifs unilatéraux.

Pour aller plus loin

- **CE, 21 septembre 1990,** ***Fabre*** : si les usagers des services publics industriels ou commerciaux sont bien dans une relation contractuelle au service, les usagers des services publics administratifs sont dans une situation légale et réglementaire qui exclut en principe toute relation contractuelle avec le service – en l'occurrence un service des crèches.
- **CE, 27 janvier 1961,** ***Sieur Vannier*** : à l'occasion d'une modernisation des émetteurs de télévision, le Conseil d'État a confirmé que les usagers n'ont aucun droit au maintien du service public, à condition que celui-ci ne soit pas obligatoire. Le principe d'adaptation du service public, en l'occurrence aux nouveautés technologiques, l'emporte.
- **CE, 29 mars 1901,** ***Casanova*** : le requérant, contribuable de la commune, a un intérêt à agir en cette qualité, afin de demander l'annulation d'une délibération du conseil municipal : il a en effet un intérêt financier à l'annulation.
- **CE, 10 juillet 1996,** ***Cayzeele*** : les clauses réglementaires d'un contrat administratif peuvent faire l'objet d'un recours pour excès de pouvoir.
- T. confl., 11 janvier 2016, *Comité d'établissement de l'unité clients et fournisseurs Ile-de-France des sociétés ERDF et GRDF* : la juridiction de l'ordre administratif est compétente pour connaître de l'action engagée par le Comité d'établissement requérant, décidant de la mise en œuvre d'une réorganisation tendant à la spécialisation, pour le gaz et l'électricité, de cinq services, car c'est une décision touchant à l'organisation du service public lui-même.

4 CE, 28 juin 1918, *Heyriès*

« Considérant que, par l'article 3 de la loi constitutionnelle du 25 février 1875, le président de la République est placé à la tête de l'administration française et chargé d'assurer l'exécution des lois ; qu'il lui incombe, dès lors, de veiller à ce qu'à toute époque, les services publics institués par les lois et règlements soient en état de fonctionner, et à ce que les difficultés résultant de la guerre n'en paralysent pas la marche ; qu'il lui appartenait, à la date du 10 septembre 1914, à laquelle est intervenu le décret dont la légalité est contestée, d'apprécier que la communication, prescrite par l'article 65 de la loi du 22 avril 1905, à tout fonctionnaire, de son dossier préalablement à toute sanction disciplinaire était, pendant la période des hostilités, de nature à empêcher dans un grand nombre de cas l'action disciplinaire de s'exercer et à entraver le fonctionnement des diverses administrations nécessaires à la vie nationale ; qu'à raison des conditions dans lesquelles s'exerçaient en fait, à cette époque, les pouvoirs publics, il avait la mission d'édicter lui-même les mesures indispensables pour l'exécution des services publics placés sous son autorité ;
Considérant qu'en décidant, par le décret pris à la date sus-indiquée, que l'application de l'article 65 serait suspendue provisoirement pendant la durée de la guerre, avec faculté pour les intéressés de se pourvoir, après la cessation des hostilités, en révision des décisions qui auraient été ainsi prises à leur égard, le président de la République n'a fait qu'user légalement des pouvoirs qu'il tient de l'article 3 de la loi constitutionnelle du 25 février 1875, et qu'ainsi la décision du ministre de la Guerre, rendue conformément aux dispositions dudit décret, n'est pas entachée d'excès de pouvoir ; » (rejet).

■ *Faits*

Le président de la République, en raison de la Première Guerre mondiale, a pris un décret le 10 septembre 1914, limitant la possibilité pour les fonctionnaires de consulter leur dossier administratif dans l'hypothèse de poursuites disciplinaires. Ce décret contrevient directement à la protection apportée aux fonctionnaires par l'article 65 de la loi du 22 avril 1905, et donc à la hiérarchie des normes. Monsieur Heyriès, révoqué pour faute, invoque l'irrégularité du décret afin de contester la mesure individuelle de radiation des cadres prise à son encontre.

■ *Portée*

Le Conseil d'État consacre dans sa décision *Heyriès* une nouvelle théorie, purement jurisprudentielle. Il s'agit de la ***théorie des circonstances exceptionnelles***, dégagée suite aux faits liés à la Première Guerre mondiale. Le service public prend une part centrale dans la construction de cette théorie. Comme le relève le Conseil d'État, les pouvoirs publics sont chargés d'exécuter les lois et règlements en toutes circonstances et doivent s'assurer que les services publics sont en état de fonctionner. C'est donc le principe de continuité du service public qui va justifier, en période de circonstances exceptionnelles, un assouplissement des règles de fonctionnement des services publics et de l'application du principe de la légalité. En l'espèce, l'application de la théorie des circonstances exceptionnelles permet à l'administration de ne pas respecter la règle, pourtant posée à l'article 65 de la loi du 22 avril 1905, de la communication du dossier administratif, en cas de poursuites disciplinaires à l'encontre d'un agent public.

Cette théorie autorise l'administration à s'affranchir aussi bien de contraintes de *compétence* (en l'occurrence un décret, normalement subordonné à la loi, peut contrevenir à cette dernière ; mais le Conseil a eu l'occasion, plus tard, d'indiquer qu'un particulier pouvait se substituer à un fonctionnaire, dans ces circonstances), de *forme* (déclencher une procédure administrative sans utiliser le formulaire prévu), que de *fond* (porter atteinte à une liberté publique comme par exemple : la liberté d'aller et venir, le droit de propriété, la liberté individuelle). En d'autres termes, la hiérarchie des normes est bouleversée en temps de guerre. Il appartient à la juridiction administrative d'apprécier la réalité des circonstances exceptionnelles, ainsi que la nécessité de l'acte incriminé au regard de ces circonstances. L'application de cette théorie jurisprudentielle ne conduit pas à une disparition de tout contrôle juridictionnel : le juge continue à vérifier s'il existe des événements graves, imprévus, l'impossibilité de respecter la légalité ordinaire, et il faut que l'acte conserve un but d'intérêt général. Autrement dit la dérogation au principe de légalité doit être imposée par ces circonstances réellement « extra-ordinaires », et bien répondre à une exigence d'intérêt général, comme toute décision administrative. Enfin, les circonstances exceptionnelles sont par essence temporaires. Elles se distinguent de l'urgence, et aussi de l'« état d'urgence », qui appelle une législation spécifique (cf. *infra*).

L'arrêt est aussi l'occasion pour le Conseil d'État, en se fondant sur la loi constitutionnelle du 25 février 1875 alors applicable, de reconnaître au président de la République un pouvoir réglementaire d'exécution des lois sur l'ensemble du territoire, ce qui implique pour lui la mission d'assurer un bon fonctionnement des services publics essentiels.

Toute proportion gardée, la loi du 3 avril 1955 modifiée, sur l'état d'urgence, institutionnalise elle aussi, comme d'autres dispositions normatives (p. ex. article 16 de la Constitution), la reconnaissance de circonstances sinon exceptionnelles, mais le cas échéant soit d'un « péril imminent résultant d'atteintes graves à l'ordre public », soit celui « d'événements présentant, par leur nature et leur gravité, le caractère de calamité publique ».

Pour aller plus loin

- **CE, 28 février 1919, *Dames Dol et Laurent*** : l'urgence liée aux faits de guerre peut rendre légale une mesure administrative restreignant une liberté individuelle – en l'occurrence la liberté d'aller et venir – qui, en période normale, aurait été illégale.
- **CE, ass., 7 novembre 1947, *Alexis et Wolff*** : légalité de l'atteinte à la liberté individuelle par application de la théorie des circonstances exceptionnelles.
- **T. confl., 27 mars 1952, *Dame de la Murette*** : la théorie des circonstances exceptionnelles permet aussi de transformer en simple illégalité un acte qui aurait été qualifié de voie de fait.
- **CE, ord., 10 février 2015, *Association Lutte pour un Football Populaire et association Magic Fans 1991*** : rejet de la demande de suspension des arrêtés interdisant le déplacement de supporters de football, faute d'illégalité manifeste.

5 T. confl., 22 janvier 1921, *Sté commerciale de l'Ouest Africain*

« Sur la compétence :
(...) Considérant, d'une part, que le bac d'Eloka ne constitue pas un ouvrage public ; d'autre part, qu'en effectuant, moyennant rémunération, les opérations de passage des piétons et des voitures d'une rive à l'autre de la lagune, la colonie de la Côte d'Ivoire exploite un service de transport dans les mêmes conditions qu'un industriel ordinaire ; que, par suite, en l'absence d'un texte spécial attribuant compétence à la juridiction administrative, il n'appartient qu'à l'autorité judiciaire de connaître des conséquences dommageables de l'accident invoqué, que celui-ci ait eu pour cause, suivant les prétentions de la Société de l'Ouest Africain, une faute commise dans l'exploitation ou un mauvais entretien du bac ; que – si donc c'est à tort qu'au vu du déclinatoire adressé par le lieutenant gouverneur, le président du tribunal ne s'est pas borné à statuer sur le déclinatoire, mais a, par là même ordonnance, désigné un expert contrairement aux articles 7 et 8 de l'ordonnance du 1er juin 1828 –, c'est à bon droit qu'il a retenu la connaissance du litige ; »
(Arrêté de conflit annulé).

■ Faits

La colonie de la Côte d'Ivoire exploitait en régie directe le bac d'Eloka. À l'occasion d'une traversée, le bac, qui transportait notamment un véhicule de la Société commerciale de l'Ouest Africain, a sombré. La Société a intenté une action en responsabilité contre la colonie de la Côte d'Ivoire devant le juge civil. Le lieutenant gouverneur de la colonie a élevé le conflit, estimant que la colonie gérant un service public, la compétence devait revenir à la juridiction administrative. Le Tribunal des conflits attribue finalement la compétence à la juridiction judiciaire.

■ Portée

Le Tribunal des conflits pousse dans la décision *Bac d'Eloka* à son maximum la théorie de la gestion privée, en consacrant explicitement une nouvelle catégorie de service public : le service public industriel et commercial. Cette solution a été élaborée par le commissaire du gouvernement Matter, qui a indiqué dans ses conclusions que « *Ne seront services publics que ceux organisés par l'État en vue d'accomplir un acte normal de sa fonction... Certains services sont de la nature, de l'essence même de l'État* ».

Il existe donc désormais deux catégories juridiques de services publics : le service public administratif et le service public industriel ou commercial. Celui-ci est en principe totalement soumis au droit privé, en raison de la gestion privée qu'il développe : son identification repose sur sa ressemblance avec l'entreprise privée ou sur une identification qui résulterait des textes qui créent le service. Ainsi, les actes du service sont de droit privé, sauf ceux à caractère unilatéral qui doivent être considérés comme des actes administratifs car ils sont liés à l'organisation du service public. Ses contrats peuvent aussi être qualifiés d'administratifs s'ils remplissent les conditions posées par ailleurs par la jurisprudence (présence d'une personne publique au contrat, et présence de prérogative de puissance publique ou but d'exécution du service public). Le personnel est composé de salariés de droit privé, sauf exception. La responsabilité extra-contractuelle du service est soumise au droit privé (sauf pour les dommages de travaux publics causés aux tiers). Enfin, les relations commerciales avec les usagers du service public industriel et commercial sont soumises au droit privé. Pour résumer, l'idée consiste à considérer que le SPIC, en entier, va être soumis au droit privé.

Mais la réalité va s'avérer plus complexe et des résurgences de droit administratif vont prendre corps, conduisant à un régime juridique mixte, associant droit privé et droit administratif. Par ailleurs, certains organes, établissements publics notamment, peuvent se voir confier à la fois une mission administrative et une mission industrielle et commerciale. Dans ce cas, c'est l'activité à l'origine du litige qui va conduire à déterminer la compétence juridictionnelle : juge judiciaire pour la mission de service public industriel et commercial ; juge administratif pour la mission de service public administratif et l'organisation du service.

Pour aller plus loin

- **CE, 26 janvier 1923, *De Robert-Lafrégeyre*** : l'agent chargé de la direction du service public industriel et commercial et le comptable s'il a la qualité de comptable public (*CE, 8 mars 1957, Jalenques de Labeau*) sont des agents publics.
- **CE, 16 novembre 1956, *Union syndicale des industries aéronautiques*** : le critère d'identification du service public industriel et commercial (la ressemblance avec une entreprise privée) combine trois éléments cumulatifs : l'organisation du service, son fonctionnement, et la provenance de ses ressources (redevance pour service rendu).
- **T. confl., 15 janvier 1968, *Compagnie Air France c/Époux Barbier*** : les actes d'organisation d'un SPIC sont d'ordre administratif.
- **T. confl., 4 juillet 1983, *Gambini*** : les services publics à vocation sociale (colonies de vacances) sont éventuellement soumis au droit privé, mais seulement si les conditions d'identification du service public industriel et commercial sont réunies.

6 CE, sect., 30 mai 1930, *Chambre syndicale du commerce en détail de Nevers*

« Considérant que si, en vertu de l'article 1er de la loi du 3 août 1926, qui l'autorisait à apporter tant aux services de l'État qu'à ceux des collectivités locales, toutes réformes nécessaires à la réalisation d'économies, le président de la République a pu légalement réglementer, dans les conditions qui lui ont paru les plus conformes à l'intérêt des finances communales, l'organisation et le fonctionnement des régies municipales, les décrets des 5 novembre et 28 décembre 1926, par lesquels il a réalisé ces réformes, n'ont eu ni pour objet, ni pour effet d'étendre en matière de création de services publics communaux, les attributions conférées aux conseils municipaux par la législation antérieure ; que les entreprises ayant un caractère commercial restent, en règle générale, réservées à l'initiative privée et que les conseils municipaux ne peuvent ériger des entreprises de cette nature en services publics communaux que si, en raison de circonstances particulières de temps et de lieux, un intérêt public justifie leur intervention en cette matière ;
Considérant que l'institution d'un service de ravitaillement destiné à la vente directe au public constitue une entreprise commerciale et qu'aucune circonstance particulière à la ville de Nevers ne justifiait la création en 1923 et le maintien au cours des années suivantes d'un service municipal de cette nature dans ladite ville »
(Annulation).

■ *Faits*

Le conseil municipal de la ville de Nevers avait voté une autorisation de création d'un service public de ravitaillement destiné à la vente directe au public dans le but, d'intérêt général, de lutter contre la hausse des prix dans l'entre-deux-guerres. Des commerçants ont contesté le refus par le préfet d'annuler ces délibérations, qu'ils considéraient contraires à la liberté du commerce et de l'industrie.

■ *Portée*

La loi Le Chapelier des 2-17 mars 1791 consacre la liberté du commerce et de l'industrie. Le Conseil d'État l'interprète à l'origine comme une interdiction d'intervention dans la sphère commerciale des personnes publiques, y compris bien sûr pour les collectivités territoriales. En d'autres termes, c'est un refus par le juge administratif du « socialisme municipal » qui commençait à se mettre en place entre les deux guerres.

Ceci étant, la Haute juridiction a commencé à infléchir sa jurisprudence dans cette décision du 30 mai 1930, compte tenu du contexte socio-économique. Il autorise en effet à partir de cet arrêt une intervention économique des collectivités territoriales à la double condition qu'elles puissent invoquer des circonstances « particulières » de temps et de lieu (à savoir une carence de l'initiative privée) et un intérêt public local. Cette dernière notion ne va cesser d'être interprétée de façon de plus en plus libérale par la juridiction administrative, admettant qu'une carence quantitative, mais aussi qualitative de l'initiative privée, justifie une intervention des pouvoirs publics locaux.

En tout état de cause, les collectivités territoriales sont limitées dans leurs interventions par le principe de légalité qui, malgré la clause générale de compétence dont elles peuvent disposer ne leur permet pas de s'affranchir de la référence à leurs « affaires propres ». Enfin, on retiendra que parfois la liberté du commerce et de l'industrie ne peut être valablement invoquée afin de limiter l'intervention des collectivités territoriales : c'est le cas des services publics qui leur sont obligatoires (lorsque la loi leur impose une activité de service public).

Depuis les années 1930, la jurisprudence a admis de façon de plus en plus large la possibilité d'intervention des personnes publiques en matière commerciale, s'il s'agit, notamment, d'un prolongement de leur action d'intérêt général ; ou dans le cadre de la satisfaction de leurs propres besoins (action « *in house* »).

Aujourd'hui, l'intervention économique des personnes publiques est admise dans son principe même, à la condition de respecter le droit de la concurrence sur le Marché concerné.

Pour aller plus loin

- **CE, ass., 31 mai 2006, *Ordre des avocats au barreau de Paris*** : l'intervention économique publique ne doit pas se réaliser suivant des modalités telles qu'elle fausserait le libre jeu de la concurrence.
- **CE, 30 janvier 2013, *Association nationale des opérateurs détaillants en énergie (ANODE)*** : la révision des barèmes des tarifs réglementés de vente du gaz naturel, est subordonnée à la vérification de ce que le niveau des tarifs qui en résulte permet de couvrir le coût moyen complet de fourniture du gaz naturel, en fonction des éléments dont les décideurs disposaient à la date de la décision. V. aussi **CE, 30 janvier 2013, *Société GDF Suez – Union professionnelle des industries privées du gaz*** ; **CE, 11 avril 2014, *ANODE* :** annulation partielle de l'arrêté fixant à un niveau trop bas les tarifs réglementés « bleu » et « jaune » de l'électricité (v. aussi **CE, 12 septembre 2014, *ANODE*** : rejet d'un référé sur un arrêté de tarif « bleu » ; **CE, ord., 7 janvier 2015, *ANODE*** : rejet de la demande de suspension contre un arrêté sur le tarif réglementé de l'électricité ; **CE, 15 juin 2016, *ANODE*** (2 esp.) : annulation de l'arrêté du 30 octobre 2014 relatif aux tarifs « bleus résidentiels » et « verts »).
- **CE, ord., 27 août 2013, *Société Mercedes-Benz France*** : la décision faisant obstacle à l'immatriculation en France de véhicules Mercedes Benz occasionne, de manière suffisamment certaine, alors même que la décision n'a qu'une portée temporaire, un grave préjudice commercial financier et d'image constituant une situation d'urgence. Confirmation au fond **: CE, 5 mai 2014, *Société Mercedes-Benz France*.**
- **CE, ord., 10 avril 2014, *Fédération CGT des personnels du commerce, de la distribution et des services et autre*** : rejet de la demande de suspension du nouveau décret autorisant les établissements de vente au détail d'articles de bricolage à déroger à la règle du repos dominical.

7 CE, ass., 13 mai 1938, *Caisse primaire aide et protection*

« Considérant qu'aux termes du dernier alinéa de l'article 1er de la loi du 20 juin 1936, "seront supprimés les cumuls de retraites, de rémunérations quelconques et de fonctions contraires à la bonne gestion administrative et financière du pays" ;
Considérant qu'il résulte tant des termes de la loi que de ses travaux préparatoires que cette disposition vise tous les agents ressortissant à un organisme chargé de l'exécution d'un service public, même si cet organisme a le caractère d'un "établissement privé" ;
Considérant que le service des assurances sociales est un service public ; que sa gestion est confiée notamment à des caisses dites primaires que, par suite, et nonobstant la circonstance que, d'après l'article 28 § 1er du décret du 30 octobre 1935, celles-ci sont instituées et administrées conformément aux prescriptions de la loi du 1er avril 1898 et constituent ainsi des organismes privés, leurs agents ont pu légalement être compris parmi ceux auxquels il est interdit d'exercer un autre emploi ;
Considérant, d'autre part, qu'aucune obligation n'incombait au gouvernement d'édicter, pour le cas du cumul d'un emploi dépendant d'un service public et d'un emploi privé, des dispositions analogues à celles qu'il a prévu pour atténuer la prohibition de cumul entre emplois publics ; (Rejet). »

■ *Faits*

La Caisse primaire Aide et protection contestait devant le Conseil d'État le décret en date du 29 octobre 1936, relatif aux cumuls d'emplois appliquant la loi du 20 juin 1936 interdisant les cumuls d'emplois et de rémunérations dans les services publics aux caisses d'assurances sociales.

À cette occasion, le Conseil d'État devait trancher la question de savoir si des personnes de droit privé étaient susceptibles de gérer un service public.

■ *Portée*

Le Conseil d'État admet explicitement en 1938 qu'un organisme de droit privé (caisse d'assurance sociale) peut être chargé de l'exécution de missions d'intérêt général et donc de la gestion d'un service public, même si cet organisme a le caractère d'un établissement de droit privé.

Cette jurisprudence est dans la continuité du raisonnement tenu en matière de gestion privée : si une personne publique peut gérer une activité industrielle et commerciale, inversement, on estime qu'une personne privée, à laquelle traditionnellement on déléguait du service public, peut très bien gérer un service public, même à caractère administratif. Cet organisme privé peut donc être soumis au droit administratif, dans le cadre de l'exécution du service public qu'il gère, en dehors même de toute délégation contractuelle du service public. Surtout, l'organisme privé en question va pouvoir bénéficier de l'octroi de prérogatives de puissance publique.

Cette décision participe de ce que l'on qualifie de « dilution » du critère organique du service public : celui-ci n'a plus désormais à être géré uniquement par des personnes publiques. Un premier mouvement en ce sens avait déjà été fait, mais de manière implicite, en 1935.

Cette jurisprudence est d'autant plus novatrice qu'elle concerne non la gestion d'un service public industriel et commercial, mais celle d'un service public *administratif*, très largement soumis au droit administratif (actes unilatéraux, travaux publics, responsabilité extra-contractuelle). En l'occurrence, le personnel de la Caisse est donc soumis aux règles de droit public en ce qui concerne les règles de cumul même si, pour l'essentiel, il reste soumis au droit privé.

Cette jurisprudence a l'avantage de la souplesse dans le mode de gestion et de dévolution du service public, mais elle présente l'inconvénient de compliquer considérablement le paysage juridique du service public, qui peut être effectué par une myriade de personnes privées. Dès lors, il faut composer avec une application imbriquée du droit administratif et du droit privé. En tout état de cause, dans tous les cas, il faut un contrôle de la personne publique sur la personne privée.

Pour aller plus loin

- **CE, 20 décembre 1935, *Établissements Vézia*** : le Conseil d'État dissocie l'organe de l'activité de service public gérée en autorisant une structure de droit privé à disposer de prérogatives de puissance publique (v. **T. confl., 9 décembre 1899, *Association syndicale du canal de Gignac,*** sur la qualification d'établissement public).
- **CE, sect., 13 janvier 1961, *Magnier*** : les groupements de défense contre les ennemis des cultures, pourtant associations de droit privé régies par la loi du 1er juillet 1901, sont chargés de l'exécution d'un service public.
- **CE, sect., 28 juin 1963, *Narcy*** : le service public s'identifie par trois critères : une mission d'intérêt général ; l'octroi de prérogatives de puissance publique ; un contrôle de l'administration.
- **T. confl., 13 janvier 1997, *Consorts Berenguer c/CAF de Béziers*** : les caisses d'allocations familiales (CAF), bien que personnes morales de droit privé soumises à la compétence des juridictions judiciaires, sont chargées de la gestion d'un service public administratif et disposent de prérogatives de puissance publique.
- **CE, 22 février 2007, *Association du personnel relevant des établissements pour inadaptés (APREI)*** : « *même en l'absence de telles prérogatives (de puissance publique), une personne privée doit également être regardée, dans le silence de la loi, comme assurant une mission de service public lorsque, eu égard à l'intérêt général de son activité, aux conditions de sa création, de son organisation ou de son fonctionnement, aux obligations qui lui sont imposées ainsi qu'aux mesures prises pour vérifier que les objectifs qui lui sont assignés sont atteints, il apparaît que l'administration a entendu lui confier une telle mission* » (v. aussi **CE, 25 juillet 2008, *Commissariat à l'Énergie Atomique***).
- **CE, 3 février 2016, *SASP Red Star et autres c/Ligue de football professionnel et autres*** : les fédérations sportives sont chargées, par la loi, d'une mission de service public.
- **T. confl., 9 mai 2016, *Mme L. c/Office Public de l'Habitat de Vitry-sur-Seine, n° 4048*** : qu'un bailleur social soit de droit public ou de droit privé, sa décision de refus d'attribution de logement social est administrative.

8 CE, ass., 31 juillet 1942, *Monpeurt*

« Sur la compétence :
Considérant que la requête susvisée tend à l'annulation d'une décision du 10 juin 1941 par laquelle le secrétaire d'État à la production industrielle a rejeté le recours formé par le sieur Monpeurt contre une décision du Comité d'organisation des industries du verre et des commerces s'y rattachant, en date du 25 avril 1941, déterminant les entreprises autorisées à fabriquer les tubes en verre neutre ou ordinaire pour ampoules en leur imposant de livrer à une usine, dont la demande de mise à feu du four n'avait pas été admise, un tonnage mensuel de verre à titre de compensation ;
Considérant qu'en raison des circonstances qui nécessitaient impérieusement l'intervention de la puissance publique dans le domaine économique, la loi du 16 août 1940 a aménagé une organisation provisoire de la production industrielle afin d'assurer la meilleure utilisation possible des ressources réduites existantes, préalablement recouvrées, tant au point de vue du rendement que de la qualité et du coût des produits, et d'améliorer l'emploi de la main-d'œuvre dans l'intérêt commun des entreprises et des salariés ; qu'il résulte de l'ensemble de ces dispositions que ladite loi a entendu instituer à cet effet un service public que, pour gérer le service en attendant que l'organisation professionnelle ait reçu sa forme définitive, elle a prévu la création de comités auxquels elle a confié, sous l'autorité du secrétaire d'État, le pouvoir d'arrêter les programmes de production et de fabrication, de fixer les règles à imposer aux entreprises en ce qui concerne les conditions générales de leur activité, de proposer aux autorités compétentes le prix des produits et services ; qu'ainsi les comités d'organisation, bien que le législateur n'en ait pas fait des établissements publics, sont chargés de participer à l'exécution d'un service public, et que les décisions qu'ils sont amenés à prendre dans la sphère de ces attributions, soit par voie de règlement, soit par des dispositions d'ordre individuel, constituent des actes administratifs ; que le Conseil d'État est, dès lors, compétent pour connaître des recours auxquels ces actes peuvent donner lieu ; »
(Rejet).

■ *Faits*

Le législateur a créé les comités d'organisation dans différentes branches industrielles, dans la logique corporatiste du régime de Vichy, afin d'organiser les professions en temps de guerre, notamment afin de lutter contre la pénurie. Le comité d'organisation des industries du verre a pris une décision déterminant de façon unilatérale les deux entreprises autorisées à fabriquer des tubes en verre. Le Conseil d'État a dû déterminer s'il était compétent afin de régler ce litige.

■ *Portée*

Dans sa logique corporatiste, le gouvernement de Vichy a souhaité revenir à un système d'organisation des professions. Il a ainsi créé des comités d'organisation (notamment dans l'industrie du verre comme en l'espèce), chargés de l'organisation de professions, et qui étaient autorisés par la loi à prendre des décisions s'imposant aux membres de la profession en question.

Le Conseil d'État indique (de façon implicite quant à la nature juridique des comités d'organisation) dans la décision *Monpeurt* que ces comités, sans que le législateur ait entendu en faire des établissements publics, gèrent un service public. Cette affaire a posé une difficulté au Conseil d'Etat qui n'avait pas voulu reconnaitre la qualité d'établissement public aux comités d'organisation. *A priori*, cela signifie qu'il s'agit de personnes de droit privé ; mais en l'état de la jurisprudence antérieure, cela impliquait en principe que le contentieux les concernant était censé lui échapper. Le Conseil d'Etat trouve cependant une solution lui permettant de retenir la compétence de la juridiction administrative : considérer que ces comités d'organisation exercent une mission de service public. Il faut comprendre d'une telle formulation que désormais le critère ***organique*** d'identification du service public est devenu extrêmement souple, puisque la nature juridique de l'organe est devenue, dans certains cas, comme en l'espèce, indifférent. La nature juridique exacte de ces établissements chargés de gérer un service public (p. ex. les ordres professionnels) ne sera d'ailleurs tranchée que bien plus tard, en 1984 (cf. « Pour aller plus loin »).

On déduit de cette décision *Monpeurt* que le critère de qualification du service public est devenu essentiellement ***matériel*** (on doit s'intéresser à la mission poursuivie par le service, et non à la personne qui le gère).

Cette solution offre l'opportunité pour les comités d'organisation de « bénéficier » de l'application du droit administratif, et d'émettre des actes administratifs unilatéraux, tant réglementaires qu'individuels, qui leur permettent de profiter du privilège du préalable.

Le Conseil d'Etat reprendra exactement le même raisonnement quelques mois plus tard, dans la décision « Bouguen », au sujet des ordres professionnels (V. « Pour aller plus loin »). Ce raisonnement, privilégiant le critère matériel lié au service public est toujours applicable aujourd'hui (même si, depuis lors, les comités d'organisation ont disparu).

Pour aller plus loin

- **CE, ass., 2 avril 1943, *Bouguen***: la solution de l'arrêt *Monpeurt* est étendue aux ordres professionnels qui ne constituent pas des établissements publics, ce qui ne les empêche pas de gérer un service public. En d'autres termes, le critère organique de qualification du service public est encore réduit, puisque le Conseil d'État est indifférent à la nature juridique de l'ordre professionnel. C'est la nature et le but de l'activité qui sont devenus déterminants pour qualifier le service public.
- **CE, 12 décembre 1953, *De Bayo***: la mission de service public des ordres professionnels les soumet au droit administratif lorsqu'ils édictent des actes administratifs réglementaires (règlement intérieur) ou individuels (inscription d'un membre au tableau de l'ordre) ou lorsqu'ils prennent une sanction à l'encontre d'un membre; ils sont dans ce dernier cas considérés comme ayant la qualité de juridiction administrative.
- **T. confl., 13 février 1984, *Cordier***: les ordres professionnels (avocats, médecins, architectes...) sont organisés selon les règles du droit privé et donc sont soumis au droit privé pour la gestion de leurs biens et de leur personnel, bien que dotés de mission de service public.
- **CE, 7 décembre 1984, *Centre d'études marines avancées et Cousteau***: les ordres professionnels sont des personnes morales de droit privé.

9 CE, ass., 7 juillet 1950, *Dehaene*

« En ce qui concerne le blâme :
Considérant que le sieur Dehaene soutient que cette sanction a été prise en méconnaissance du droit de grève reconnu par la Constitution ;
Considérant qu'en indiquant dans le préambule de la Constitution que "le droit de grève s'exerce dans le cadre des lois qui le réglementent", l'Assemblée constituante a entendu inviter le législateur à opérer la conciliation nécessaire entre la défense des intérêts professionnels dont la grève constitue une modalité et la sauvegarde de l'intérêt général auquel elle peut être de nature à porter atteinte ;
Considérant que les lois des 27 décembre 1947 et 28 septembre 1948 – qui se sont bornées à soumettre les personnels des compagnies républicaines de sécurité et de la police à un statut spécial et à les priver, en cas de cessation concertée du service, des garanties disciplinaires – ne sauraient être regardées, à elles seules, comme constituant, en ce qui concerne les services publics, la réglementation du droit de grève annoncée par la Constitution ;
Considérant qu'en l'absence de cette réglementation la reconnaissance du droit de grève ne saurait avoir pour conséquence d'exclure les limitations qui doivent être apportées à ce droit comme à tout autre en vue d'en éviter un usage abusif ou contraire aux nécessités de l'ordre public ; qu'en l'état actuel de la législation, il appartient au gouvernement, responsable du bon fonctionnement des services publics, de fixer lui-même, sous le contrôle du juge, en ce qui concerne ces services, la nature et l'étendue desdites limitations ;
Considérant qu'une grève qui, quel qu'en soit le motif, aurait pour effet de compromettre dans ses attributions essentielles l'exercice de la fonction préfectorale porterait une atteinte grave à l'ordre public, que, dès lors, le gouvernement a pu légalement faire interdire et réprimer la participation des chefs de bureau de préfecture à la grève de juillet 1948 ; »
(Rejet).

■ *Faits*

Une grève s'est déroulée en juillet 1948 dans les services des préfectures. Le ministre de l'Intérieur a indiqué que tous les agents grévistes ayant au moins le grade de chef de bureau, feraient l'objet d'une sanction disciplinaire. La grève est cependant maintenue, et plusieurs agents font l'objet d'un blâme. Monsieur Dehaene (notamment) conteste la sanction prononcée à son encontre, au motif que le droit de grève est désormais reconnu par le préambule de la Constitution et ne peut donc donner lieu à une sanction.

■ *Portée*

Pour satisfaire l'intérêt général, les services publics (services publics administratifs comme services publics industriels ou commerciaux) doivent pouvoir fonctionner de manière ininterrompue : c'est la signification du principe de continuité du service public. Celui-ci doit néanmoins être concilié avec le droit de grève, dont la valeur constitutionnelle est reconnue dans cette décision par le Conseil d'État, pourtant, en l'absence de texte de portée générale en la matière. La Constitution de 1958 confirme cette situation juridique via l'intégration du Préambule de la Constitution de 1946 au sein de son propre Préambule.

Seules des lois ponctuelles réglementent actuellement la grève dans les services publics (loi du 31 juillet 1963 sur les modalités de la grève – cf. code du travail ; loi du 21 août 2007 sur le dialogue social et la continuité du service public dans les transports terrestres réguliers de voyageurs ; loi du 19 mars 2012 relative à l'organisation du service et à l'information des passagers dans les entreprises de transport aérien de passagers et à diverses dispositions dans le domaine des transports). En l'absence de la législation générale appelée par le préambule de la Constitution du

27 octobre 1946 (qui a valeur constitutionnelle), pour le Conseil d'État, l'autorité compétente pour réglementer le droit de grève devient le pouvoir réglementaire, et même plus précisément tout ***chef de service*** (p. ex. le maire pour le personnel de la commune).

Sur le fond, il appartient à l'administration (au chef de service notamment) de trouver un compromis entre les nécessités de la continuité du service et de la protection de l'ordre public d'un côté, et la protection d'un droit de grève effectif de l'autre. La grève est désormais légale (elle constitue même aujourd'hui une garantie fondamentale des fonctionnaires), dans la mesure où son usage n'est pas abusif, et si elle vise à protéger des intérêts professionnels et non à développer une contestation à dimension politique. Son usage entraîne obligatoirement une retenue sur la rémunération de l'agent public, pour absence de service fait. Notons enfin que certains personnels administratifs ne disposent pas du droit de grève (p. ex. militaires).

Pour aller plus loin

- **CE, 9 juillet 1965,** *Pouzenc* : le maire est l'autorité compétente de la commune pour réglementer le droit de grève des agents municipaux.
- **CE, 12 avril 2013,** *Fédération Force ouvrière Énergie et Mines et autres* : en l'état actuel de la législation, il appartient à l'autorité administrative responsable du bon fonctionnement d'un service public de fixer elle-même, sous le contrôle du juge de l'excès de pouvoir, la nature et l'étendue de ces limitations pour les services dont l'organisation lui incombe ; dans le cas d'un établissement public, ainsi que dans celui d'un organisme de droit privé responsable d'un service public (EDF), leurs organes dirigeants, agissant en vertu des pouvoirs généraux d'organisation des services placés sous leur autorité, sont, sauf dispositions contraires, compétents pour déterminer les limitations à l'exercice du droit de grève.

10 CE, sect., 9 mars 1951, *Société des concerts du conservatoire*

« Considérant qu'il résulte de l'instruction qu'à la suite de la sanction infligée par le comité de direction de la société des concerts du Conservatoire, conformément aux statuts de celle-ci, à deux membres de cette association qui, au lieu d'assurer leur service dans son orchestre, ont malgré la défense qui leur en avait été faite, prêté leurs concours à un concert organisé à la Radiodiffusion française le 15 janvier 1947, l'administration de la Radiodiffusion française a décidé de suspendre toute retransmission radiophonique des concerts de la société requérante jusqu'à ce que le ministre chargé des Beaux-Arts se soit prononcé sur la demande de sanction qu'elle formulait contre le secrétaire général de ladite société ;
Considérant qu'en frappant la société requérante d'une mesure d'exclusion à raison des incidents sus-relatés sans qu'aucun motif tiré de l'intérêt général pût justifier cette décision, l'administration de la Radiodiffusion française a usé de ses pouvoirs pour un autre but que celui en vue duquel ils lui sont conférés et a méconnu le principe d'égalité qui régit le fonctionnement des services publics et qui donnait à la société requérante, traitée jusqu'alors comme les autres grandes sociétés philharmoniques, vocation à être appelée, le cas échéant, à prêter son concours aux émissions de la radiodiffusion ; que cette faute engage la responsabilité de l'État »
(Annulation, indemnisation).

■ *Faits*

Deux membres de l'association « société des concerts du Conservatoire », au lieu d'assurer leur service exclusivement dans cet orchestre, ont malgré la défense qui leur en avait été faite, prêté leur concours à un concert organisé à la Radiodiffusion française. Ils ont donc fait l'objet d'une sanction. L'administration de la Radiodiffusion française décide à son tour de prendre une sanction, mais cette fois à l'échelle de l'orchestre entier, interdit de retransmission radio jusqu'à la décision du ministre. Le Conseil d'État contrôle à cette occasion quels motifs peuvent justifier une exclusion du service public (en l'occurrence de la radiodiffusion).

■ *Portée*

Le principe d'égalité est au cœur du fonctionnement du service public. Il constitue sans doute le principe général du droit le plus souvent appliqué. C'est une égalité dite « proportionnelle » : toute personne, placée dans une même situation, a le *droit* d'être traitée de la même façon. Mais la symétrie n'est pas la règle : ce n'est pas parce qu'un usager se trouve dans une situation différente que l'administration a dans ce cas *l'obligation* de le traiter de manière différente.

L'administration *peut* donc traiter de façon différente les personnes en relation avec elle (agents, contractants, usagers), soit parce qu'elles sont dans une situation différente, soit dans l'hypothèse où elle peut invoquer un intérêt général en relation avec l'objet du service public en cause. Autrement dit (et dans une position qui ne correspond pas à celle de la Cour EDH), il n'existe pas de droit à un traitement différent en cas de situation différente.

La violation du principe général d'égalité entraîne l'annulation de l'acte administratif qui y contrevient. Par ailleurs, le principe d'égalité se décline presque à l'infini : égalité devant les charges publiques, d'accès à la fonction publique, entre hommes et femmes, devant l'impôt... Il conduit à une appréciation nuancée de la différence de situation, variable en fonction du domaine considéré : si l'appréciation par le juge administratif est souple en matière économique, elle s'avère beaucoup plus stricte lorsqu'il s'agit de contrôler des restrictions apportées à des libertés publiques ou des restrictions d'accès au service public lui-même. Dans cet arrêt, le Conseil d'État applique bien un principe général du droit qu'est le principe d'égalité.

Aujourd'hui, concernant plus particulièrement le principe d'égalité, le Conseil d'État préfère appliquer directement l'article 6 de la Déclaration des Droits de l'Homme et du Citoyen, article intégré au bloc de constitutionnalité, voire faire référence au principe d'égalité tel que formulé dans l'article 1er de la Constitution. Enfin, on peut noter que l'invalidation repose sur le moyen tiré du détournement de pouvoir : l'administration a agi dans un but autre que celui de l'intérêt général, indispensable à son action.

Pour aller plus loin

- **CE, sect., 10 mai 1974, *Denoyez et Chorques*** : une tarification différenciée du service peut se fonder sur la résidence des usagers. La limite maximum de la redevance doit correspondre au coût du service. Cependant, une redevance pour service rendu peut dépasser le coût de la prestation fournie en tenant compte de la valeur économique de celle-ci, sous réserve que le tarif soit établi selon des critères objectifs et rationnels, dans le respect du principe d'égalité entre les usagers du service public et des règles de la concurrence.
- **CE, sect., 13 mai 1994, *Commune de Dreux*** : l'accès à un service public administratif facultatif (école de musique) peut être réservé aux personnes qui ont un *lien particulier* avec la commune.
- **CE, 30 décembre 2013, *Union nationale de l'imprimerie et de la communication (UNIC)*** : la différence de traitement quant à l'éligibilité à des aides du fonds pour les tirages confiés à des imprimeries dites « de labeur », par opposition aux imprimeries dites « de presse », méconnaît le principe d'égalité.
- **CE, 26 mai 2014, *Association de soutien pour l'exercice des responsabilités départementales et locales et autres*** : la nouvelle délimitation des cantons peut se baser sur un décret de 2012 authentifiant les chiffres de la population.
- **CE, 10 octobre 2014, *Région Nord Pas-de-Calais*** : les tarifs voyageurs SNCF du TGV Lille-Paris, plus élevés que sur d'autres tracés, ne sont pas contraires au principe d'égalité, au regard notamment des avantages procurés par cette liaison.
- **CE, ord., 17 janvier 2017, *M. D. et M. C.*, n° 406018** : légalité du décret permettant pour une SCP de notaires d'être titulaire de plusieurs offices, sans rupture d'égalité avec les personnes physiques, qui ne peuvent être titulaires que d'un office ; celles-ci n'étant pas dans la même situation que les SCP.

11 CE, sect., 6 avril 2007, *Ville d'Aix-en-Provence*

« Considérant que, lorsque des collectivités publiques sont responsables d'un service public, elles peuvent, dès lors que la nature de ce service n'y fait pas par elle-même obstacle, décider de confier sa gestion à un tiers ; qu'à cette fin, sauf si un texte en dispose autrement, elles doivent en principe conclure avec un opérateur, quel que soit son statut juridique et alors même qu'elles l'auraient créé ou auraient contribué à sa création ou encore qu'elles en seraient membres, associés ou actionnaires, un contrat de délégation de service public ou, si la rémunération de leur cocontractant n'est pas substantiellement liée aux résultats de l'exploitation du service, un marché public de service ; qu'elles peuvent toutefois ne pas passer un tel contrat lorsque, eu égard à la nature de l'activité en cause et aux conditions particulières dans lesquelles il l'exerce, le tiers auquel elles s'adressent ne saurait être regardé comme un opérateur sur un marché concurrentiel ;

Considérant que, lorsqu'elles sont responsables d'un service public, des collectivités publiques peuvent aussi décider d'en assurer directement la gestion ; qu'elles peuvent, à cette fin, le gérer en simple régie, ou encore, s'il s'agit de collectivités territoriales, dans le cadre d'une régie à laquelle elles ont conféré une autonomie financière et, le cas échéant, une personnalité juridique propre ; qu'elles doivent aussi être regardées comme gérant directement le service public si elles créent à cette fin un organisme dont l'objet statutaire exclusif est, sous réserve d'une diversification purement accessoire, de gérer ce service et si elles exercent sur cet organisme un contrôle comparable à celui qu'elles exercent sur leurs propres services [...] ;

Considérant en outre que, lorsqu'une personne privée exerce, sous sa responsabilité et sans qu'une personne publique en détermine le contenu, une activité dont elle a pris l'initiative, elle ne peut, en tout état de cause, être regardée comme bénéficiant de la part d'une personne publique de la dévolution d'une mission de service public ; que son activité peut cependant se voir reconnaître un caractère de service public, alors même qu'elle n'a fait l'objet d'aucun contrat de délégation de service public procédant à sa dévolution, si une personne publique, en raison de l'intérêt général qui s'y attache et de l'importance qu'elle revêt à ses yeux, exerce un droit de regard sur son organisation et, le cas échéant, lui accorde, dès lors qu'aucune règle ni aucun principe n'y font obstacle, des financements ; »

(Annulation de l'arrêt de la cour administrative d'appel ; rejet au fond).

■ *Faits*

Par différentes délibérations de 1998, le conseil municipal d'Aix-en-Provence a accordé à l'association pour le festival international d'art lyrique d'Aix-en-Provence plusieurs subventions, contestées par des contribuables de la commune. La question qui sous-tend ce contentieux consiste à savoir si l'activité exercée par l'association doit être considérée comme simplement d'intérêt général ou si elle doit, en plus, être considérée comme de service public, auquel cas la commune aurait dû suivre une procédure de délégation de service public, plus contraignante juridiquement.

■ *Portée*

Le Conseil d'État profite de cette affaire pour rappeler le principe de liberté du mode de gestion des collectivités publiques de leur mission de service public. Elles peuvent décider d'en confier la gestion à un tiers. Elles peuvent aussi décider d'en assurer directement la gestion en régie directe ou à une régie disposant de l'autonomie financière et, le cas échéant, une personnalité juridique propre. Elles « *doivent aussi être regardées comme gérant directement le service public si elles créent à cette fin un organisme dont l'objet statutaire exclusif est, sous réserve d'une diversification purement accessoire, de gérer ce service et si elles exercent sur cet organisme un contrôle comparable à celui qu'elles exercent sur leurs propres services leur donnant notamment les moyens de s'assurer du strict respect de son objet statutaire, cet organisme devant en effet être regardé, alors, comme n'étant pas un opérateur auquel les collectivités publiques ne pourraient faire appel qu'en concluant un contrat de délégation de service public ou un marché public de service* ». Le législateur a tenté de trouver d'autres solutions innovantes permettant aux collectivités territoriales d'agir sans avoir à suivre les obligations des marchés publics ou délégations de service public (création des sociétés publiques locales).

Trois conditions sont requises pour écarter l'obligation de mise en concurrence préalable au cas du versement de subventions par une commune à une association :

– l'organisme subventionné gère une activité de service public ;
– l'activité est gérée par une personne morale de droit privé distincte ;
– l'organisme n'est pas un opérateur sur un marché concurrentiel.

La subvention, au coeur du litige en cause concernant le financement par la commune du Festival d'art lyrique d'Aix-en-Provence, n'a reçu de définition qu'avec la loi n° 2014-856 du 31 juillet 2014 relative à l'économie sociale et solidaire, qui ajoute un article 9-1 à la loi du 12 avril 2000 relative aux droits des citoyens dans leurs relations avec les administrations, disposant que « Constituent des subventions, au sens de la présente loi, les contributions facultatives de toute nature, valorisées dans l'acte d'attribution, décidées par les autorités administratives et les organismes chargés de la gestion d'un service public industriel et commercial, justifiées par un intérêt général et destinées à la réalisation d'une action ou d'un projet d'investissement, à la contribution au développement d'activités ou au financement global de l'activité de l'organisme de droit privé bénéficiaire. Ces actions, projets ou activités sont initiés, définis et mis en œuvre par les organismes de droit privé bénéficiaires. Ces contributions ne peuvent constituer la rémunération de prestations individualisées répondant aux besoins des autorités ou organismes qui les accordent. »

Pour aller plus loin

- **CE, 5 octobre 2007, *Société UGC-Ciné-cité*** : une société d'économie mixte sans prérogatives de puissance publique peut avoir une mission d'intérêt général sans que son activité n'ait le caractère d'une mission de service public.
- **CE, ass., 30 décembre 2014, *Sté Armor SNC*** : si aucun principe ni aucun texte ne fait obstacle à ce que les collectivités locales ou leurs établissements publics de coopération se portent candidats à l'attribution d'un contrat de commande publique pour répondre aux besoins d'une autre personne publique, ils ne peuvent légalement présenter une telle candidature que si elle répond à un intérêt public, et sans fausser les conditions de la concurrence.
- **CE, sect., 1er juillet 2016, *Commune d'Emerainville*** : confirmation de l'arrêt *Ville d'Aix-en-Provence*. Indication selon laquelle l'organisme délégataire doit être regardé comme n'étant pas un opérateur auquel les collectivités publiques ne pourraient faire appel qu'en concluant un contrat de délégation de service public ou un marché public. Un tel organisme peut notamment être mis en place lorsque plusieurs collectivités publiques décident de créer et de gérer ensemble un service public.

12 CE, ass., 19 juillet 2011, *Commune de Trélazé*

« Considérant qu'il résulte des dispositions précitées de la loi du 9 décembre 1905 que les collectivités publiques peuvent seulement financer les dépenses d'entretien et de conservation des édifices servant à l'exercice public d'un culte dont elles sont demeurées ou devenues propriétaires lors de la séparation des Églises et de l'État ou accorder des concours aux associations cultuelles pour des travaux de réparation d'édifices cultuels et qu'il leur est interdit d'apporter une aide à l'exercice d'un culte ; » (...)

■ *Faits*

Le conseil municipal de la Commune de Trélazé a pris trois délibérations pour acquérir et restaurer un orgue en vue de l'installer dans l'église dont elle est propriétaire. Un contribuable de la commune a demandé et obtenu l'annulation de ces délibérations, tant en premier ressort qu'en appel.

La Commune se pourvoit donc en cassation, en se fondant sur une interprétation large de la loi du 9 décembre 1905.

■ *Portée*

Le Conseil d'État modernise dans cette décision l'interprétation à donner de la loi du 9 décembre 1905 concernant la séparation des Églises et de l'État (au sens large), qui limite en vertu du principe de laïcité le financement des collectivités publiques aux dépenses d'entretien et de conservation des édifices servant à l'exercice public d'un culte dont elles sont demeurées ou devenues propriétaires lors de la séparation des Églises et de l'État, ou à l'octroi de concours aux associations cultuelles pour des travaux de réparation d'édifices cultuels : il leur est interdit d'apporter une aide à l'exercice d'un culte.

Le Conseil a rendu 4 autres décisions (cf. *Pour aller plus loin*, *infra*), le même jour, sur cette même question. En l'occurrence, le Conseil d'État doit décider si une commune peut ou non acheter un immeuble qui va faire l'objet d'une utilisation à la fois cultuelle et culturelle.

Mais, le Conseil d'État doit, dans son approche juridictionnelle, tenir compte de l'évolution des mentalités, ainsi que des pratiques effectuées dans les lieux de culte, qui ne sont pas nécessairement cultuelles : certaines activités « profanes » y prennent corps, notamment dans le domaine culturel (p. ex. concerts, enseignement musical).

Dès lors, il applique une vision souple de la « séparation », en précisant dans un considérant que toutefois ces dispositions « ne font pas obstacle à ce qu'une commune qui a acquis, afin notamment de développer l'enseignement artistique et d'organiser des manifestations culturelles dans un but d'intérêt public communal, un orgue ou tout autre objet comparable, convienne avec l'affectataire d'un édifice cultuel dont elle est propriétaire ou, lorsque cet édifice n'est pas dans son patrimoine, avec son propriétaire, que cet orgue sera installé dans cet édifice et y sera utilisé par elle dans le cadre de sa politique culturelle et éducative et, le cas échéant, par le desservant, pour accompagner l'exercice du culte ».

Il impose qu'à cette fin « des engagements soient pris afin de garantir une utilisation de l'orgue par la commune conforme à ses besoins et une participation de l'affectataire ou du propriétaire de l'édifice, dont le montant soit proportionné à l'utilisation qu'il pourra faire de l'orgue afin d'exclure toute libéralité ».

Autrement dit, comme le souligne encore le Conseil d'État, un équipement installé dans une église peut ne pas être exclusivement affecté à l'exercice du culte : en déduire, comme l'ont fait les juridictions du fond, qu'une telle installation était nécessairement constitutive d'une aide au culte, sans rechercher si, compte tenu notamment de la nature de l'équipement en cause et des conditions convenues entre le desservant et la commune, une autre utilisation compatible avec la loi de 1905 était envisageable, constitue une erreur de droit. Le principe d'interdiction des aides aux différents cultes demeure donc, mais est aménagé.

Pour aller plus loin

- **CE, 19 juillet 2011, *Fédération de la libre-pensée et de l'action sociale du Rhône, M. P.*** : une collectivité territoriale peut financer des travaux qui ne sont pas des travaux d'entretien ou de conservation d'un édifice servant à l'exercice d'un culte, à condition qu'il présente un intérêt public local.
- **CE, 19 juillet 2011, *Communauté urbaine du Mans, Le Mans métropole*** : une collectivité territoriale peut construire ou acquérir un équipement ou autoriser l'utilisation d'un équipement cultuel, à condition qu'un intérêt public local justifie une telle intervention ».
- **CE, 19 juillet 2011, *Commune de Montpellier*** : les collectivités territoriales ne peuvent décider qu'un local dont elles sont propriétaires sera laissé de façon exclusive et pérenne à la disposition d'une association pour l'exercice d'un culte.
- **CE, 16 juillet 2014, *Garde des Sceaux, Ministre de la justice c/. M. B.*,** n° 377145 : suspension de l'exécution du jugement d'un TA enjoignant à l'administration pénitentiaire de distribuer des repas « halal » aux détenus.
- **CE, ord., 9 novembre 2015, *Association musulmane El Fath et autres*** : le juge ordonne au maire de Fréjus d'autoriser, à titre provisoire, l'ouverture au public de la mosquée de Fréjus.
- **CE, ord., 19 janvier 2016, *Association musulmanes El Fath*** : le juge ordonne au préfet du Var de faire application de son pouvoir hiérarchique sur le maire de Fréjus pour autoriser au nom de l'État, en application de l'ordonnance précédente, l'ouverture provisoire de la mosquée de Fréjus. V. aussi **CE, ord., 23 septembre 2015, *Association des musulmans de Mantes sud*** : injonction faite à la commune de mettre un local à la disposition d'une association musulmane pour un rassemblement à l'occasion de la fête de l'Aïd. Et v. aussi **CE, ord., 30 juin 2016, *Maire de la ville de Nice :*** confirmation de l'injonction faite au maire d'autoriser l'ouverture au public des locaux en cause.
- **CE, ord., 26 août 2016, *Ligue des droits de l'homme et autres*** : un maire ne peut pas édicter une interdiction de police administrative d'accès à la plage et de baignade aux personnes qui portent une tenue manifestant de manière ostensible une appartenance religieuse aux motifs tenant à des risques avérés de troubles à l'ordre public ou d'hygiène ou de décence (affaire dite du « burkini »).
- **CE, ass., 9 novembre 2016, *Fédération de la libre-pensée de Vendée c/département de la Vendée ;* CE, ass., 9 novembre 2016, *Commune de Melun c/Fédération départementale des libres penseurs de Seine-et-Marne*** : eu égard à sa pluralité de significations, « l'installation d'une crèche de Noël, à titre temporaire, à l'initiative d'une personne publique, dans un emplacement public, n'est légalement possible que lorsqu'elle présente un caractère culturel, artistique ou festif, sans exprimer la reconnaissance d'un culte ou marquer une préférence religieuse. Pour porter cette dernière appréciation, il y a lieu de tenir compte non seulement du contexte, qui doit être dépourvu de tout élément de prosélytisme, des conditions particulières de cette installation, de l'existence ou de l'absence d'usages locaux, mais aussi du lieu de cette installation. À cet égard, la situation est différente, selon qu'il s'agit d'un bâtiment public, siège d'une collectivité publique ou d'un service public, ou d'un autre emplacement public ».
- **CE, ord., 6 décembre 2016, *Association islamique Malik Ibn Anas*** : la décision préfectorale de fermeture provisoire d'une mosquée, qui conserve ses effets jusqu'à la fin de l'état d'urgence, ne porte en l'espèce pas une atteinte grave et manifestement illégale à la liberté fondamentale qu'est la liberté de culte.

- **CE, ord., 23 décembre 2016,** ***Association fraternité musulmane Sanâbil*** : rejet de la demande de suspension du décret de dissolution d'une association musulmane, faute de porter une atteinte grave et manifestement illégale à une liberté fondamentale. V. aussi **CE, 20 janvier 2017,** ***Association centre culturel franco-égyptien – l'association Maison d'Égypte***.
- **CE, 10 février 2017,** ***Ville de Paris*** : annulation de la délibération de la ville de Paris décidant de louer par bail emphytéotique administratif un immeuble en vue de la construction d'une mosquée, en raison du défaut de qualité d'association cultuelle du locataire.

La police administrative

Chapitre 2

La police administrative constitue la seconde forme d'action de l'administration, après le service public. Elle vise à réglementer l'activité des administrés, plus précisément à leur imposer des obligations de manière unilatérale, dans le but de prévenir les atteintes à l'ordre public, celui-ci étant un droit fondamental des citoyens et un devoir de l'État. L'ordre public se définit par la référence à la tranquillité publique, la sécurité publique, la salubrité publique et la sauvegarde de la dignité de la personne humaine. L'autorité de police qui prend une mesure de police est soumise à un contrôle strict de la juridiction administrative (contrôle du but de la mesure, de sa nécessité et de son adéquation aux circonstances), dans la mesure où elle est susceptible de porter atteinte à des libertés publiques.

La contribution de la juridiction administrative est essentielle en matière de police administrative. Le Conseil d'État a en effet donné un contenu concret à la notion d'ordre public. Il encadre aussi de manière étroite l'intervention de l'administration en la matière.

1 CE, 18 avril 1902, *Commune de Néris-les-Bains*

« Considérant qu'il résulte des dispositions de l'article 91 de la loi du 5 avril 1884 que la police municipale appartient au maire et que les pouvoirs qui lui sont conférés en cette matière par l'article 97 de la loi s'exercent, non sous l'autorité, mais sous la surveillance de l'administration supérieure ; que, si l'article 99 autorise le préfet à faire des règlements de police municipale pour toutes les communes du département ou pour plusieurs d'entre elles, aucune disposition n'interdit au maire d'une commune de prendre sur le même objet et pour sa commune, par des motifs propres à cette localité, des mesures plus rigoureuses ;
Considérant que pour annuler l'arrêté du maire du 24 mai 1901, qui interdisait d'une manière absolue les jeux d'argent dans tous les lieux publics de la commune de Néris-les-Bains, le préfet du département de l'Allier s'est fondé sur ce que cet arrêté aurait été pris en violation d'un arrêté préfectoral du 8 août 1893 qui, tout en édictant pour toutes les communes du département la même prohibition, avait réservé toutefois au ministère de l'Intérieur, le droit d'autoriser les jeux dans les stations thermales, par application de l'article 4 du décret du 24 juin 1806 ; »
(Annulation de l'arrêté du préfet).

■ *Faits*

Le préfet de l'Allier avait, par arrêté, soumis à autorisation les jeux d'argent dans lieux publics du département, tout en réservant la possibilité pour le ministre de l'Intérieur le droit d'autoriser les jeux dans les stations thermales. Utilisant son pouvoir de tutelle, le préfet a annulé un arrêté municipal édictant une interdiction générale et absolue des jeux d'argent sur une commune. Le maire conteste devant la juridiction administrative cette décision, estimant qu'il lui appartient de rendre éventuellement plus sévère une réglementation de police générale sur le territoire de la commune qu'il a pour responsabilité d'administrer.

■ *Portée*

Le Conseil d'État donne raison au maire : une autorité locale de police administrative générale peut légalement aggraver une mesure de police de l'autorité supérieure, sur le même objet et sur le territoire sur laquelle elle est compétente, en raison de *circonstances particulières*. Le mécanisme est désormais bien établi : l'autorité inférieure titulaire d'un pouvoir de police administrative générale peut combler les carences de l'autorité supérieure de police générale. Elle ne peut, par contre, rendre la réglementation de police générale moins sévère ou en dispenser les administrés.

Cette jurisprudence initie l'élaboration de règles de combinaison des différents pouvoirs de police, en l'occurrence en ce qui concerne deux autorités de police administrative générale, qui interviennent sur le fondement de l'ordre public.

En l'espèce, le préfet avait bien pris un arrêté, mais qui s'appliquait de façon identique sur l'ensemble des communes du département. Le maire parvient à faire admettre au Conseil d'État la nécessité pour une autorité de police dont la compétence territoriale est plus restreinte, mais aussi plus proche du terrain, de détenir le pouvoir d'aggraver éventuellement la mesure plus globale sur son propre territoire, en raison de circonstances spécifiques (de temps ou de lieu). L'autorité locale ne peut, par contre, adoucir les mesures plus générales de police.

Comme l'a fort bien relevé Maurice Hauriou dans sa note sous cet arrêt (S. 1902.3.81), « Cela revient à dire que le maire n'avait pas violé l'arrêté du préfet sur les jeux (à supposer qu'il eût été valable). Il n'y a, en effet, violation que s'il y a contradiction. Dans une série de dispositions qui comportent des interdictions, il n'y a pas contradiction dans la voie de la sévérité ; il n'y aurait contradiction que dans la voie de l'indulgence. L'arrêté du maire de Néris n'eût été annulable que s'il eût autorisé ce que l'arrêté du préfet interdisait, à supposer toujours que l'arrêté du préfet eût fait une exacte application de la loi. »

La Haute juridiction reconnaît dans ce même arrêt la recevabilité du recours pour excès de pouvoir d'une autorité administrative inférieure (le maire), à l'égard des actes pris dans l'exercice du pouvoir de tutelle par l'autorité supérieure (le préfet). L'arrêt permet ainsi d'établir une distinction plus claire entre ***tutelle*** et ***pouvoir hiérarchique***. En ce qui concerne ce dernier, l'autorité inférieure ne dispose pas de voie de recours, en tout cas en ce qui concerne les mesures relatives au fonctionnement ou à l'organisation du service prises par le supérieur. On doit enfin relever que l'arrêt donne une solution dans un contexte différent de celui d'aujourd'hui, car dans le système antérieur à la décentralisation, la commune était sous la tutelle du préfet. Aujourd'hui, ce dernier peut toujours se substituer au maire dans l'exercice de pouvoirs de police, mais après mise en demeure et seulement en cas de carence du maire.

Pour aller plus loin

- **CE, 11 décembre 1903, *Lot***: les agents publics sont recevables à attaquer les décisions qui portent atteinte à leur statut ou à leurs intérêts de carrière, mais sont irrecevables à attaquer les actes relatifs au fonctionnement ou à l'organisation du service.
- **CE, 8 août 1919, *Labonne***: le pouvoir exécutif (aujourd'hui le Premier ministre) dispose d'un pouvoir de réglementation de police administrative sur l'ensemble du territoire.
- **CE, 15 octobre 2015, *Automobile club des avocats et autres***: le Premier ministre est compétent pour fixer par décret les limites de vitesse de circulation applicables sur le boulevard périphérique de Paris, et pour abaisser la limitation de 80 à 70 km/h.
- **CE, 9 décembre 2015, *M. C. et Mme A., n° 386817***: aucun texte n'impose au pouvoir réglementaire de créer un dispositif général exigeant des ressortissants français mineurs d'être munis d'une autorisation de leurs parents pour quitter seuls le territoire français.

2 CE, 19 février 1909, *Abbé Olivier*

« Considérant que l'arrêté attaqué distingue, d'une part "les processions, cortèges et toutes manifestations ou cérémonies extérieures se rapportant à une croyance ou à un culte", dont l'article 11 prononce l'interdiction ; d'autre part, les convois funèbres qui sont réglementés par les articles 2 à 8 ; [...]
En ce qui concerne les articles 2 à 8 de l'arrêté :
Considérant que, si le maire est chargé par l'article 97 de la loi du 5 avril 1884 du maintien de l'ordre dans la commune, il doit concilier l'accomplissement de sa mission avec le respect des libertés garanties par les lois ; qu'il appartient au Conseil d'État, saisi d'un recours pour excès de pouvoir contre un arrêté rendu par application de l'article 97 précité, non seulement de rechercher si cet arrêté porte sur un objet compris dans les attributions de l'autorité municipale, mais encore d'apprécier, suivant les circonstances de la cause, si le maire n'a pas, dans l'espèce, fait de ses pouvoirs un usage non autorisé par la loi ;
Considérant que l'article 11 de la loi du 9 décembre 1905 garantit la liberté de conscience et le libre exercice des cultes, sous les seules restrictions édictées dans l'intérêt de l'ordre public, et que l'article 2 de la loi du 15 novembre 1887 interdit aux maires d'établir des prescriptions particulières applicables aux funérailles en distinguant d'après leur caractère civil ou religieux ; qu'il résulte des travaux préparatoires de la loi du 9 décembre 1905 et de ceux de la loi du 28 décembre 1904 sur les pompes funèbres, que l'intention manifeste du législateur a été, spécialement en ce qui concerne les funérailles, de respecter autant que possible les habitudes et les traditions locales et de n'y porter atteinte que dans la mesure strictement nécessaire au maintien de l'ordre ;
Considérant qu'il résulte de l'instruction que, dans la ville de Sens, aucun motif tiré de la nécessité de maintenir l'ordre sur la voie publique ne pouvait être invoqué par le maire pour lui permettre de réglementer, dans les conditions fixées par son arrêté, les convois funèbres et notamment d'interdire aux membres du clergé, revêtus de leurs habits sacerdotaux, d'accompagner à pied ces convois conformément à la tradition locale ; qu'il est au contraire établi par les pièces jointes au dossier, spécialement par la délibération du conseil municipal du 30 juin 1906 visée par l'arrêté attaqué, que les dispositions dont il s'agit ont été dictées par des considérations étrangères à l'objet en vue duquel l'autorité municipale a été chargée de régler le service des inhumations qu'ainsi lesdites dispositions sont entachées d'excès de pouvoir ;
(Annulation des articles 2 à 8 de l'arrêté du maire). »

Faits

Le maire de Sens avait pris un arrêté interdisant toutes les manifestations religieuses, notamment celles prenant place sur la voie publique à l'occasion des enterrements. L'abbé Olivier demande l'annulation de l'arrêté, comme contrevenant au libre exercice des cultes. Le Conseil d'État annule les dispositions en cause de l'arrêté.

Portée

Le Conseil d'État affirme dans cet arrêt son contrôle sur la nécessité de trouble à l'ordre public qui doit motiver toute mesure de police administrative, en l'espèce de police administrative générale. En l'occurrence, la liberté religieuse est protégée par la loi du 9 décembre 1905 sur la séparation des Églises et de l'État. De plus, le maire n'invoque aucun motif tiré de la nécessité de maintenir l'ordre sur la voie publique pour lui permettre de réglementer, dans les conditions fixées par son arrêté, les convois funèbres. Le Conseil d'État annule en conséquence l'arrêté du maire notamment en ce qu'il interdit aux membres du clergé, revêtus de leurs habits sacerdotaux, d'accompagner les convois funèbres. Il protège d'autant plus cette liberté qu'il s'agit de la mettre en œuvre dans le cadre d'une manifestation traditionnelle.

L'autorité administrative ne peut interdire une manifestation religieuse que dans l'hypothèse où elle peut établir clairement la menace d'un trouble à l'ordre public (tranquillité, sécurité).

C'est ici l'application d'une jurisprudence qui va devenir classique en matière de police administrative : le juge contrôle bien l'existence des faits motivant la décision, et qu'il y a bien une nécessité liée au maintien de l'ordre public. En l'espèce, il faut aussi replacer l'affaire dans son contexte historique, avec une application de la loi de 1905 encore balbutiante, et des « querelles de clocher » locales entre certains maires et abbés.

Pour aller plus loin

- **CE, 21 janvier 1966, *Legastelois***: légalité d'une interdiction d'une procession religieuse, motivée par la nécessité d'améliorer la circulation sur les voies concernées.
- **CE, 31 août 2009, *Commune de Cregols***: lorsqu'il ressort d'éléments sérieux qu'il existe un danger à la fois grave et imminent exigeant une intervention urgente qui ne peut être différée, l'autorité de police ne commet pas d'illégalité en prenant les mesures qui paraissent nécessaires au vu des informations dont elle dispose à la date de sa décision ; la circonstance que ces mesures se révèlent ensuite inutiles est sans incidence sur leur légalité mais entraîne l'obligation de les abroger ou de les adapter.
- **CE, 18 décembre 2015, *UDAF des Hauts de Seine et autres***: dans une affaire relative au mariage de personnes de même sexe, le CE a précisé que l'interdiction faite aux officiers d'état civil de refuser de célébrer les mariages, en dehors des cas prévus par la loi, ne méconnaît pas la liberté de conscience.
- **CE, 28 septembre 2016, *M. B.***: la décision préfectorale de suspension de permis de conduire pour état d'ébriété est défavorable et doit donc être motivée ; l'intéressé doit pouvoir formuler des observations.

3 CE, 8 août 1919, *Labonne*

« Considérant que, si les autorités départementales et municipales sont chargées par les lois, notamment par celles des 22 décembre 1789, 8 janvier 1790 et celle du 5 avril 1884, de veiller à la conservation des voies publiques et à la sécurité de la circulation, il appartient au chef de l'État, en dehors de toute délégation législative et en vertu de ses pouvoirs propres, de déterminer celles des mesures de police qui doivent en tout état de cause être appliquées dans l'ensemble du territoire, étant bien entendu que les autorités susmentionnées conservent, chacune en ce qui la concerne, compétence pleine et entière pour ajouter à la réglementation générale édictée par le chef de l'État toutes les prescriptions réglementaires supplémentaires que l'intérêt public peut commander dans la localité ;
Considérant, dès lors, que le décret du 10 mars 1899, à raison des dangers que présente la locomotion automobile, a pu valablement exiger que tout conducteur d'automobile fût porteur d'une autorisation de conduite, délivrée sous la forme d'un certificat de capacité ; que la faculté d'accorder ce certificat, remise par ledit décret à l'autorité administrative, comportait nécessairement, pour la même autorité, celle de retirer ledit certificat en cas de manquement grave aux dispositions réglementant la circulation ; qu'il suit de là que le décret du 10 mars 1899 et l'arrêté préfectoral du 4 décembre 1913 ne se trouvent point entachés d'illégalité ; »
(Rejet).

■ *Faits*

Monsieur Labonne s'est vu retirer son « certificat de capacité pour la conduite des automobiles » (document qui précéda le permis de conduire) par arrêté préfectoral pris sur la base du décret du chef de l'État du 10 mars 1899, dont cet arrêté lui a fait application. Pour demander l'annulation du retrait de son certificat, il soutient que le décret est entaché d'excès de pouvoir dans les dispositions par lesquelles le décret a institué ce certificat et prévu la possibilité de son retrait : selon lui, seules les autorités départementales et municipales étaient chargées par les lois de veiller à la conservation des voies publiques et à la sécurité de la circulation, le chef de l'État étant donc incompétent en la matière.

■ *Portée*

Le Conseil d'État rejette l'argumentation du requérant. Il établit toutefois à cette occasion un nouveau principe, selon lequel il appartient au chef de l'État (président de la République), en dehors de toute délégation législative et en vertu de ses pouvoirs propres tirés de la Constitution, de déterminer celles des mesures de police qui doivent en tout état de cause être appliquées dans l'ensemble du territoire. Cet arrêt est remarquable en ce qu'en principe, une autorité de police générale est nécessairement habilitée par la loi (ce qui est le cas notamment du maire, ou du préfet), ce qui n'était pas le cas en l'espèce en ce qui concerne le chef du gouvernement ou de l'État. Cette jurisprudence est toujours applicable, malgré le changement de Constitution et la rationalisation des domaines respectifs de la loi et du règlement (art. 34 et 37, Const.). C'est le chef du gouvernement (le Premier ministre) qui bénéficie aujourd'hui de cette habilitation générale en matière de police administrative par la Constitution, qui vise à garantir la continuité des services publics essentiels (régaliens) de l'État, sur l'ensemble du territoire national.

Ainsi, l'article 21, al. 1er de la Constitution dispose que « *Le Premier ministre dirige l'action du Gouvernement. Il est responsable de la défense nationale. Il assure l'exécution des lois. Sous réserve des dispositions de l'article 13, il exerce le pouvoir réglementaire et nomme aux emplois civils et militaires* » : en lien avec les articles 20 et 37 de la Constitution, il est donc possible au Premier ministre d'édicter des actes réglementaires à caractère national sans habilitation législative directe.

Il s'agit d'une manifestation du pouvoir réglementaire autonome du Premier ministre. On doit enfin combiner cette jurisprudence avec l'apport de la jurisprudence *Commune de Néris-les-Bains* (1902) : l'autorité de police administrative générale « inférieure » (à compétence territoriale et non nationale) peut aggraver les mesures de l'autorité de police administrative générale « supérieure » (nationale) si des circonstances locales le justifient.

Pour aller plus loin

- **CE, 4 juin 1975, *Bouvet de la Maisonneuve et Millet*** : il appartient au gouvernement, en vertu des articles 21 et 37 de la Constitution du 4 octobre 1958, de prendre les mesures de police applicables à l'ensemble du territoire et notamment celles qui ont pour objet la sécurité des conducteurs des voitures automobiles et des personnes transportées. En faisant obligation à certains de ceux-ci de porter une ceinture de sécurité attachée afin de réduire les conséquences des accidents de la route, le gouvernement n'a pas excédé, les pouvoirs conférés à l'autorité réglementaire.
- **CE, 17 février 1978, *Comité pour léguer l'esprit de la Résistance*** : en donnant compétence au législateur pour fixer « *les règles concernant... les garanties fondamentales accordées aux citoyens pour l'exercice des libertés publiques* », l'article 34 de la Constitution n'a pas retiré au chef du gouvernement les attributions de police générale qu'il exerçait antérieurement.
- **CE, 5 juillet 2013, *Œuvre d'assistance aux bêtes d'abattoirs*** : il appartient au Premier ministre, en vertu de ses pouvoirs propres conférés par l'article 37 de la Constitution, d'édicter des mesures de police applicables à l'ensemble du territoire et tendant à ce que l'abattage des animaux soit effectué dans des conditions conformes à l'ordre public, à la salubrité et au respect des libertés publiques ; relève ainsi du pouvoir réglementaire, tant l'obligation d'étourdissement dans les établissements d'abattage que les différents cas de dérogation à cette obligation.
- **CE, ord., 5 février 2014, *Association Humanité et biodiversité et autres*** : suspension de l'arrêté du ministre de l'Écologie repoussant la date de fermeture de la chasse de l'oie cendrée, de l'oie des moissons et de l'oie rieuse, au motif de l'urgence. V. aussi **CE, ord., 6 février 2017, *Ligue pour la protection des oiseaux*** : suspension de la décision ministérielle ordonnant à la police de ne pas verbaliser les chasseurs tirant les oies cendrées.
- **CE, 5 décembre 2016, *Association Alsace Nature*** : l'obligation faite au gouvernement d'appliquer la loi dans un délai raisonnable conduit le CE à lui enjoindre, en l'espèce, d'édicter dans les 6 mois un arrêté pour appliquer la loi de 2008 relative à l'éco-taxe.
- **CE, 8 février 2017, *M. B., n° 397151*** : la loi impose 3 obligations de vaccins seulement ; le CE enjoint au ministre de la Santé de prendre les mesures pour permettre de rendre disponibles des vaccins ne comportant que ces 3 vaccins.
- **CE, form. spéc., 5 mai 2017, *M. B., n° 396669*** : première décision d'injonction d'effacer des données contenues dans un fichier intéressant la sûreté de l'État par la formation spécialisée du CE, créée par la loi du 24 juillet 2015 relative au renseignement pour juger directement des recours concernant la mise en œuvre des techniques de renseignement ainsi que des recours concernant la mise en œuvre des fichiers informatiques intéressant la sûreté de l'État.

4 CE, 19 mai 1933, *Benjamin*

« Sur la légalité des décisions attaquées :
Considérant que s'il incombe au maire, en vertu de l'article 97 de la loi du 5 avril 1884, de prendre les mesures qu'exige le maintien de l'ordre, il doit concilier l'exercice de ses pouvoirs avec le respect de la liberté de réunion garantie par les lois du 30 juin 1881 et du 20 mars 1907 ;
Considérant que pour interdire les conférences du sieur René Benjamin figurant au programme des galas littéraires organisés par le syndicat d'initiative de Nevers, qui présentaient toutes deux le caractère de conférences publiques, le maire s'est fondé sur ce que la venue du sieur Benjamin à Nevers était de nature à troubler l'ordre public ;
Considérant qu'il résulte de l'instruction que l'éventualité de troubles, alléguée par le maire de Nevers, ne présentait pas un degré de gravité tel qu'il n'ait pu, sans interdire la conférence, maintenir l'ordre en édictant les mesures de police qu'il lui appartenait de prendre ; que, dès lors, sans qu'il y ait lieu de statuer sur le moyen tiré du détournement de pouvoir, les requérants sont fondés à soutenir que les arrêtés attaqués sont entachés d'excès de pouvoir ; »
(Annulation).

■ *Faits*

Le maire de Nevers a pris un arrêté interdisant la conférence publique que devait donner M. Benjamin (qui devait porter sur Courteline et Sacha Guitry), suite à l'information selon laquelle des instituteurs souhaitant s'opposer à cette conférence organiseraient une manifestation. M. Benjamin décida donc d'organiser une conférence privée, cette fois encore interdite par le maire. M. Benjamin conteste devant le Conseil d'État les deux arrêtés, comme contraires à la liberté de réunion, reconnue par la loi.

■ *Portée*

Le Conseil d'État consacre une conception très favorable à la liberté de réunion, fortement protégée par la loi du 30 juin 1881, qui interdisait en principe toute interdiction ou autorisation préalable, mais qui exigeait simplement une déclaration préalable (la loi du 28 mars 1907 va même supprimer cette obligation de déclaration préalable). Autrement dit, une interdiction préalable par une mesure de police administrative ne peut être légale qu'en cas de trouble potentiel à l'ordre public et si aucune autre mesure moins contraignante n'est possible ou si aucune autre solution n'est envisageable (maintien de l'ordre par les forces de l'ordre possible en l'espèce ; le juge peut se référer aux effectifs disponibles de la police).

Le juge consacre ici un contrôle de *l'adéquation* de la mesure de police aux circonstances, car une liberté publique fortement protégée est en cause : il s'agit d'un contrôle juridictionnel de ***stricte proportionnalité***. Ce contrôle n'est pas aussi bienveillant lorsque l'administré n'invoque qu'une simple faculté (p. ex. celle d'utiliser le domaine public).

En l'espèce, le Conseil d'État annule les arrêtés du maire interdisant les conférences de M. Benjamin, car le maire aurait très bien pu faire appel à la gendarmerie pour prévenir les troubles à l'ordre public. Le Conseil d'État consacre donc un contrôle très poussé, à la fois sur l'existence d'une menace de trouble à l'ordre public et sur la sévérité de la mesure prise, par rapport à cette menace.

Cette jurisprudence, toujours applicable, est l'illustration même de l'adage selon lequel « la liberté est la règle et la mesure de police l'exception ». Elle va servir de modèle dans d'autres domaines, comme l'interdiction de la presse périodique ou la dissolution d'associations. Le Conseil constitutionnel va s'en inspirer dans son contrôle de constitutionnalité des lois qui risquent de compromettre l'exercice de libertés publiques, en vérifiant si les dispositions législatives ne sont pas disproportionnées par rapport au but poursuivi par le législateur : le texte de loi ne doit pas porter atteinte aux principes essentiels sur lesquels repose la protection de la liberté individuelle ; ce qui serait le cas si la loi restait formulée dans des termes trop imprécis, en ce qui concerne les contrôles auxquels l'administration pourrait procéder, ou trop généraux, en ce qui concerne les pouvoirs qui seraient conférés à l'administration.

Le Conseil d'État a toujours confirmé cette jurisprudence depuis lors, ce qui contribue à faire de la juridiction administrative elle aussi la gardienne, en ce qui concerne l'exercice des pouvoirs de police administrative, des libertés publiques.

Pour aller plus loin

- **CE, 22 juin 1959, *Daudignac***: une interdiction générale et absolue d'exercice d'une activité commerciale ***peut*** être légale même si elle porte atteinte à une liberté publique, si elle est seule de nature à prévenir ou faire cesser un trouble à l'ordre public.
- **CE, 25 janvier 1960, *Gadiaga*** : les mesures de police administrative d'interdiction générale et absolue souffrent d'une présomption d'illégalité (**CE, 22 juin 1951, *Daudignac***, *op. cit.*).
- **CE, ord., 9 janvier 2014, *Ministre de l'intérieur c/Société Les Productions de la Plume et M. Dieudonné M'Bala M'Bala*** (cf. Chapitre 7).
- **CE, ord., 25 mars 2015, *Union nationale inter-universitaire*** : rejet de la demande de suspension de la décision du président de l'université de Lorraine interdisant l'organisation d'une réunion de l'UNI dans les locaux de l'université, pour défaut d'urgence.

5 CE, sect., 7 février 1936, *Jamart*

« Considérant que si, même dans le cas où les ministres ne tiennent d'aucune disposition législative un pouvoir réglementaire, il leur appartient, comme à tout chef de service, de prendre les mesures nécessaires au bon fonctionnement de l'administration placée sous leur autorité, et s'ils peuvent notamment, dans la mesure où l'exige l'intérêt du service, interdire l'accès des locaux qui y sont affectés aux personnes dont la présence serait susceptible de troubler le fonctionnement régulier dudit service, ils ne sauraient cependant, sauf dans des conditions exceptionnelles, prononcer, par une décision nominative, une interdiction de cette nature contre les personnes qui sont appelées à pénétrer dans les locaux affectés au service pour l'exercice de leur profession ;
Considérant qu'il résulte de l'instruction que les lettres adressées par le sieur Jamart au ministre des Pensions, quel qu'ait été leur caractère regrettable, ne contenaient pas de menace précise de nature à troubler le fonctionnement du centre de réforme de Paris où le requérant, Docteur en médecine, était appelé à pénétrer pour assister, en vertu de l'article 9 § 5 de la loi du 31 mars 1919, les anciens militaires bénéficiaires de ladite loi ; que, par suite, en lui interdisant, d'ailleurs sans limitation de durée, l'accès de tous les centres de réforme, le ministre des Pensions a excédé ses pouvoirs ; »
(Annulation).

■ *Faits*

Suite à divers courriers par lesquels il signifiait son mécontentement, le sieur Jamart s'est vu interdire par le ministre des Pensions l'accès au ministère, alors qu'il devait participer à des examens médicaux à destination d'anciens militaires souhaitant continuer à bénéficier de leur pension. Le Conseil d'État admet la recevabilité de son recours, son bien-fondé, mais surtout, il établit dans cet arrêt fondamental les limites du pouvoir du ministre à l'intérieur de son ministère.

■ *Portée*

Le Conseil d'État consacre le principe selon lequel « *même dans le cas où les ministres ne tiennent d'aucune disposition législative un pouvoir réglementaire, il leur appartient, comme à tout chef de service, de prendre les mesures nécessaires au bon fonctionnement de l'administration placée sous leur autorité* ». Ce pouvoir leur appartient même en l'absence de texte (loi ou décret), car il s'agit de garantir la bonne organisation de l'administration.

En d'autres termes, la qualité de chef de service d'un ministre ne lui donne pas accès au pouvoir réglementaire de droit commun (celui d'exécution des lois par des décrets d'application, en vertu de l'article 21 de la Constitution), qui est réservé aujourd'hui au Premier ministre (qui dispose par ailleurs du pouvoir réglementaire autonome en vertu de l'article 37 de la Constitution), mais uniquement à un ***certain*** pouvoir réglementaire (qu'il peut exercer par la voie d'actes unilatéraux : arrêtés, circulaires ou lignes directrices).

Le ministre peut fixer les règles d'organisation et de fonctionnement des services, c'est-à-dire notamment organiser le recrutement ou la rémunération des personnels, le droit de grève, les règles d'utilisation du service par les usagers. Il comporte aussi des ***limites*** : le chef de service ne peut pas créer des obligations nouvelles, ni modifier le statut des agents (le statut des fonctionnaires est en effet régi par la loi et par des statuts particuliers qui prennent en principe la forme de décrets en Conseil d'État) ; il ne peut agir que dans la mesure où les textes n'ont pas prévu l'intervention d'une autre autorité administrative. Un chef de service ne peut pas non plus prendre de mesures qui concernent d'autres personnes que les agents du service ou les potentiels usagers ou les collaborateurs du service.

La qualité de chef de service n'est pas réservée aux seuls ministres : il suffit d'être en charge de la direction d'une administration, comme c'est le cas des exécutifs locaux (maire, président de Conseil départemental, président de conseil régional), ou des directeurs d'établissements publics, directeurs de services de l'État... La jurisprudence *Jamart* garantit un fonctionnement efficace et régulier du service ainsi que l'application du principe hiérarchique au sein de l'administration publique.

Le chef de service, grâce à cette jurisprudence, bénéficie en tout état de cause d'une marge de manoeuvre non négligeable, puisqu'il peut invoquer, à l'appui de ses décisions, le « bon fonctionnement du service », standard juridique assez flou pour lui permettre d'agir dans bien des domaines avec un contrôle juridictionnel relativement souple.

Pour aller plus loin

- **CE, sect., 23 mai 1969, *Société distillerie Brabant et compagnie*** : un ministre ne peut prendre de règlement hors habilitation législative et mesure d'organisation ou de fonctionnement du service.
- **CE, 27 novembre 2013, *Syndicat SUD travail affaires sociales*** : le Ministre, en tant que chef de service, peut décider de limiter l'organisation de réunions syndicales aux syndicats disposant d'une section, et les obliger à déposer des demandes préalables par écrit, mais pas dans un délai de seulement 48 heures.
- **CE, 19 septembre 2014, *Jousselin*** : sur la capacité à édicter des « lignes directrices » (cf. Chapitre 5).
- **CE, 27 mars 2015, *M. A., n° 381902*** : un magistrat du parquet peut être muté d'office dans l'intérêt du service.

6 CE, Ass., 22 juin 1951, *Daudignac*

« Sur la légalité de l'arrêté du maire de Montauban en date du 2 mars 1949 :
Considérant que, par cet arrêté, le maire a soumis à une autorisation, dont les conditions étaient fixées par l'acte attaqué, l'exercice, même temporaire, de la profession de photographe sur la voie publique ; qu'il est constant qu'il a entendu viser ainsi notamment la profession dite de photographe-filmeur ;
Considérant que les opérations réalisées par ces photographes n'ont pas le caractère de ventes au déballage, soumises à autorisation spéciale du maire par la loi du 30 décembre 1906 ; qu'en admettant même qu'elles soient faites par des personnes ayant la qualité de marchand ambulant au sens de l'article 1er de la loi du 16 juillet 1912, le maire, qui tient de l'article 97 de la loi du 5 avril 1884, le pouvoir de prendre les mesures nécessaires pour remédier aux inconvénients que ce mode d'exercice de la profession de photographe peut présenter pour la circulation et l'ordre public – notamment en défendant à ceux qui s'y livrent de photographier les passants contre leur volonté ou en interdisant, en cas de nécessité, l'exercice de cette profession dans certaines rues ou à certaines heures – ne saurait, sans méconnaître la loi précitée du 16 juillet 1912 et porter atteinte à la liberté de l'industrie et du commerce garantie par la loi, subordonner l'exercice de ladite profession à la délivrance d'une autorisation ; que, dès lors, le sieur Daudignac est fondé à soutenir que l'arrêté attaqué est entaché d'excès de pouvoir ; »
(Annulation).

■ *Faits*

Le maire de Montauban a soumis par arrêté l'activité de photographe-filmeur sur la voie publique à autorisation se fondant sur plusieurs textes : la loi du 30 décembre 1906 relative à la vente au déballage, la loi du 16 juillet 1912 relative aux professions ambulantes, et la loi du 5 avril 1884 alors applicable l'habilitant à prendre des mesures de police municipale générale. Monsieur Daudignac demande l'annulation de cette mesure, qu'il obtient.

■ *Portée*

La liberté du commerce et de l'industrie invoquée par le requérant, consacrée dès la loi des 2-17 mars 1791 (ou « décret d'Allarde » portant suppression de tous les droits d'aides, de toutes les maîtrises et jurandes et établissement des droits de patente, dont l'article 7 disposait qu'« *A compter du 1er avril prochain, il sera libre à toute personne de faire tel négoce ou d'exercer telle profession, art ou métier qu'elle trouvera bon ; mais elle sera tenue de se pourvoir auparavant d'une patente, d'en acquitter le prix suivant les taux ci-après déterminés et de se conformer aux règlements de police qui sont ou pourront être faits* »), est le principe, du moment que la loi ne la limite ou ne l'interdit pas.

Les mesures d'autorisation administrative d'une activité commerciale (comme en l'espèce), qui peuvent s'analyser en interdiction générale et absolue, souffrent en vertu de la jurisprudence consacrée ici d'une présomption d'illégalité. Ceci étant, la liberté du commerce et de l'industrie n'est pas totale : elle n'est pas générale et absolue elle non plus. Elle peut ainsi être limitée tout d'abord par la loi elle-même pour des motifs tirés de l'intérêt général, à condition de ne pas en dénaturer la portée (contrôle sur l'importation de produits pétroliers, sur l'exportation d'armes...). Elle peut ensuite être limitée par des considérations tenant à l'ordre public : on a vu l'hypothèse liée à l'invocation de motifs de sécurité publique dans l'arrêt *Benjamin*.

La Constitution de 1958 (art. 34) va entraîner la confirmation du statut de ***liberté publique*** de la liberté du commerce et de l'industrie. Le Conseil constitutionnel préfère consacrer la liberté d'entreprendre, dont il trouve la référence directement dans la Déclaration des droits de l'homme et du citoyen de 1789 (décision du 16 janvier 1982, « loi de nationalisation »). Enfin, la liberté du commerce et de l'industrie n'interdit pas l'intervention économique des personnes publiques dans la sphère commerciale, à condition qu'elles en respectent les règles telles qu'elles sont consacrées par le droit de la concurrence, qui s'applique alors à elles. Cette soumission à des règles de droit privé s'étend à tous les domaines d'action de l'administration, y compris la police, qui peut donc être considérée comme ayant des interactions directes avec l'économie.

Pour aller plus loin

- **CE, sect., 28 octobre 1960, *De Laboulaye*** : la liberté du commerce et de l'industrie est devenue explicitement, grâce à l'article 34 de la Constitution, une liberté publique.
- **CE, sect., Avis, 22 novembre 2000, *Société L et P publicité*** : *l'exercice de pouvoirs de police administrative est susceptible d'affecter des activités de production, de distribution ou de services, et doit donc respecter la liberté du commerce et de l'industrie et les règles de concurrence.*
- **CE, sect., 18 janvier 2001, *Commune de Venelles*** : à l'occasion d'un référé liberté (art. L. 521-2, CJA), la liberté du commerce et de l'industrie est reconnue comme une liberté fondamentale. C'est aussi le cas de la liberté du mariage (**CE, ord., 9 juillet 2014, *M.A. et autres*** : ordonnance relative au « mariage pour tous »), ou du droit d'un agent public de ne pas subir un harcèlement moral (**CE, 19 juin 2014, *Commune du Castellet***), ou du droit des détenus à la protection de leur vie comme de leur droit au respect de leur vie privée et familiale (**CE, 30 juillet 2015, *Section française de l'Observatoire international des prisons (OIP-SF) et Ordre des avocats au barreau de Nîmes***), ou du droit des détenus de ne pas être soumis à un traitement inhumain ou dégradant (**CE, ord. 23 décembre 2016, *Section française de l'Observatoire international des prisons***).
- **CE, 10 juin 2009, *Société l'oasis du désert et Syndicat union des professionnels du narguilé*** : l'interdiction générale et absolue de fumer dans les lieux affectés à un usage collectif peut s'appliquer aux bars à narguilé.
- **CE, ord., 5 février 2014, *SAS Allocab et autres*** : le décret imposant un délai de quinze minutes entre la réservation par le client et sa prise en charge par le service de voitures de transport avec chauffeur (VTC) porte une atteinte grave et immédiate aux intérêts des sociétés, justifiant sa suspension. V. aussi **CE, 17 décembre 2014, *Sas Allocab et autres*** : annulation, au fond, du décret créant et imposant le délai susvisé aux VTC. V. aussi **CE, 3 avril 2015, *Société Uber France et autre*** : transmission de la QPC sur les dispositions relatives aux conditions d'exercice des VTC (p. ex. de l'interdiction d'informer le client de sa localisation). Et **CE, ord., 24 mars 2015, *Association Taxilibre et Chambre syndicale des loueurs d'automobiles de Paris Ile-de-France*** : rejet de la demande de suspension du décret relatif à la réglementation des taxis et des VTC, pour défaut d'urgence.

7 CE, sect., 18 décembre 1959, *Société Les Films Lutetia*

« Considérant qu'en vertu de l'art. 1er de l'ordonnance du 3 juillet 1945, la représentation d'un film cinématographique est subordonnée à l'obtention d'un visa délivré par le ministre chargé de l'Information ; qu'aux termes de l'article 6 du décret du 3 juillet 1945 portant règlement d'administration publique pour l'application de cette ordonnance, "le visa d'exploitation vaut autorisation de représenter le film sur tout le territoire pour lequel il est délivré" ;
Considérant que, si l'ordonnance du 3 juillet 1945, en maintenant le contrôle préventif institué par des textes antérieurs, a, notamment, pour objet de permettre que soit interdite la projection des films contraires aux bonnes mœurs ou de nature à avoir une influence pernicieuse sur la moralité publique, cette disposition législative n'a pas retiré aux maires l'exercice, en ce qui concerne les représentations cinématographiques, des pouvoirs de police qu'ils tiennent de l'article 97 de la loi municipale du 5 avril 1884 qu'un maire, responsable du maintien de l'ordre dans sa commune, peut donc interdire sur le territoire de celle-ci la représentation d'un film auquel le visa ministériel d'exploitation a été accordé mais dont la projection est susceptible d'entraîner des troubles sérieux ou d'être, à raison du caractère immoral dudit film et de circonstances locales, préjudiciable à l'ordre public (...) ; »
(Rejet).

■ *Faits*

Le maire de Nice avait interdit par arrêté sur le territoire de sa commune la diffusion d'un film (intitulé *Le feu dans la* peau), au motif de sa contrariété aux bonnes mœurs, suite à l'action d'un groupement d'associations familiales. Or, ce film avait reçu le visa ministériel d'exploitation. La question se pose donc de savoir dans quelle mesure une autorité de police administrative générale (le maire) peut aggraver la mesure prise par une autorité de police spéciale (le ministre de la Culture).

■ *Portée*

Les conclusions du commissaire du gouvernement Mayras résument la portée de l'arrêt : « *l'exercice d'un pouvoir de police par l'autorité supérieure ne fait pas obstacle à l'intervention de l'autorité locale, et particulièrement du maire, lorsque des circonstances locales justifient qu'une mesure plus restrictive que celle qui vaut sur le plan national soit prise* ».

Ce principe est en l'occurrence appliqué au concours entre une police spéciale (du ministre de la Culture) et une police générale (du maire). L'autorité locale doit invoquer des troubles potentiels mais sérieux à l'ordre public et, si des circonstances locales (contrôlées par le juge ; la « composition particulière de la population ») le justifient, peut invoquer des motifs tenant à l'immoralité du film. Le juge administratif exerce sur les motifs ainsi invoqués un contrôle de la qualification juridique des faits.

C'est en réalité non pas tant sur la combinaison des pouvoirs de police (en l'occurrence entre les pouvoirs du ministre de la Culture et ceux du maire) que l'arrêt innove, mais sur celui des éléments qui composent l'ordre public que l'autorité locale est ou non susceptible d'invoquer à l'appui de sa mesure de police. Le Conseil d'État admet évidemment l'invocation de troubles sérieux à l'ordre public pour justifier la mesure de police.

De façon plus novatrice, il admet ainsi que ***l'immoralité*** d'un film soit invoquée à l'appui d'une mesure d'interdiction de projection dudit film, à condition que ce motif soit accompagné par d'autres motifs, tenant aux circonstances locales (elles-mêmes contrôlées par le juge administratif). Ces circonstances peuvent tenir à la composition de la population, à un fait divers ayant bouleversé la population locale...

Cette solution confirme bien que l'exercice de la police administrative ne consiste pas à édicter des sanctions (à caractère répressif), et ne doit pas non plus s'analyser, en l'occurrence, comme une politique de censure. Cette jurisprudence revient régulièrement sur le devant de la scène, tant en ce qui concerne des films à caractère pornographique que de films contenant des scènes de violence, ou ayant un caractère blasphématoire. Elle présente l'intérêt d'insérer la jurisprudence administrative au sein de la réflexion relative à la liberté d'expression.

Cette jurisprudence a été critiquée par la doctrine de l'époque en raison du flou qu'elle introduit dans le contrôle exercé par le juge : on a pu craindre un retour de « l'ordre moral ».

Pour aller plus loin

- **CE, 17 octobre 1952, *Syndicat climatique de Briançon*** : l'autorité de police générale peut intervenir pour combler les lacunes des règlements de police spéciale, même pris par une autorité supérieure (application au cas de la police sanitaire).
- **CE, sect., 6 octobre 2008, *Société Cinéditions*** : le ministre de la Culture qui avait décidé de soumettre à interdiction de diffusion aux mineurs de moins de 18 ans le film *Quand l'embryon part braconner* n'a pas commis d'erreur manifeste d'appréciation.
- **CE, 1er juin 2015, *Association Promouvoir*** : annulation de la décision du ministre de la Culture autorisant la diffusion du film « SAW 3D Chapitre final » aux mineurs de 16 ans, compte tenu de la violence du film, qui doit conduire à une interdiction de diffusion à l'ensemble des mineurs.
- **CE, 30 septembre 2015, *Ministère de la culture et de la communication et autres c/association Promouvoir*** : pour retenir la qualification de scènes de sexe non simulées au sens du Code du cinéma, il faut apprécier la manière dont elles sont filmées et dont elles s'insèrent dans l'œuvre pour déterminer, à l'occasion de la délivrance du visa d'exploitation, pour estimer si le film, en plus d'être interdit aux moins de 18 ans, doit ou non être classé « X ».
- **CE, ord., 6 avril 2015, *Sté Grasse Boulange*** : le refus du maire d'interdire l'exposition en vitrine d'une boulangerie de pâtisseries d'iconographie colonialiste ne constitue pas une illégalité manifeste portant atteinte à une liberté fondamentale.
- **CE, 13 janvier 2017, *Ministre de la culture et de la communication*** : le refus du visa ministériel d'exploitation du film « Antichrist » aux seuls mineurs de 16 ans est annulé car certaines scènes imposent l'interdiction aux mineurs de 18 ans.

8 CE, Ass., 27 octobre 1995, *Commune de Morsang-sur-Orge*

« Considérant qu'il appartient à l'autorité investie du pouvoir de police municipale de prendre toute mesure pour prévenir une atteinte à l'ordre public ; que le respect de la dignité de la personne humaine est une des composantes de l'ordre public ; que l'autorité investie du pouvoir de police municipale peut, même en l'absence de circonstances locales particulières, interdire une attraction qui porte atteinte au respect de la dignité de la personne humaine ;

Considérant que l'attraction de « lancer de nain » consistant à faire lancer un nain par des spectateurs conduit à utiliser comme un projectile une personne affectée d'un handicap physique et présentée comme telle ; que, par son objet même, une telle attraction porte atteinte à la dignité de la personne humaine ; que l'autorité investie du pouvoir de police municipale pouvait, dès lors, l'interdire même en l'absence de circonstances locales particulières et alors même que des mesures de protection avaient été prises pour assurer la sécurité de la personne en cause et que celle-ci se prêtait librement à cette exhibition, contre rémunération ;

Considérant que, pour annuler l'arrêté du 25 octobre 1991 du maire de Morsang-sur-Orge interdisant le spectacle de "lancer de nains" prévu le même jour dans une discothèque de la ville, le tribunal administratif de Versailles s'est fondé sur le fait qu'à supposer même que le spectacle ait porté atteinte à la dignité de la personne humaine, son interdiction ne pouvait être légalement prononcée en l'absence de circonstances locales particulières, qu'il résulte de ce qui précède qu'un tel motif est erroné en droit ;

Considérant qu'il appartient au Conseil d'État saisi par l'effet dévolutif de l'appel d'examiner les autres moyens invoqués par la société Fun Production et M. W. tant devant le tribunal administratif que devant le Conseil d'État ;

Considérant que le respect du principe de la liberté du travail et de celui de la liberté du commerce et de l'industrie ne fait pas obstacle à ce que l'autorité investie du pouvoir de police municipale interdise une activité même licite si une telle mesure est seule de nature à prévenir ou faire cesser un trouble à l'ordre public ; que tel est le cas en l'espèce, eu égard à la nature de l'attraction en cause ; »

(Annulation).

■ *Faits*

Deux affaires jugées le même jour par le Conseil d'État (*Ville de Morsang-sur-Orge* et *Ville d'Aix-en-Provence*) concernent une même problématique, celle de spectacles de « curiosité », à savoir le « lancer de nains », dans des discothèques. Les maires des deux communes concernées avaient interdit ces spectacles (donc sur la base de leur pouvoir de police administrative), invoquant non des troubles à l'ordre public mais l'immoralité desdits spectacles. Les arrêtés furent annulés en première instance, faute de pouvoir invoquer des circonstances locales particulières, conformément à la jurisprudence traditionnelle. Les jugements vont être invalidés par le Conseil d'État, qui modifie la notion d'ordre public dans cet arrêt.

■ *Portée*

Le Conseil d'État opère une modification dans sa jurisprudence en intégrant ici la ***sauvegarde de la dignité de la personne humaine*** comme nouvelle composante à la notion d'ordre public. Cette solution novatrice lui permet de confirmer un raisonnement déjà initié par le Conseil constitutionnel dans sa décision du 27 juillet 1994 relative à la bioéthique, lorsqu'il en fait un principe à valeur constitutionnelle.

Rappelons encore que l'article 3 de la Convention européenne de sauvegarde des droits de l'Homme et des Libertés fondamentales du 4 novembre 1950 interdit les « peines ou traitements inhumains ou dégradants ».

Le Conseil d'État considère en l'espèce que c'est le handicap du salarié qui le transforme en curiosité, et confère à l'activité commerciale de « lancer de nain » un objet en contradiction directe avec la nouvelle composante de l'ordre public qu'il consacre (il faut savoir que de son côté, l'intéressé demandait lui aussi l'annulation de l'interdiction du spectacle, en invoquant la liberté du travail, car ce spectacle lui procurait un revenu d'activité professionnelle). Dès lors, une autorité dotée du pouvoir de police administrative, comme un maire, peut légalement interdire l'activité en cause, en dehors même de toute circonstance locale particulière.

Cette solution permet au Conseil d'État d'unifier l'appréciation nationale à porter en la matière, sans rentrer sur des considérations plus aléatoires d'immoralité, qui seraient susceptibles d'être appréciées de façon différente selon les maires (on l'a vu, l'utilisation de la référence aux circonstances locales devient inutile). L'activité étant *en elle-même* attentatoire à la dignité de la personne humaine, son interdiction est légale.

Pour aller plus loin

- **T. confl., 12 juin 1978, *Société Le Profil c/ministre de l'Intérieur***: le préjudice allégué, intervenu au cours d'une opération tendant à assurer la protection des personnes et des biens, trouve *essentiellement son origine* dans les conditions dans lesquelles a été organisée cette mission de protection ; une telle mission relève de la police administrative ; les litiges relèvent de la compétence de la juridiction administrative.
- **CE, sect., 11 mai 1951, *Consorts Baud ;* T. confl., 7 juin 1951, *Dame Noualek*** : la police administrative est préventive (empêcher les atteintes à l'ordre public) alors que la police judiciaire est répressive (rechercher et interpeller les auteurs d'infractions pénales) ; c'est l'intention de l'auteur de la mesure de police qui entraîne la qualification de la mesure.
- **CE, ord., 9 janvier 2014, *Ministre de l'intérieur c/Société Les Productions de la Plume et M. Dieudonné M'Bala M'Bala*** (V. Chapitre 7).

La hiérarchie des normes : Constitution, principes généraux du droit

Chapitre 3

La Constitution du 4 octobre 1958 consacre un État de droit, basé sur une hiérarchie des normes rationalisée. Toutes les autorités administratives sont tenues, dans leurs décisions, de se conformer à la légalité, conçue comme un ensemble de règles de droit d'une valeur juridique supérieure à l'acte administratif (on parle aussi de « principe de juridicité »). Les sources de cette « légalité » au sens large sont diverses : on compte parmi elles des sources écrites (Constitution – ou plus précisément bloc de constitutionnalité –, traités, lois) et non écrites (principes généraux du droit). La Constitution est la source de toute la légalité, car elle organise le système entier de la légalité ; elle demeure la norme suprême d'interprétation pour les juridictions. Les principes généraux du droit constituent une source non-écrite du droit administratif ; ils sont dégagés par le juge administratif et s'imposent à l'administration sous peine d'illégalité.

Les principes généraux du droit sont issus des fondements du droit public français. Ils entretiennent donc avec la Constitution (le bloc de constitutionnalité) une relation de proximité.

1 CE, ass., 3 juillet 1936, *Demoiselle Bobard et autres*

« Considérant que, si les femmes ont l'aptitude légale aux emplois dépendant des administrations centrales des ministères, il appartient au gouvernement, en vertu de l'article 16 de la loi du 29 décembre 1882 modifié par l'article 35 de la loi du 13 avril 1900, de fixer par des règlements d'administration publique les règles relatives au recrutement et à l'avancement du personnel de ces administrations, et de décider, en conséquence, à cette occasion si des raisons de service nécessitent, dans un ministère, des restrictions à l'admission et à l'avancement du personnel féminin ;
Considérant, par suite, que le gouvernement a pu légalement, par le décret du 15 août 1934, modifiant la réglementation antérieure, réserver pour l'avenir au personnel masculin les emplois de rédacteur et ceux d'un grade supérieur à l'administration centrale du ministère de la Guerre, en vue de satisfaire aux exigences spéciales du service dans ce ministère ; qu'il n'est pas établi par les requérants que le décret dont il s'agit ait été motivé par d'autres considérations ;
Considérant qu'il résulte de ce qui précède que la demoiselle Bobard et autres, d'une part, la demoiselle Bertrand et autres, d'autre part, ne sont pas fondées à demander l'annulation du décret ; »
(Rejet).

■ *Faits*

La demoiselle Bobard conteste, avec d'autres requérantes, un décret du 15 août 1934 qui réserve aux candidats masculins l'accès aux emplois de rédacteur et aux emplois d'un grade supérieur à l'administration centrale du ministère de la Guerre, au motif que ce décret rompt l'égalité d'accès aux emplois publics.

■ *Portée*

Le Conseil d'État donne une réponse en deux temps. Tout d'abord, dans un revirement de principe, il admet l'égale admissibilité des femmes aux emplois publics.

Ensuite, sur le fond, il rejette le recours, précisant que le gouvernement peut légalement apporter des restrictions à l'admission et au recrutement du personnel féminin si des raisons de service le nécessitent ; en l'espèce, les « exigences spéciales du ministère de la Guerre » autorisent une telle restriction d'accès.

Ce revirement, qui consacre l'égalité d'accès à la fonction publique pour les femmes, est le premier signe d'une évolution qui va prendre corps tout au long du XXe siècle. Le statut général du 11 avril 1946 affirme l'égalité des sexes. Puis, c'est au tour du Préambule de la Constitution du 27 octobre 1946 (al. 3), et du statut général résultant de la loi du 13 juillet 1983 (art. 6 bis ; le statut s'est lui-même inspiré de la jurisprudence), reconnaissant la possibilité de mettre exceptionnellement en place des recrutements distincts pour les hommes et les femmes à condition que « *l'appartenance à l'un ou l'autre sexe constitue une condition déterminante de l'exercice des fonctions* ». La législation permet d'aller plus loin que le prévoyait le Conseil d'État en 1936, puisque ce même article 6 *bis* (al. 4) du statut général de la fonction publique précise désormais que « *De même, des distinctions peuvent être faites entre les femmes et les hommes en vue de la désignation, par l'administration, des présidents et des membres des jurys et des comités de sélection constitués pour le recrutement et l'avancement des fonctionnaires et de ses représentants au sein des organismes consultés sur les décisions individuelles relatives à la carrière des fonctionnaires et sur les questions relatives à l'organisation et au fonctionnement des services, afin de concourir à une représentation équilibrée entre les femmes et les hommes dans ces organes* ».

Le statut général actuel (loi du 13 juillet 1983 : Titre I), dans son article 6 *quater,* instaure même une obligation de parité dans la haute fonction publique (mod. loi du 12 mars 2012 relative à l'accès à l'emploi titulaire et à l'amélioration des conditions d'emploi des agents contractuels dans la fonction publique, à la lutte contre les discriminations et portant diverses dispositions relatives à la fonction publique, et par la loi n° 2014-873 du 4 août 2014 pour l'égalité réelle entre les femmes et les hommes).

On peut noter que la fonction publique actuelle est composée en majorité de femmes, mais qui sont encore minoritaires dans la haute fonction publique, ce qui explique que le statut général actuel consacre désormais une obligation de nominations équilibrées en la matière.

Pour aller plus loin

- **CE, ass., 3 octobre 2008, *Commune d'Annecy*** : le Conseil d'État reconnaît la valeur constitutionnelle de la Charte de l'environnement, dont la méconnaissance peut être invoquée pour contester la légalité des décisions administratives.
- **CE, 12 avril 2013, *Association coordination interrégionale Stop THT et autres*** : l'autorité compétente de l'État doit vérifier la conformité d'une opération d'utilité publique aux exigences du principe de précaution V. aussi **CE, 3 juin 2013, *Association interdépartementale et intercommunale pour la protection du lac de Sainte Croix***.
- **CE, 7 mai 2013, *Fédération CFTC de l'agriculture, Fédération générale des travailleurs de l'agriculture, de l'alimentation, des tabacs et services annexes Force Ouvrière*** : le législateur est seul compétent pour adopter les règles destinées à favoriser l'égal accès des femmes et des hommes aux mandats, fonctions et responsabilités mentionnés à l'article 1er de la Constitution.
- **CE, ass., 27 mars 2015, *M. A., n° 372426*** : les avantages de pension maintenus à titre provisoire par le législateur aux seules femmes ayant bénéficié d'un congé maternité respectent le droit de l'Union européenne et ont pour objet de compenser des retards et préjudices de carrière : ce ne sont pas des discriminations indirectes prohibées.
- **CE, 13 juin 2016, *Mme A., n° 387373*** : principe général du droit au reclassement pour inaptitude physique à l'emploi étendu aux agents contractuels de droit public.

2 CE, sect., 5 mai 1944, *Dame veuve Trompier-Gravier*

« Considérant qu'il est constant que la décision attaquée, par laquelle le préfet de la Seine a retiré à la dame veuve Trompier-Gravier l'autorisation qui lui avait été accordée de vendre des journaux dans un kiosque sis boulevard Saint-Denis à Paris, a eu pour motif une faute dont la requérante se serait rendue coupable ;
Considérant qu'eu égard au caractère que présentait, dans les circonstances susmentionnées, le retrait de l'autorisation et à la gravité de cette sanction, une telle mesure ne pouvait légalement intervenir sans que la dame veuve Trompier-Gravier eût été mise à même de discuter les griefs formulés contre elle, que la requérante, n'ayant pas été préalablement invitée à présenter ses moyens de défense, est fondée à soutenir que la décision attaquée a été prise dans des conditions irrégulières par le préfet de la Seine et est, dès lors, entachée d'excès de pouvoir ; » (Annulation).

■ *Faits*

La dame veuve Trompier-Gravier était titulaire d'une autorisation de vente de journaux dans un kiosque sur le boulevard Saint-Denis. Le préfet de la Seine lui a retiré cette autorisation à titre de sanction, en raison d'une faute qu'elle aurait commise. Le Conseil d'État est amené à envisager l'étendue des garanties dont bénéficie tout administré qui fait l'objet d'une sanction administrative.

■ *Portée*

Le Conseil d'État consacre de façon explicite un principe général du droit, celui du respect des ***droits de la défense***, dans le cadre de la procédure administrative ***non contentieuse***, c'est-à-dire en matière d'élaboration des actes administratifs. Le principe était déjà appliqué en matière de procédure administrative contentieuse.

Les administrés ont le droit, lorsque l'administration a dans l'intention de prendre une sanction à leur égard, d'être à même de discuter les griefs formulés contre eux. Cet arrêt transpose ainsi une garantie des droits de la défense de la procédure administrative contentieuse en procédure administrative non contentieuse.

Par la suite, cette protection s'est étendue à des mesures prises en considération de la personne qui, sans présenter systématiquement le caractère de sanction, ont des répercussions importantes (un caractère de gravité suffisant) sur les administrés, les contractants ou les agents publics (licenciement pour insuffisance professionnelle ou pour inaptitude physique ; décision qui refuse un avantage ou une autorisation). La protection ne va cependant pas jusqu'à consacrer de façon systématique en matière non juridictionnelle le principe du contradictoire, qui exige, en plus, la possibilité de représentation par un mandataire de son choix, et celle de présenter, sur sa demande, des observations (écrites et/ou orales).

Mais désormais, le CRPA tend à généraliser l'obligation tenant au respect du contradictoire. En effet, il impose, exception faite des cas où il est statué sur une demande, que les décisions individuelles qui doivent être motivées « *n'interviennent qu'après que la personne intéressée a été mise à même de présenter des observations écrites et, le cas échéant, sur sa demande, des observations orales. Cette personne peut se faire assister par un conseil ou représenter par un mandataire de son choix* » (art. L. 122-1). Les exceptions concernent le cas d'urgence ou de circonstances exceptionnelles ; ou lorsque la procédure mise en œuvre serait de nature à compromettre l'ordre public ou la conduite des relations internationales ; et les décisions pour lesquelles des dispositions législatives ont instauré une procédure contradictoire particulière.

Les droits de la défense permettent donc de bénéficier d'une information complète, claire et d'une communication des griefs invoqués par l'administration, dans un délai adéquat. Ils impliquent le droit à un mandataire en matière disciplinaire aussi ; et la communication du dossier, dans la fonction publique, grâce à l'article 65 de la loi du 22 avril 1905, (seul article encore en vigueur de cette loi), qui dispose que « Tous les fonctionnaires civils et militaires, tous les employés et ouvriers de toutes administrations publiques ont droit à la communication personnelle et confidentielle de toutes les notes, feuilles signalétiques et tous autres documents composant leur dossier, soit avant d'être l'objet d'une mesure disciplinaire ou d'un déplacement d'office, soit avant d'être retardé dans leur avancement à l'ancienneté ».

Pour aller plus loin

- **CE, ass., 26 octobre 1945,** ***Aramu*** : le Conseil d'État consacre explicitement la théorie des principes généraux du droit applicables même en l'absence de texte, précisant qu'une sanction ne peut être prononcée sans que l'intéressé ait été mis en mesure de présenter utilement sa défense.
- **CE, 13 juillet 2010,** ***Association Les Authentiks et Association Supras Auteuil 91*** : le principe général des droits de la défense n'est pas applicable à la décision de dissolution par décret de deux associations sportives, en l'absence de texte, dès lors que la décision prise à leur encontre est une mesure de police administrative (préventive).
- **CE, ass., 6 juin 2014,** ***Fédération des conseils de parents d'élèves des écoles publiques (FCPE) et Union nationale lycéenne*** : refus de consacrer un principe général du droit de l'opportunité des poursuites disciplinaires (en l'occurrence, dans une espèce concernant l'Éducation nationale).
- **CE, ord., 20 novembre 2015,** ***M. D., n° 394357*** : en l'espèce, il n'existait pas, en l'état de l'instruction, de doute sérieux quant à l'appréciation du Gouvernement dans le décret portant déchéance de nationalité d'une personne condamnée pour actes de terrorisme.
- **CE, 30 décembre 2016,** ***Autorité de contrôle des nuisances aéroportuaires (ACNUSA)*** : le principe général du droit « *non bis in idem* » fait obstacle à ce qu'une autorité administrative engage de nouvelles poursuites pour des faits pour lesquels elle a déjà pris une décision définitive de ne pas infliger une sanction.

3 CE, ass., 25 juin 1948, *Société du journal L'Aurore*

« Sur la légalité de l'article 4 de l'arrêté du 30 décembre 1947 :
Considérant qu'aux termes de cet article, les majorations du prix de vente de l'énergie électrique "sont applicables pour l'ensemble des départements métropolitains à toutes les consommations qui doivent normalement figurer dans le premier relevé postérieur à la date de publication du présent arrêté, c'est-à-dire au 1er janvier 1948" ;
Considérant qu'il est constant qu'en raison de l'intervalle de temps qui sépare deux relevés successifs de compteur, le premier relevé postérieur au 1er janvier 1948 comprend, pour une part plus ou moins importante selon la date à laquelle il intervient, des consommations antérieures au 1er janvier ; qu'en décidant que ces consommations seront facturées au tarif majoré, l'arrêté attaqué viole tant le principe en vertu duquel les règlements ne disposent que pour l'avenir que la règle posée dans les articles 29 et suivants de l'ordonnance du 30 juin 1945 d'après laquelle le public doit être avisé, avant même qu'ils soient applicables, des prix de tous les produits et services arrêtés par l'autorité publique ; qu'en outre la disposition contestée a pour conséquence de faire payer à des tarifs différents le courant consommé dans les dernières semaines de l'année 1947 pour les usagers, selon que leurs compteurs sont relevés avant ou après le 1er janvier 1948 ; qu'il méconnaît ainsi le principe de l'égalité entre les usagers du service public ; qu'il était loisible aux auteurs de l'arrêté attaqué de soustraire celui-ci à toute critique d'illégalité en prenant toutes mesures appropriées en vue de distinguer, fût-ce même forfaitairement, les consommations respectivement afférentes à la période antérieure au 1er janvier 1948 et à la période postérieure à cette date, et en ne faisant application qu'à ces dernières du tarif majoré ; (...) »
(Annulation de la disposition dans son effet rétroactif).

■ *Faits*

Un arrêté du 30 décembre 1947 a majoré le prix de l'électricité pour l'ensemble des départements métropolitains à toutes les consommations qui doivent normalement figurer dans le premier relevé postérieur à la date de publication du présent arrêté, c'est-à-dire au 1er janvier 1948 (date de publication de l'arrêté). Le journal *L'Aurore* conteste cet arrêté en tant qu'il conduit à appliquer la majoration tarifaire à des consommations intervenues avant même la publication de l'arrêté.

■ *Portée*

Le Conseil d'État consacre dans cet arrêt de façon explicite le principe général du droit de ***non-rétroactivité*** des actes administratifs unilatéraux. Les règlements ne doivent disposer que pour l'avenir. Il applique le principe général d'égalité, méconnu en l'espèce. Le principe de ***non-rétroactivité*** a la même signification que celle consacrée en droit civil (art. 2, C. civ.). Il est conforme à la logique (on ne peut appliquer qu'un texte qui existe..., et une fois publié de façon adéquate), et à la sécurité juridique (les pouvoirs publics ne peuvent remettre en cause à tout moment des situations juridiques qui se sont déjà développées dans un environnement juridique légal). Il interdit toute entrée en vigueur antérieure à la date de son adoption, toute remise en cause de situations considérées comme définitives. Cependant, il peut comprendre, ponctuellement, quelques exceptions ou aménagements : tant qu'une situation n'est pas acquise, elle peut faire l'objet d'une nouvelle réglementation ; une loi peut (sous conditions) permettre la rétroactivité d'un acte administratif (p. ex. en matière fiscale) ; un acte peut régulariser les irrégularités d'un acte passé ; enfin, le principe de continuité du service public peut justifier la rétroactivité d'un acte administratif.

Par ailleurs, l'annulation juridictionnelle d'un acte administratif, par son effet en principe rétroactif (mais des exceptions sont possibles : cf. CE, 2004, *Assoc. AC! et autres*), il devient parfois nécessaire d'émettre un acte à caractère rétroactif afin d'exécuter la décision de justice et combler le vide juridique ainsi créé (p. ex. nécessité de réintégrer un fonctionnaire dont le licenciement a été annulé, et obligation de « reconstruire » sa carrière).

Les principes généraux du droit constituent l'expression même du pouvoir créateur du juge, amené à octroyer de nouvelles garanties au bénéfice des administrés. Ces dernières années, le domaine de la protection de la vie privée est devenu un axe d'action privilégié du juge administratif.

Pour aller plus loin

- **CE, 19 mars 2007, *Confédération des chambres syndicales départementales des débitants de tabac de France*** : le Premier ministre peut être tenu de prendre des mesures transitoires justifiées par des impératifs de santé publique.
- **CE, 15 juin 2011, *M. Luc Éric A.*** : confirmation de la vocation des règlements administratifs à être d'application immédiate.
- **CE, 21 mars 2012, *Société EDF*** : en l'absence de disposition expresse ou d'impératif d'ordre public, la loi nouvelle ne s'applique pas aux situations contractuelles en cours à la date de son entrée en vigueur ; y compris pour une qualification juridique des contrats en qualité de contrats administratifs.
- **CE, sect., 28 avril 2014, *Mme Anschling et a. c/Syndicat intercommunal des eaux de Domnom-lès-Dieuze*** : une délibération établissant des redevances de manière rétroactive afin d'appliquer une décision de justice est jugée légale, sachant que l'annulation contentieuse n'a pas eu pour effet de décharger les usagers de la redevance (pour service rendu).
- **CE, 8 juin 2016, *M. T..., n° 394348*** : les textes fixant les modalités des poursuites et les formes de la procédure des sanctions administratives sont d'application immédiate, même s'ils conduisent à réprimer des manquements commis avant leur entrée en vigueur (déchéance de nationalité en l'espèce).

4 CE, sect., 26 juin 1959, *Syndicat général des ingénieurs-conseils*

« Sur la légalité du décret attaqué :
Considérant que le 25 juin 1947, alors que n'avait pas pris fin la période transitoire prévue par l'article 104 de la Constitution du 27 octobre 1946, le président du Conseil des ministres tenait de l'article 47 de ladite Constitution le pouvoir de régler par décret, dans les territoires dépendant du ministère de la France d'outre-mer, en application de l'article 18 du sénatus-consulte du 3 mai 1854, les questions qui, dans la métropole, ressortissaient au domaine de la loi ; que, dans l'exercice de ces attributions, il était cependant tenu de respecter d'une part, les dispositions des lois applicables dans les territoires d'outre-mer, d'autre part, les principes généraux du droit qui, résultant notamment du préambule de la Constitution, s'imposent à toute autorité réglementaire même en l'absence de dispositions législatives ;
Considérant, en premier lieu, que la loi du 31 décembre 1940 n'était pas applicable dans les territoires visés par le décret attaqué ; que les dispositions du Code civil, ayant été introduites dans ces territoires par décret, y avaient seulement valeur réglementaire ; que, par suite, le syndicat requérant n'est pas fondé à soutenir que le décret attaqué serait entaché d'illégalité en tant qu'il méconnaîtrait les prescriptions de ces deux textes ;
Considérant, en second lieu, qu'en réservant aux architectes, dans les territoires qu'il concerne, le soin de "composer tous les édifices, d'en déterminer les proportions, la structure, la distribution, d'en dresser les plans, de rédiger les devis et de coordonner l'ensemble de leur exécution" et en interdisant ainsi aux membres d'autres professions de se livrer à ces activités, le décret attaqué, s'il est intervenu dans une matière réservée dans la métropole au législateur, n'a porté à aucun des principes susmentionnés une atteinte de nature à entacher d'illégalité les mesures qu'il édicte ; »
(Rejet).

■ Faits

Le président du conseil avait pris, comme l'en autorisait alors la Constitution, un décret (dans le domaine de la loi) réglementant la profession d'architecte dans les colonies, en instituant notamment un monopole d'activité au profit des architectes inscrit au barreau de l'ordre. Le syndicat des ingénieurs-conseils déféra ce décret à la juridiction administrative, au motif qu'il interdisait à ses membres l'exercice de la profession.

■ Portée

L'apport de cet arrêt ne réside pas, contrairement à ce que l'on pourrait penser, dans la détermination de règles de compétence : le président du conseil pouvait à l'époque valablement prendre des décrets dans le domaine de la loi. L'apport de l'arrêt réside dans l'affirmation du contrôle juridictionnel du juge administratif sur des actes pris dans ce domaine de la loi.

Le Conseil d'État applique dans cette affaire un critère organique et précise que, lorsque le président du conseil agit ainsi, les normes qu'il émet sont soumises aux lois, mais aussi aux principes généraux du droit, qui s'imposent à toute autorité administrative réglementaire, même en l'absence de loi.

Autrement dit, les principes généraux du droit s'imposent à tout détenteur du pouvoir réglementaire, c'est-à-dire sous la Constitution de 1958, même au pouvoir réglementaire autonome (Const., art. 37), ou lorsque le gouvernement bénéficie d'une habilitation du Parlement en vertu de l'article 38 de la Constitution (tant que les ordonnances prises sur ce fondement ne sont pas ratifiées), ou lorsque le président de la République prend des ordonnances prises sur le fondement d'une loi d'habilitation référendaire.

En ce sens, les principes généraux du droit dégagés par le juge administratif peuvent être considérés comme ayant une valeur « supra décrétale », tout en gardant une valeur « infra législative » (R. Chapus).

Le Conseil constitutionnel a lui aussi recours à des principes généraux du droit dans l'exercice de son contrôle de constitutionnalité des lois. Dans ce cas, le principe qu'il dégage a vocation à s'imposer au législateur. Mais on observe une nette tendance du Conseil constitutionnel à préférer, lorsque c'est possible, se référer directement à une disposition écrite du bloc de constitutionnalité plutôt qu'à un principe général du droit non écrit, comme c'est le cas en matière d'égalité : le Conseil constitutionnel fait de préférence application de l'article 6 de la Déclaration des droits de l'homme et du citoyen que du principe général d'égalité (il en est de même du Conseil d'État).

Pour aller plus loin

- **CE, sect., 2 mars 1973, *Lang*** : certains principes généraux du droit n'ont qu'une valeur supplétive, et ne s'imposent au pouvoir réglementaire que faute de texte contraire.
- **Cons. const., 25 juillet 1979, *Droit de grève à la radio/télévision*** : consécration du principe de continuité du service public, à concilier avec le droit de grève, à valeur constitutionnelle.
- **CE, ord., 12 février 2014, *Fédération des employés cadres CGT-Force ouvrière et autres*** : le principe d'un repos hebdomadaire est l'une des garanties du droit au repos reconnu aux salariés par le 11e al. du Préambule de la Constitution de 1946.

5 CE, ass., 19 octobre 1962, *Canal, Robin et Godot*

« Sur la fin de non-recevoir opposée par le ministre de la Justice et le ministre des Armées :
Considérant que l'article 2 de la loi du 13 avril 1962 adoptée par le peuple français par la voie du référendum, autorise le président de la République "à arrêter, par voie d'ordonnance ou, selon le cas, de décrets en Conseil des ministres, toutes mesures législatives ou réglementaires relatives à l'application des déclarations gouvernementales du 19 mars 1962" ; qu'il résulte de ces termes mêmes que ce texte a eu pour objet, non d'habiliter le président de la République à exercer le pouvoir législatif lui-même, mais seulement de l'autoriser à user exceptionnellement, dans le cadre et dans les limites qui y sont précisées, de son pouvoir réglementaire, pour prendre, par ordonnances, des mesures qui normalement relèvent du domaine de la loi ; qu'il suit de là que l'ordonnance attaquée du 1er juin 1962, qui a été prise en application de l'article 2 de la loi du 13 avril 1962, conserve le caractère d'un acte administratif et est susceptible, comme tel, d'être déférée au Conseil d'État par la voie du recours pour excès de pouvoir ;
Sur les conclusions de la requête tendant à l'annulation de l'ordonnance du 1er juin 1962 instituant une Cour militaire de justice : (...)
Considérant que, si l'article 2 de la loi du 13 avril 1962 précité a donné au président de la République de très larges pouvoirs en vue de prendre toutes mesures législatives en rapport avec les déclarations gouvernementales du 19 mars 1962 relatives à l'Algérie et si de telles mesures pouvaient comporter, notamment, l'institution d'une juridiction spéciale chargée de juger les auteurs des délits et des infractions connexes commis en relation avec les événements d'Algérie, il ressort des termes mêmes aussi bien que de l'objet de la disposition législative précitée, que l'organisation et le fonctionnement d'une telle juridiction ne pouvaient légalement porter atteinte aux droits et garanties essentielles de la défense que dans la mesure où, compte tenu des circonstances de l'époque, il était indispensable de le faire pour assurer l'application des déclarations gouvernementales du 19 mars 1962 ;
Considérant qu'il ne résulte pas de l'instruction que, eu égard à l'importance et à la gravité des atteintes que l'ordonnance attaquée apporte aux principes généraux du droit pénal, en ce qui concerne, notamment, la procédure qui y est prévue et l'exclusion de toute voie de recours, la création d'une telle juridiction d'exception fût nécessitée par l'application des déclarations gouvernementales du 19 mars 1962 ; (...) »
(Annulation).

■ *Faits*

Le président de la République a été habilité par référendum à prendre toutes mesures législatives ou réglementaires relatives à l'application des déclarations du gouvernement consacrant les Accords d'Évian du 19 mars 1962. Il a pris une ordonnance en date du 1er juin 1962 créant une juridiction d'exception, la Cour militaire de justice, compétente pour juger les auteurs d'infractions liées aux événements d'Algérie. Plusieurs condamnés ont intenté un recours en annulation contre cette ordonnance. Le recours conduit à s'interroger sur la nature juridique des normes contenues dans l'ordonnance, et sur la capacité ou non du Conseil d'État à les contrôler.

■ *Portée*

Le Conseil d'État annule en l'espèce une ordonnance du président de la République du 1er juin 1962 prise sur le fondement d'une loi référendaire du 13 avril 1962, et instituant une cour militaire de justice. Il considère dans un premier temps que le président de la République ne doit pas être considéré comme titulaire du pouvoir législatif malgré l'habilitation résultant de la loi du 13 avril 1962. Il bénéficie simplement du pouvoir de prendre des actes réglementaires y compris dans le domaine de la loi, sur une question précise.

Dans un deuxième temps, il affirme « naturellement » sa compétence pour contrôler de tels actes, qui ne doivent pas être considérés comme ayant valeur législative, faute de ratification législative postérieure. En effet, seules les ordonnances intervenant dans le domaine de la loi ne seront pas contrôlées par le Conseil d'État. Sur le fond, le Conseil d'État annule l'ordonnance, qui excède l'étendue de l'habilitation donnée par la loi du 13 avril 1962 en ce que l'ordonnance contrevient au principe général des droits de la défense en matière pénale, du fait notamment de l'exclusion de toute voie de recours et du dessaisissement des juridictions ordinaires.

Cette jurisprudence a eu un fort retentissement, et des conséquences juridiques importantes : le pouvoir exécutif a procédé à une ratification de l'ordonnance, lui donnant valeur législative, afin de contourner l'annulation prononcée par le Conseil d'État.

Pour aller plus loin

- **CE, ass., 17 février 1950, *Ministre de l'Agriculture c/Dame Lamotte*** : principe général du droit selon lequel tout acte administratif peut faire l'objet d'un recours pour excès de pouvoir.
- **CE, ass., 2 mars 1962, *Rubin de Servens*** : le président de la République peut prendre des ordonnances à valeur législative dans le cadre de l'article 16 de la Constitution.
- **CE, 24 juin 2013, *Société Colruyt France et établissements FR Colruyt*** : le principe de légalité des délits et des peines ne fait pas obstacle, lorsqu'il est appliqué à des sanctions administratives, à ce que les infractions soient définies par référence aux obligations d'exercice d'une activité, d'une profession ou d'une institution dont relève la personne concernée.
- **CE, 16 décembre 2016, *Groupement d'employeurs Plusagri*** : le principe de légalité des délits et des peines « fait obstacle à ce que l'administration inflige une sanction si, à la date des faits litigieux, la règle en cause n'est pas suffisamment claire, de sorte qu'il n'apparaît pas de façon raisonnablement prévisible par les professionnels concernés que le comportement litigieux est susceptible d'être sanctionné ».

6 CE, ass., 8 décembre 1978, *GISTI, CFDT et CGT*

« Sur la légalité du décret attaqué : (...)
Considérant que le décret du 29 avril 1976, relatif aux conditions d'entrée et de séjour en France des membres des familles des étrangers autorisés à résider en France, détermine limitativement, et sous réserve des engagements internationaux de la France, les motifs pour lesquels l'accès au territoire français ou l'octroi d'un titre de séjour peut être refusé au conjoint et aux enfants de moins de 18 ans d'un ressortissant étranger bénéficiant d'un titre de séjour qui veulent s'établir auprès de ce dernier que le décret attaqué du 10 novembre 1977 suspend, pour une période de trois ans, les admissions en France visées par ces dispositions mais précise que les dispositions du décret du 29 avril 1976 demeurent applicables aux membres de la famille qui ne demandent pas l'accès au marché de l'emploi ; que le décret attaqué a ainsi pour effet d'interdire l'accès du territoire français aux membres de la famille d'un ressortissant étranger titulaire d'un titre de séjour à moins qu'ils ne renoncent à occuper un emploi ;
Considérant qu'il résulte des principes généraux du droit et, notamment du Préambule de la Constitution du 27 octobre 1946 auquel se réfère la Constitution du 4 octobre 1958, que les étrangers résidant régulièrement en France ont, comme les nationaux, le droit de mener une vie familiale normale ; que ce droit comporte, en particulier, la faculté, pour ces étrangers, de faire venir auprès d'eux leur conjoint et leurs enfants mineurs ; que, s'il appartient au gouvernement, sous le contrôle du juge de l'excès de pouvoir, et sous réserve des engagements internationaux de la France, de définir les conditions d'exercice de ce droit pour en concilier le principe avec les nécessités tenant à l'ordre public et à la protection sociale des étrangers et de leur famille, ledit gouvernement ne peut interdire par voie de mesure générale l'occupation d'un emploi par les membres des familles des ressortissants étrangers ; »
(Annulation).

■ Faits

Le décret du 29 avril 1976, relatif aux conditions d'entrée et de séjour en France des membres des familles des étrangers autorisés à résider en France, détermine les motifs pour lesquels l'accès au territoire français ou l'octroi d'un titre de séjour peut être refusé au conjoint et aux enfants de moins de 18 ans d'un ressortissant étranger bénéficiant d'un titre de séjour qui veulent s'établir auprès de ce dernier. Un décret du 10 novembre 1977 a eu, lui, pour effet d'interdire l'accès du territoire français aux membres de la famille d'un ressortissant étranger titulaire d'un titre de séjour à moins qu'ils ne renoncent à occuper un emploi en suspendant les dispositions du décret de 1976 pour trois ans. Le Groupe d'information et de soutien des travailleurs immigrés (GISTI) notamment, a contesté ce décret, invoquant notamment les dispositions de l'alinéa 10 du Préambule de la Constitution de 1946 en vertu duquel « *la nation assure à l'individu et à la famille les conditions nécessaires à leur développement* ».

■ Portée

Le Conseil d'État, afin de trouver un fondement à sa censure du décret susvisé, reconnaît dans cet arrêt l'existence du ***droit à mener une vie familiale normale***, qui bénéficie aux étrangers résidant régulièrement en France comme aux nationaux. Il tire ce droit des principes généraux du droit et peut s'appuyer notamment sur le Préambule de la Constitution de 1946 auquel se réfère la Constitution de 1958, et dont l'alinéa 10 dispose que « *la nation assure à l'individu et à la famille les conditions nécessaires à leur développement* ».

Ce droit comporte, en particulier, la faculté, pour ces étrangers, de faire venir auprès d'eux leur conjoint et leurs enfants mineurs : c'est le regroupement familial. Le gouvernement ne peut donc interdire par voie de mesure générale l'occupation d'un emploi par les membres des familles des ressortissants étrangers. Les principes généraux du droit semblent, compte tenu de la formulation retenue par le Conseil d'État, pouvoir s'adosser à des textes écrits (même si ceux-ci doivent être conçus comme l'expression de principes préexistants).

Cette décision donne par ailleurs l'orientation du Conseil en matière de protection des droits et garanties en ce qui concerne le droit des étrangers, et plus largement de droits à vocation sociale. Ainsi, le droit à mener une vie familiale normale n'est pas sans limites, et peut faire l'objet de restrictions, dictées notamment par des exigences tirées de l'ordre public.

Pour aller plus loin

- **CE, ass., 3 juillet 1996, *Moussa Koné***: le Conseil d'État consacre le principe fondamental reconnu par les lois de la République, selon lequel l'État doit refuser l'extradition d'un étranger lorsqu'elle est demandée dans un but politique. Annulation du décret d'extradition demandée dans un but politique (conf. **CE, sect., 9 décembre 2016, *M. B. c/ Premier ministre*, n° 394399**).
- **CE, ass., 19 avril 1991, *Belgacem***: le Conseil d'État exerce un plein contrôle de proportionnalité (et non plus un contrôle restreint comme auparavant) sur les mesures de police susceptibles de porter atteinte au droit à mener une vie familiale normale.
- **CE, ord., 23 novembre 2015, *Ministre de l'Intérieur c/commune de Calais***: ordre donné à l'État et à la commune de Calais de commencer à mettre en place, sous huit jours, notamment des points d'eau, des toilettes, des dispositifs supplémentaires de collecte des ordures ; de procéder à un nettoyage du site ; injonction faite à l'État sous 48 heures, de procéder au recensement des mineurs isolés en situation de détresse.

7 CE, ass., 24 mars 2006, *Société KPMG et autres*

« Quant au moyen tiré de l'application du Code de déontologie aux situations contractuelles en cours :
Considérant qu'une disposition législative ou réglementaire nouvelle ne peut s'appliquer à des situations contractuelles en cours à sa date d'entrée en vigueur, sans revêtir par là même un caractère rétroactif ; qu'il suit de là que, sous réserve des règles générales applicables aux contrats administratifs, seule une disposition législative peut, pour des raisons d'ordre public, fût-ce implicitement, autoriser l'application de la norme nouvelle à de telles situations ;
Considérant qu'indépendamment du respect de cette exigence, il incombe à l'autorité investie du pouvoir réglementaire d'édicter, pour des motifs de sécurité juridique, les mesures transitoires qu'implique, s'il y a lieu, une réglementation nouvelle ; qu'il en va ainsi en particulier lorsque les règles nouvelles sont susceptibles de porter une atteinte excessive à des situations contractuelles en cours qui ont été légalement nouées ;
Considérant que les dispositions de la loi du 1er août 2003 de sécurité financière relatives à la déontologie et à l'indépendance des commissaires aux comptes, dont la mise en œuvre est assurée par le Code de déontologie, ont, en raison des impératifs d'ordre public sur lesquels elles reposent, vocation à s'appliquer aux membres de la profession ainsi réglementée et organisée sans que leur effet se trouve reporté à l'expiration du mandat dont les intéressés ont été contractuellement investis ; que toutefois, à défaut de toute disposition transitoire dans le décret attaqué, les exigences et interdictions qui résultent du code apporteraient, dans les relations contractuelles légalement instituées avant son intervention, des perturbations qui, du fait de leur caractère excessif au regard de l'objectif poursuivi, sont contraires au principe de sécurité juridique ; qu'il y a lieu, par suite, d'annuler le décret attaqué en tant qu'il ne comporte pas de mesures transitoires relatives aux mandats de commissaires aux comptes en cours à la date de son entrée en vigueur intervenue, conformément aux règles de droit commun, le lendemain de sa publication au Journal officiel de la République française du 17 novembre 2005 ; »

■ Faits

La loi du 1er août 2003 de sécurité financière, crée une section relative à la déontologie et à l'indépendance des commissaires aux comptes dans le Code de commerce. Le décret du 16 novembre 2005 portant approbation du Code de déontologie des commissaires aux comptes a pris des mesures relatives aux mandats de commissaires aux comptes : il approuve le Code de déontologie de la profession. Le Conseil d'État, saisi par cinq des principaux cabinets de commissaires aux comptes, juge que le décret est illégal faute d'avoir prévu des mesures transitoires pour son application aux contrats en cours.

■ Portée

La liberté contractuelle a une valeur constitutionnelle, protégée aussi bien par le Conseil constitutionnel que par le Conseil d'État. Ce dernier consacre en l'espèce le principe général du droit de sécurité juridique qui interdit à une nouvelle réglementation de modifier des relations contractuelles en cours de façon immédiate dans l'hypothèse où les perturbations ainsi créées auraient des répercussions excessives au regard de l'objectif poursuivi. Seule une disposition législative peut, pour des raisons d'ordre public, fût-ce implicitement, autoriser l'application de la norme nouvelle à de telles situations. Enfin, indépendamment du respect de cette exigence, il incombe à l'autorité investie du pouvoir réglementaire d'édicter, pour des motifs de ***sécurité juridique***, les ***mesures transitoires*** qu'implique, s'il y a lieu, une réglementation nouvelle, notamment si ces règles nouvelles sont susceptibles de porter atteinte à des situations contractuelles en cours qui ont été légalement nouées.

C'est particulièrement le cas lorsque les règles nouvelles sont susceptibles de porter une atteinte excessive à des situations contractuelles en cours qui ont été légalement fixées. Le Code de déontologie ne s'applique donc aux contrats signés que postérieurement à la date de la parution du décret du 16 novembre 2005.

C'est la première application par le Conseil d'État du principe de sécurité juridique, dans la lignée de la jurisprudence de la Cour de justice de l'Union européenne ainsi que de la Cour européenne des droits de l'Homme. Cette solution permet aussi au Conseil d'État de ne pas appliquer tel quel le principe de confiance légitime consacré par la CJCE : plus précisément, son application est subordonnée aux situations juridiques mettant en cause le droit de l'UE.

Pour aller plus loin

- **CJCE, 22 mars 1961, *SNUPAT c/Haute Autorité*** : principe de sécurité juridique.
- **CEDH, 13 juin 1979, *Marckx c/Belgique*** : principe de sécurité juridique.
- **CE, ass., 8 avril 2009, *Compagnie générale des eaux, Commune d'Olivet*** : l'entrée en vigueur de la loi « Sapin » limitant la durée des délégations de service public ne rend pas illégales les délégations antérieures d'une durée supérieure, mais a pour effet de limiter leur durée maximale à celle désormais autorisée par la loi.
- **CE, 18 novembre 2011, *SNC Eiffage Aménagement*** : « le principe de sécurité juridique, s'il est susceptible de permettre aux cocontractants de poursuivre leurs relations contractuelles durant une période transitoire, afin de les dénouer dans des conditions acceptables, ne saurait autoriser la validation pure et simple de ces conventions ».
- **CE, 22 octobre 2014, *Sté M6*** : la responsabilité sans faute de l'État du fait des lois peut être engagée du fait d'une loi adoptée en méconnaissance du respect du principe de sécurité juridique et de confiance légitime du droit de l'Union européenne.
- **CE, 15 juin 2016, *Association nationale des opérateurs détaillants en énergie (ANODE)*** : méconnaissance du principe de sécurité juridique par un arrêté abrogeant, trois jours seulement avant sa mise en application, des dispositions instaurant une hausse de tarifs réglementés de vente de l'électricité.
- **CE, 8 juillet 2016, *Fédération des promoteurs immobiliers*** : le décret relatif à la lutte contre la fraude au détachement de travailleurs ne respecte pas la sécurité juridique car il n'a pas différé d'un mois l'entrée en vigueur de nouvelles obligations complexes qui pouvaient donner lieu à des sanctions. V. aussi, pour le rejet d'un moyen relatif à une période transitoire : **CE, 24 mai 2017, *Conseil National des greffiers des tribunaux de commerce et autres.***
- **CE, ass., 13 juillet 2016, *M. Czabaj c/Ministre de l'économie*** : le principe de sécurité juridique fait obstacle à ce que puisse être contestée indéfiniment une décision administrative individuelle notifiée à son destinataire, ou dont il est établi que celui-ci a eu connaissance. Dans ce cas, les délais de recours ne sont pas opposables, mais l'intéressé doit toutefois exercer son recours dans un délai raisonnable. « Pour une décision expresse, ce délai, en règle générale et sauf circonstances particulières, ne saurait excéder un an à compter de la notification ou de la date à laquelle il est établi que l'intéressé en a eu connaissance ».
- **CE, 28 avril 2017, *SELARL « Avocats consultants associés pour le conseil et le contentieux immobilier et administratif » (ACACCIA)*** : la modification par le Conseil national des barreaux, des dispositions du règlement intérieur national (RIN) de la profession d'avocat relatives à la dénomination des cabinets, pour des raisons d'ordre public, ne méconnaît pas le principe de sécurité juridique car il se borne à préciser les conditions et limites de choix des dénominations d'exercice de la profession, et ce, même s'il n'est pas prévu de période transitoire.

La hiérarchie des normes : les traités internationaux

Chapitre 4

En vertu de l'article 55 de la Constitution du 4 octobre 1958, « *Les traités ou accords régulièrement ratifiés ou approuvés ont, dès leur publication, une autorité supérieure à celle des lois, sous réserve pour chaque accord ou traité de son application par l'autre partie* ». Le juge peut donc écarter l'application de la loi (sans pour autant l'invalider). Le traité doit, pour bénéficier de cette autorité, créer des droits au profit des administrés, avoir un effet direct et être régulièrement incorporé en droit interne.

1 CE, ass., 20 octobre 1989, *Nicolo*

« Vu la Constitution, notamment son article 55 ; le traité en date du 25 mars 1957, instituant la Communauté économique européenne ; la loi n° 77-729 du 7 juillet 1977 ; le Code électoral ; l'ordonnance n° 45-1708 du 31 juillet 1945 ; le décret n° 53-934 du 30 septembre 1953 et la loi n° 87-1127 du 31 décembre 1987 (...)

Considérant qu'aux termes de l'article 4 de la loi n° 77-729 du 7 juillet 1977 relative à l'élection des représentants à l'Assemblée des Communautés européennes "le territoire de la République forme une circonscription unique" pour l'élection des représentants français au Parlement européen ; qu'en vertu de cette disposition législative, combinée avec celles des articles 2 et 72 de la Constitution du 4 octobre 1958, desquelles il résulte que les départements et territoires d'outre-mer font partie intégrante de la République française, lesdits départements et territoires sont nécessairement inclus dans la circonscription unique à l'intérieur de laquelle il est procédé à l'élection des représentants au Parlement européen ;

Considérant qu'aux termes de l'article 227-1 du traité en date du 25 mars 1957 instituant la Communauté économique européenne : "Le présent traité s'applique... à la République française" ; que les règles ci-dessus rappelées, définies par la loi du 7 juillet 1977, ne sont pas incompatibles avec les stipulations claires de l'article 227-1 précité du traité de Rome ;

Considérant qu'il résulte de ce qui précède que les personnes ayant, en vertu des dispositions du chapitre 1er du titre 1er du livre 1er du Code électoral, la qualité d'électeur dans les départements et territoires d'outre-mer ont aussi cette qualité pour l'élection des représentants au Parlement européen ; qu'elles sont également éligibles, en vertu des dispositions de l'article LO 127 du Code électoral rendu applicable à l'élection au Parlement européen par l'article 5 de la loi susvisée du 7 juillet 1977 ; »

(Rejet).

■ *Faits*

M. Nicolo a contesté l'élection européenne de 1989 devant le Conseil d'État (qui a compétence directe en la matière en vertu de la loi du 7 juillet 1977) au motif que les citoyens français des départements et territoires d'outre-mer y avaient participé. Il considérait que cette participation était notamment en contradiction avec le traité de Rome du 25 mars 1957 qui, selon lui, concernait seulement le territoire « européen » de la France, et la loi française de 1977. La question qui se posait au Conseil d'État était de savoir quel texte appliquer : la loi française ou le Traité de Rome.

■ *Portée*

Le Conseil d'État consacre dans cet arrêt un revirement d'importance, appliquant positivement l'article 55 de la Constitution (qui figure dans les visas), qui dispose que « *les traités ou accords régulièrement ratifiés ou approuvés ont, dès leur publication, une autorité supérieure à celle des lois sous réserve, pour chaque accord ou traité, de son application par l'autre partie* ».

Cet article établit clairement la supériorité (sous conditions) des traités internationaux sur les lois internes. Cependant, le Conseil d'État, appliquant depuis l'origine le « dogme » de la souveraineté du législateur en droit interne, n'était pas jusque-là parvenu à en sortir dans la confrontation entre loi interne et traité international. En d'autres termes, il existait un principe de la « loi écran » entre les actes administratifs et les traités internationaux. Ce n'était que dans la mesure où la loi n'existait pas ou bien si elle n'offrait qu'un écran « transparent » que la confrontation au traité était envisageable. Le Conseil d'État considérait que s'il écartait la loi au bénéfice du traité, cela correspondrait à un contrôle de constitutionnalité de la loi, auquel il se refuse (même encore aujourd'hui).

Désormais, depuis l'arrêt *Nicolo*, un traité international, régulièrement ratifié ou approuvé, prévaut sur la loi française, tant antérieure que postérieure. Le Conseil d'État écarte l'application de la loi contraire ou incompatible avec les dispositions du traité, il n'annule pas la loi (compétence exclusive du Conseil constitutionnel dans le cadre de son contrôle de constitutionnalité des lois) : c'est l'application d'un contrôle dit de « conventionalité » de la loi.

Cette solution prend acte de la jurisprudence « *IVG* » du Conseil constitutionnel (cf. « Pour aller plus loin ») de 1975, qui bénéficie à tous les actes de droit international, tant directs que dérivés (p. ex. directives ou règlements de l'UE).

Pour aller plus loin

- **Cons. const., 15 janvier 1975, *Interruption volontaire de grossesse*** : une loi contraire à un traité n'est pas pour autant contraire à la Constitution ; le contrôle à effectuer dans le cadre de l'article 55 de la Constitution est relatif et contingent. Il appartient aux divers organes de l'État de veiller à l'application des traités dans le cadre de leurs compétences respectives.
- **Cass. ch. mixte, 24 mai 1975, *Société des cafés Jacques Vabre*** : le juge judiciaire applique le droit communautaire, qui l'emporte sur la loi française même postérieure.
- **CE, ass., 3 février 1989, *Compagnie Alitalia*** : le gouvernement doit abroger (pour l'avenir) des dispositions réglementaires contraires à une directive communautaire et ne saurait prendre de nouveaux règlements contraires, même s'il y est autorisé par une loi.
- **CE, 24 septembre 1990, *Boisdet*** : le Conseil d'État fait prévaloir le règlement communautaire sur la loi française.
- **CE, ass., 6 juin 1997, *Aquarone*** : l'article 55 de la Constitution n'implique pas la suprématie de la coutume internationale sur la loi française en cas de conflit entre ces deux normes.
- **CE, sect., 8 avril 2009, *Assoc. Alcaly et autres*** : des dispositions législatives qui auraient pour effet ou pour objet de soustraire au contrôle du juge des actes administratifs contraires au droit communautaire seraient elles-mêmes incompatibles avec les exigences du droit communautaire.
- **CE, ass., 9 juillet 2010, *Fédération nationale de la libre-pensée et autres*** : il n'appartient pas au juge administratif de se prononcer sur la conformité d'un traité ou d'un accord à la Constitution, ni à d'autres engagements internationaux.
- **CE, 6 avril 2016, *M. B. et autres, n° 380570*** : contrôle de la compatibilité d'une loi organique à un traité international, mais limité au cas où les dispositions contestées ne se bornent pas à tirer les conséquences nécessaires de dispositions constitutionnelles.

2 CE, ass., 29 juin 1990, *GISTI*

« Vu l'ordonnance du 2 novembre 1945 ; le Code du travail, la Convention européenne de sauvegarde des droits de l'homme ; l'accord franco-algérien du 27 décembre 1968 modifié par l'avenant et le protocole du 22 décembre 1985 ; l'ordonnance n° 57-1708 du 31 juillet 1945, le décret n° 53-934 du 30 septembre 1953 et la loi n° 87-1127 du 31 décembre 1987 ; (...)

Sur les conclusions tendant à l'annulation du 24e alinéa du paragraphe 2.2.1.2. relatif aux autorisations provisoires de travail accordées aux étudiants algériens :

Considérant que le protocole annexé au premier avenant à l'accord franco-algérien du 27 décembre 1968 ne comporte, en ce qui concerne les ressortissants algériens admis à séjourner en France comme étudiants, aucune stipulation qui, lorsqu'ils entendent exercer une activité salariée à titre accessoire, en même temps qu'ils poursuivent leurs études, subordonne l'exercice de cette activité à l'autorisation de travail exigée par la législation française ; qu'en prévoyant que les étudiants algériens voulant travailler seraient soumis à un régime comportant des autorisations provisoires de travail délivrées dans les conditions fixées par les circulaires des 24 février 1976 et 11 août 1985, lesquelles disposent qu'il sera tenu compte notamment de la situation de l'emploi, et en abrogeant sur ce point la circulaire du 12 mars 1979 qui constatait qu'ils étaient dispensés d'une telle autorisation par l'article 7 de la déclaration de principes du 19 mars 1962, la circulaire a édicté une règle contraire aux conventions internationales applicables aux intéressés ; que le Groupe d'information et de soutien des travailleurs immigrés est, par suite, recevable et fondé à en demander l'annulation sur ce point ;

Sur les autres dispositions de la circulaire attaquée ;

Considérant que si l'association requérante soutient que l'ensemble de la circulaire devrait être annulé en raison de l'incompétence des ministres signataires, elle ne précise pas les dispositions de ladite circulaire, autres que celles précédemment analysées qui auraient un caractère réglementaire qu'elle n'est par suite, pas recevable à demander cette annulation (...). »

(Annulation du 24e alinéa du paragraphe 2.2.1.2. de la circulaire ; rejet du surplus des conclusions de la requête).

■ Faits

Le Groupement d'information et de soutien aux travailleurs immigrés demande au Conseil d'État l'annulation de dispositions d'une circulaire interministérielle du 14 mars 1986 relative aux conditions de circulation, d'emploi et de séjour en France des ressortissants algériens et de leur famille. La circulaire interprétait un accord franco-algérien de 1968. La question se pose au Conseil d'État de savoir si la circulaire est simplement interprétative, ou si elle est réglementaire, ce qui implique qu'il faut déterminer au regard de quel texte en examiner le contenu : loi française ou accord international. De plus, une difficulté d'interprétation de l'accord susvisé conduit le Conseil d'État à s'interroger sur la méthode qu'il doit mettre en œuvre afin de contrôler la circulaire.

■ Portée

Le Conseil d'État opère un important revirement de jurisprudence (formulé de façon implicite) dans cet arrêt, en ce qu'il s'estime désormais compétent pour interpréter une convention internationale dont le contenu n'est pas clair sans avoir à renvoyer de façon obligatoire au ministère des Affaires étrangères une question préjudicielle pour obtenir ladite interprétation.

Auparavant, le Conseil d'État renvoyait systématiquement la question, en cas de difficulté sérieuse, estimant notamment que le ministère des Affaires étrangères avait seul accès aux travaux préparatoires, et à l'appréciation sur la réalité de l'application réciproque de l'accord par l'autre partie. Cette position était néanmoins en contradiction avec l'article 6 de la Convention européenne des droits de l'homme (art. 6 § 1) garantissant le droit à un procès équitable, dans la mesure où l'issue d'un litige était subordonnée à la position du ministre, autorité non juridictionnelle.

Cela ne respectait pas non plus l'égalité des « armes » entre les parties ; d'ailleurs, c'était justement l'interprétation d'un traité par le ministre, que le GISTI contestait en l'espèce : conserver la jurisprudence antérieure aurait abouti à un déni de justice. Cette position était aussi contradictoire avec la jurisprudence *Nicolo*, qui donne désormais prééminence aux traités et accords internationaux. La solution donnée par le Conseil d'État ne se limite d'ailleurs pas à l'accord franco-algérien en cause dans la requête, mais est applicable à l'ensemble des traités et accords internationaux. Enfin, il faut noter que le Conseil d'État se réserve toutefois la possibilité de provoquer les observations du ministre des Affaires étrangères.

Pour aller plus loin

- **CE, 14 juin 2010, *OFPRA c/M. Akhondi*** : le Conseil d'État interprète la Convention de Genève comme définissant les opinions politiques susceptibles d'ouvrir droit à la protection ne peuvent être regardées comme résultant d'un engagement au sein d'une institution de l'État que lorsque celle-ci subordonne l'accès des personnes à un emploi en son sein à une adhésion à de telles opinions, ou agit sur leur seul fondement, ou combat exclusivement tous ceux qui s'y opposent.
- **CE, ass., 9 juillet 2010, *Mme Cheriet-Benseghir*** : le CE opère un revirement attendu depuis longtemps : notamment depuis la condamnation de la France par la CEDH (CEDH, 13 février 2003, *Chevrol c/France*), mais qu'il ignorait (CE, 11 février 2004, *Mme Chevrol-Benkeddach*). Il indique qu'il lui revient, dans l'exercice de ses pouvoirs d'instruction, après avoir recueilli les observations du ministre des Affaires étrangères et celles de l'État en cause, de soumettre ces observations au débat contradictoire, afin d'apprécier si la condition tenant à l'application réciproque du traité par l'autre partie, prévue par l'art. 55 de la Constitution est, ou non, remplie.
- **CE, 24 mai 2017, *Syndicat de la magistrature et autres Syndicat national des magistrats force ouvrière*** : les dispositions du décret qui ne prévoient pas que les personnes se faisant proposer une transaction pénale sont dûment informées des faits reprochés et de l'infraction qu'ils constituent méconnaissent le droit au procès équitable.

3 CE, ass., 30 octobre 1998, *Sarran, Levacher et autres*

« Considérant qu'ainsi qu'il a été dit ci-dessus, le deuxième alinéa de l'article 76 de la Constitution dispose que : "Sont admises à participer au scrutin les personnes remplissant les conditions fixées à l'article 2 de la loi n° 88-1028 du 9 novembre 1988" ; que ce dernier article exige que les intéressés soient domiciliés en Nouvelle-Calédonie depuis le 6 novembre 1988, sous réserve des exceptions qu'il énumère dans son second alinéa et qui sont reprises par l'article 3 du décret attaqué ; qu'ainsi, les articles 3 et 8 dudit décret, loin de méconnaître l'article 76 de la Constitution en ont fait une exacte application ; Considérant que l'article 76 de la Constitution ayant entendu déroger aux autres normes de valeur constitutionnelle relatives au droit de suffrage, le moyen tiré de ce que les dispositions contestées du décret attaqué seraient contraires aux articles 1er et 6 de la Déclaration des droits de l'homme et du citoyen, à laquelle renvoie le préambule de la Constitution ou à l'article 3 de la Constitution ne peut qu'être écarté ; Considérant que si l'article 55 de la Constitution dispose que "les traités ou accords régulièrement ratifiés ou approuvés ont, dès leur publication, une autorité supérieure à celle des lois sous réserve, pour chaque accord ou traité, de son application par l'autre partie", la suprématie ainsi conférée aux engagements internationaux ne s'applique pas, dans l'ordre interne, aux dispositions de nature constitutionnelle ; qu'ainsi, le moyen tiré de ce que le décret attaqué, en ce qu'il méconnaîtrait les stipulations d'engagements internationaux régulièrement introduits dans l'ordre interne, serait par là même contraire à l'article 55 de la Constitution, ne peut lui aussi qu'être écarté ; Considérant que si les requérants invitent le Conseil d'État à faire prévaloir les stipulations des articles 2, 25 et 26 du pacte des Nations unies sur les droits civils et politiques, de l'article 14 de la Convention européenne de sauvegarde des droits de l'homme et des libertés fondamentales et de l'article 3 du protocole additionnel n° 1 à cette convention, sur les dispositions de l'article 2 de la loi du 9 novembre 1988, un tel moyen ne peut qu'être écarté dès lors que par l'effet du renvoi opéré par l'article 76 de la Constitution aux dispositions dudit article 2, ces dernières ont elles-mêmes valeur constitutionnelle ; » (Rejet).

■ *Faits*

Un décret du 20 août 1998, pris sur le fondement de l'article 76 de la Constitution, précisait qu'étaient admis à participer à la consultation du 8 novembre 1998 relative au statut de la Nouvelle-Calédonie, les électeurs inscrits à cette date sur les listes électorales du territoire et qui ont leur domicile en Nouvelle-Calédonie depuis le 6 novembre 1988. Divers électeurs dont la participation a été écartée en application des dispositions de ce décret, en ont contesté la légalité devant le Conseil d'État, notamment au regard de la Convention européenne des droits de l'homme et le Pacte des Nations unies sur les droits civils et politiques. Le Conseil d'État est donc amené à préciser la hiérarchie des normes entre Constitution française et traités internationaux, à l'occasion du contrôle d'un acte administratif.

■ *Portée*

Le Conseil d'État fonde sa solution sur l'article 55 de la Constitution, qui précise les relations entre textes internationaux et droit interne. Il considère que la Constitution confère bien une suprématie aux engagements internationaux, mais qu'elle ne s'applique pas, dans l'ordre interne, aux dispositions de nature constitutionnelle. Il en conclut que le moyen tiré de ce que le décret attaqué, en ce qu'il méconnaîtrait les stipulations d'engagements internationaux régulièrement introduits dans l'ordre interne, serait par là même contraire à l'article 55 de la Constitution, ne peut qu'être écarté. Autrement dit, le traité international l'emporte peut-être bien sur la loi, mais pas sur la Constitution : la Haute juridiction refuse d'exercer un contrôle de conventionalité de la Constitution.

Les relations entre traité et Constitution doivent être appréciées, en vertu de l'article 54 de la Constitution, par le Conseil constitutionnel (en cas de contrariété entre les deux textes, il faut, pour que le traité entre en vigueur, réviser au préalable la Constitution).

Dans le cadre des dispositions générales de la Constitution, celle-ci prime donc sur les traités. La Constitution (art. 88-1 s.) instaure cependant un mécanisme spécifique de prééminence du droit de l'Union européenne. Il y a ici un acte de logique juridique : les juridictions internes tiennent leurs compétences du système de l'État de droit tel qu'instauré par la Constitution : un traité ne peut s'imposer à elles que dans la mesure où la Constitution le permet.

Pour aller plus loin

- **Cass. Ass. plén., 2 juin 2000, *Mlle Fraysse*** : le juge judiciaire se refuse aussi à contrôler la conventionalité de dispositions de la Constitution au regard de traités internationaux.
- **CE, ass., 18 décembre 1998, *SARL du parc d'activités de Blotzheim*** : le Conseil d'État vérifie si la procédure de ratification des traités prévue par l'article 53 de la Constitution a bien été respectée par le pouvoir exécutif.
- **CE, ass., 9 juillet 2010, *Fédération nationale de la libre-pensée et autres*** : il n'appartient pas au Conseil d'État, statuant au contentieux, de se prononcer sur la conformité d'un traité ou accord international à la Constitution.
- **T. confl., 13 décembre 2010, *Société Green Yellow et autres c/EDF*** : première application de la CEDH par le T. confl., et contrôle de conventionalité pour désigner l'ordre juridictionnel compétent.

4 CE, ass., 30 novembre 2001, *Ministre de la Défense c/M. Diop*

« Sur le bien-fondé du refus de revalorisation de la pension de M. Diop : (...)
Considérant qu'une distinction entre des personnes placées dans une situation analogue est discriminatoire, au sens des stipulations précitées de l'article 14 de la Convention européenne de sauvegarde des droits de l'homme et des libertés fondamentales, si elle n'est pas assortie de justifications objectives et raisonnables, c'est-à-dire si elle ne poursuit pas un objectif d'utilité publique, ou si elle n'est pas fondée sur des critères objectifs et rationnels en rapport avec les buts de la loi ;
Considérant qu'il ressort des termes mêmes de l'article 71, précité, de la loi du 26 décembre 1959, que les ressortissants des pays qui y sont mentionnés reçoivent désormais, à la place de leur pension, en application de ces dispositions, une indemnité non revalorisable dans les conditions prévues par le Code des pensions civiles et militaires de retraite ; que, dès lors, et quelle qu'ait pu être l'intention initiale du législateur manifestée dans les travaux préparatoires de ces dispositions, la cour n'a pas commis d'erreur de droit en jugeant que cet article créait une différence de traitement entre les retraités en fonction de leur seule nationalité ;
Considérant que les pensions de retraite constituent, pour les agents publics, une rémunération différée destinée à leur assurer des conditions matérielles de vie en rapport avec la dignité de leurs fonctions passées ; que la différence de situation existant entre d'anciens agents publics de la France, selon qu'ils ont la nationalité française ou sont ressortissants d'États devenus indépendants, ne justifie pas, eu égard à l'objet des pensions de retraite, une différence de traitement ; que, s'il ressort des travaux préparatoires des dispositions précitées de l'article 71 de la loi du 26 décembre 1959 qu'elles avaient notamment pour objectif de tirer les conséquences de l'indépendance des pays mentionnés à cet article et de l'évolution désormais distincte de leurs économies et de celle de la France, qui privait de justification la revalorisation de ces pensions en fonction de l'évolution des traitements servis aux fonctionnaires français, la différence de traitement qu'elles créent, en raison de leur seule nationalité, entre les titulaires de pensions, ne peut être regardée comme reposant sur un critère en rapport avec cet objectif ; que, ces dispositions étant, de ce fait, incompatibles avec les stipulations précitées de l'article 14 de la Convention européenne de sauvegarde des droits de l'homme et des libertés fondamentales, la cour n'a pas commis d'erreur de droit en jugeant qu'elles ne pouvaient justifier le refus opposé par le ministre de la Défense à la demande présentée par M. Diop en vue de la revalorisation de sa pension ; »
(Rejet)

■ *Faits*

M. Diop, de nationalité sénégalaise, avait servi en qualité de militaire de carrière dans l'armée française avant l'indépendance. En matière de pension, il se trouvait soumis à l'application de la loi de finances pour 1960, qui conduisait à ne pas indexer les retraites des anciens militaires des territoires ayant appartenu à l'Union française ou à la Communauté sur la revalorisation du traitement des fonctionnaires : c'est la « cristallisation » des pensions. Il demande la revalorisation de sa pension à concurrence des montants dont il aurait bénéficié s'il avait conservé la nationalité française, invoquant notamment le principe d'égalité formulé à l'article 14 de la Convention européenne des droits de l'homme.

■ *Portée*

Le Conseil d'État fait prévaloir les dispositions de l'article 14 de la Convention européenne des droits de l'homme sur les dispositions de la loi de finances pour 1960. Il considère que cette loi créé une différence de traitement entre les retraités en fonction de leur *seule* nationalité, que la différence de situation existant entre d'anciens agents publics de la France, selon qu'ils ont la nationalité française ou sont ressortissants d'États devenus indépendants, ne justifie pas, eu égard à l'objet des pensions de retraite, une différence de traitement ne reposant pas sur un critère en rapport avec cet objectif ; et que, ces dispositions étant, de ce fait, incompatibles avec les stipulations de l'article 14 de la Convention européenne de sauvegarde des droits de l'homme et des libertés fondamentales, la décision de refus de revalorisation du ministre est illégale.

Le Conseil d'État applique ici le contrôle de conventionalité à la Convention européenne de sauvegarde des droits de l'homme et des libertés fondamentales qui censure les ruptures d'égalité. Or, en l'espèce, la différence de situation existant « entre d'anciens agents publics de la France, selon qu'ils ont la nationalité française ou sont ressortissants d'États devenus indépendants, ne justifie pas, eu égard à l'objet des pensions de retraite, une différence de traitement » ; ne pouvait donc être regardé comme une « justification objective et raisonnable » le fait que la loi de 1959 aurait eu pour « objectif de tirer les conséquences de l'indépendance des pays et de l'évolution distincte de leurs économies et de celle de la France ».

Pour aller plus loin

- **CE, 2 juin 2010, *Min. déf. c/Zellal*** : le juge écarte par application de la CEDH la liaison, par la loi, entre cristallisation des pensions et refus de majoration de pension pour enfants.
- **CE, sect., 4 octobre 2012, *M. Gilbert B., n° 328502*** : il résulte des stipulations de l'article 46 de la Conv. EDH que la complète exécution d'un arrêt de la CEDH condamnant un État partie à la convention « implique, en principe, que cet État prenne toutes les mesures qu'appellent, d'une part la réparation des conséquences que la violation de la convention a entraînées pour le requérant et, d'autre part, la disparition de la source de cette violation » ; eu égard à la nature essentiellement déclaratoire des arrêts de la Cour, il appartient à l'État condamné de déterminer les moyens de s'acquitter de l'obligation qui lui incombe.

5 CE, ass., 8 février 2007, *Société Arcelor Atlantique et autres*

« Il appartient au juge administratif, saisi d'un moyen tiré de la méconnaissance d'une disposition ou d'un principe de valeur constitutionnelle, de rechercher s'il existe une règle ou un principe général du droit communautaire qui, eu égard à sa nature et à sa portée, tel qu'il est interprété en l'état actuel de la jurisprudence du juge communautaire, garantit par son application l'effectivité du respect de la disposition ou du principe constitutionnel invoqué ; que, dans l'affirmative, il y a lieu pour le juge administratif, afin de s'assurer de la constitutionnalité du décret, de rechercher si la directive que ce décret transpose est conforme à cette règle ou à ce principe général du droit communautaire ; qu'il lui revient, en l'absence de difficulté sérieuse, d'écarter le moyen invoqué ou, dans le cas contraire, de saisir la Cour de justice des Communautés européennes d'une question préjudicielle, dans les conditions prévues par l'article 234 du Traité instituant la Communauté européenne ; qu'en revanche, s'il n'existe pas de règle ou de principe général du droit communautaire garantissant l'effectivité du respect de la disposition ou du principe constitutionnel invoqué, il revient au juge administratif d'examiner directement la constitutionnalité des dispositions réglementaires contestées ; (...)
Considérant que le droit de propriété et la liberté d'entreprendre constituent des principes généraux du droit communautaire ; qu'ils ont, au regard du moyen invoqué, une portée garantissant l'effectivité du respect des principes et dispositions de valeur constitutionnelle dont la méconnaissance est alléguée ; qu'il y a lieu, dès lors, pour le Conseil d'État, de rechercher si la directive du 13 octobre 2003, en tant qu'elle inclut dans son champ d'application les entreprises du secteur sidérurgique, ne contrevient pas elle-même à ces principes généraux du droit communautaire ; »
(Sursis à statuer ; renvoi à la Cour de justice des Communautés européennes).

■ *Faits*

La société Arcelor Atlantique et Lorraine demande l'annulation d'un décret du 19 août 2004 transposant une directive communautaire relative au système d'échange de quotas d'émission de gaz à effet de serre. La société invoque la méconnaissance par le décret de différents principes à valeur constitutionnelle, notamment le principe d'égalité. Le Conseil d'État estime que ce principe a un équivalent dans le droit communautaire, et renvoie la question à la Cour de justice des Communautés européennes pour interpréter la directive.

■ *Portée*

Le Conseil d'État précise, dans la lignée du Conseil constitutionnel, son contrôle en matière de transposition des directives communautaires. Celles-ci ont une autorité supérieure à celle des lois en vertu de l'article 55 de la Constitution, et doivent être transposées en vertu de l'article 88-1 de la Constitution qui dispose que « *La République participe à l'Union européenne constituée d'Etats qui ont choisi librement d'exercer en commun certaines de leurs compétences en vertu du traité sur l'Union européenne et du traité sur le fonctionnement de l'Union européenne, tels qu'ils résultent du traité signé à Lisbonne le 13 décembre 2007* ».

Le juge administratif doit, dans l'hypothèse où un acte administratif transpose directement une directive contenant des dispositions précises et inconditionnelles, sans qu'une loi ne s'interpose, procéder en deux étapes.

Il doit d'abord rechercher si les principes constitutionnels invoqués ont un équivalent dans l'ordre juridique communautaire originaire (traités et principes généraux du droit communautaire), tel qu'interprété par la Cour de justice de l'Union européenne. Dans l'affirmative, soutenir que le décret est contraire à la Constitution revient donc à soutenir que la directive est contraire au droit communautaire originaire. Le juge national peut alors écarter les moyens invoqués. S'il existe au contraire une difficulté sérieuse, il doit renvoyer la question à la CJUE, qui détient le monopole de l'appréciation de la validité du droit communautaire dérivé. Si la Cour déclare que la directive est contraire au droit communautaire primaire, il appartient au juge national d'en tirer les conséquences en annulant le décret transposant la directive illégale.

Par contre, s'il n'identifie pas, dans l'ordre juridique communautaire, un principe équivalent au principe constitutionnel invoqué par le requérant, il lui appartient seulement d'examiner si le décret est conforme à ce principe et, dans la négative, d'annuler le décret pour inconstitutionnalité.

Cette décision, complexe, est d'un grand intérêt dans la mesure où elle intègre pleinement le mécanisme de construction juridique européen. Désormais, si un droit ou une liberté qui figure dans la Constitution fait aussi l'objet d'une protection par le droit de l'UE, le juge administratif laisse la compétence au juge de l'UE ; mais s'il s'agit d'atteintes à des droits spécifiquement reconnus dans la Constitution, il les fait respecter lui-même.

Pour aller plus loin

- **CE, ord., 14 février 2013, *M. L.*** : l'urgence requise en référé suspension intègre la référence à l'intérêt public qui exige de prendre les mesures provisoires nécessaires pour faire cesser immédiatement l'atteinte aux droits conférés par l'ordre juridique de l'Union européenne.
- **CE, ord., 12 novembre 2013, *Organisation des transporteurs routiers européens*** : le Gouvernement ayant décidé de suspendre l'entrée en vigueur de l'écotaxe, la condition d'urgence conditionnant sa suspension n'est plus remplie.
- **CE, ord., 30 décembre 2014, *Collectif contre les nuisances sonores et autres*** : rejet du référé suspension concernant la décision de privatisation de la gestion de l'aéroport de Toulouse-Blagnac au motif que la condition tenant au doute sur la légalité de la décision n'est pas remplie.
- **CE, 3 octobre 2016, *Confédération paysanne et autres*** : par application de la jurisprudence *Arcelor*, le CE saisit la CJUE de questions préjudicielles sur l'application de la directive d'harmonisation relative à la dissémination d'OGM, et l'application du principe de précaution.

6 CE, ass., 30 octobre 2009, *Mme Perreux*

« Considérant que la transposition en droit interne des directives communautaires, qui est une obligation résultant du Traité instituant la Communauté européenne, revêt, en outre, en vertu de l'article 88-1 de la Constitution, le caractère d'une obligation constitutionnelle ; que, pour chacun de ces deux motifs, il appartient au juge national, juge de droit commun de l'application du droit communautaire, de garantir l'effectivité des droits que toute personne tient de cette obligation à l'égard des autorités publiques ; que tout justiciable peut en conséquence demander l'annulation des dispositions réglementaires qui seraient contraires aux objectifs définis par les directives et, pour contester une décision administrative, faire valoir, par voie d'action ou par voie d'exception, qu'après l'expiration des délais impartis, les autorités nationales ne peuvent ni laisser subsister des dispositions réglementaires, ni continuer de faire application des règles, écrites ou non écrites, de droit national qui ne seraient pas compatibles avec les objectifs définis par les directives ; qu'en outre, tout justiciable peut se prévaloir, à l'appui d'un recours dirigé contre un acte administratif non réglementaire, des dispositions précises et inconditionnelles d'une directive, lorsque l'État n'a pas pris, dans les délais impartis par celle-ci, les mesures de transposition nécessaires ».

■ *Faits*

Mme Perreux, magistrate au sein de la juridiction judiciaire, conteste le refus de l'administration de la nommer sur un emploi de chargé de formation à l'École nationale de la magistrature (ENM). Elle demande donc l'annulation pour excès de pouvoir de la nomination d'une autre collègue, qui lui a été préférée, ainsi que sa propre nomination, consécutive, dans un poste qui ne lui convient pas. Elle soutient que le ministre de la Justice se serait fondé pour prendre sa décision, notamment sur son activité syndicale, ce qui constituerait une erreur de droit. Elle soutient aussi que face à cette décision individuelle de refus, discriminatoire, elle doit pouvoir bénéficier de l'application d'une directive communautaire du 27 novembre 2000, qui aménage la charge de la preuve, alors même que cette directive n'avait pas été transposée au moment des faits.

■ *Portée*

Le Conseil d'État limitait traditionnellement la solution de la CJUE relative aux obligations des États membres quant à la transposition des directives, dans la mesure où il ne donnait pas à ces dernières d'effet direct quant aux actes administratifs individuels. En effet, il jugeait que « quelles que soient d'ailleurs les précisions qu'elles contiennent à l'intention des États membres, les directives ne sauraient être invoquées par les ressortissants de ces États à l'appui d'un recours dirigé contre un acte administratif individuel » (CE, ass., 22 décembre 1978, *ministre de l'Intérieur c/Cohn-Bendit*). Les directives lient en effet les États, qui en sont en principe les seuls destinataires, quant à un résultat à atteindre, en laissant aux instances nationales la compétence quant à la forme et aux moyens (art. 288, TFUE). Autrement dit, la transposition, en France, passe soit par la loi, soit par le règlement (en application de la distinction établie notamment par les articles 21, 34 et 37 de la Constitution), mais pas par la voie de l'acte administratif individuel (qui n'est censé être qu'un acte d'application envers un administré identifié). Une directive communautaire n'était donc pas censée avoir d'effet direct et ne pouvait donc, dès lors, être utilement invoquée par un requérant à l'appui d'un recours contre un acte individuel.

Le Conseil d'État opère ici un revirement d'ampleur en autorisant dorénavant les requérants à invoquer directement les dispositions précises et inconditionnelles des directives communautaires contre tout acte administratif interne, même individuel. Il reprend exactement les mêmes conditions que celles consacrées par la CJUE : lorsque l'État n'a pas pris, dans les délais impartis par la directive, les mesures de transposition nécessaires, les dispositions précises et inconditionnelles en sont directement invocables.

Cette jurisprudence prend acte de la modification constitutionnelle que fait de la transposition des directives, obligation de droit de l'Union européenne, une obligation constitutionnelle ; le juge national en est le garant. Sur le fond, le Conseil d'État considère que les dispositions invoquées n'ont pas d'effet direct, mais il donne sur le principe satisfaction à la requérante dans la mesure où il consacre un mécanisme d'aménagement de la charge de la preuve propre au droit public ; le procès y est soumis à un régime largement inquisitorial, c'est-à-dire sous la direction du juge : en matière de discrimination, en l'espèce, le régime de la preuve est donc élaboré par la jurisprudence.

Pour aller plus loin

- **CE, 12 septembre 2012,** ***M. Courroye*** : une mutation ne porte pas, en principe, à la situation des magistrats une atteinte d'une gravité telle qu'il en résulte une situation d'urgence au sens du référé suspension.
- **CE, ass., 4 avril 2014,** ***ministre de l'écologie*** : la limite d'âge maximum instaurée dans le corps des « aiguilleurs du ciel » n'est pas discriminatoire.
- **CE, ord., 14 août 2015,** ***SASP Red Star FC et autres, Ligue de Football Professionnel et autres*** : la décision de la Fédération française de football selon laquelle 3 clubs sont susceptibles de monter et de descendre d'une ligue à l'autre n'affecte pas gravement la situation des clubs (refus de la suspension) ; et la décision de la Ligue professionnelle de football n'est pas illégale : **CE, 3 février 2016,** ***SASP Red Star et autres c/Ligue de football professionnel et autres***.

7 CE, ass., 13 mai 2011, *Mme Hadda M'Rida*

« Considérant que, comme il a été dit, le Conseil constitutionnel a jugé qu'il appartenait au législateur de prévoir une application aux instances en cours à la date de sa décision des dispositions qu'il adopterait en vue de remédier à l'inconstitutionnalité constatée ; que l'article 211 de la loi de finances pour 2011 ne se borne pas à déterminer les règles de calcul des pensions servies aux personnes qu'il mentionne, mais abroge aussi des dispositions qui définissent, notamment, les conditions dans lesquelles est ouvert le droit à une pension de réversion ; qu'ainsi, alors même qu'il mentionne seulement la révision des pensions, le paragraphe VI de l'article 211 précité doit être regardé comme s'appliquant aussi aux demandes de pension de réversion ; » (...)
« afin de préserver l'effet utile de la décision précitée du Conseil constitutionnel à la solution de l'instance ouverte par la demande de Mme A, en permettant au juge du fond de remettre en cause, dans les conditions et limites définies par le paragraphe VI de l'article 211 de la loi de finances pour 2011, les effets produits par les dispositions mentionnées ci-dessus, il incombe au juge de cassation, après avoir sursis à statuer comme l'y invitait la décision du Conseil constitutionnel, d'annuler, sans qu'il soit besoin pour lui d'examiner les moyens du pourvoi dont il est saisi, le jugement attaqué ; ».
(Condamnation de l'État à verser la pension de réversion).

Faits

M. M'Rida, ressortissant marocain, a servi dans l'armée française du 14 janvier 1938 au 13 janvier 1953, et a été admis en 1953 au bénéfice d'une pension militaire de retraite, transformée en indemnité personnelle et viagère en application des dispositions de l'article 71 de la loi du 26 décembre 1959 de finances pour 1960.

Son épouse, Mme Hadda M'Rida, se pourvoit en cassation contre le jugement par lequel le tribunal administratif de Poitiers a rejeté sa demande tendant à l'annulation de la décision du ministre de la Défense du 23 mai 2005 rejetant sa demande de réversion de la pension militaire de retraite du chef de son époux décédé le 12 février 1992 avec paiement des arrérages depuis le mois de juillet 1992 et sa demande d'arrérages pour son fils, en qualité d'orphelin, de la date du décès de son père jusqu'à la date de sa majorité.

Portée

La portée de la décision, concernant la question de la « cristallisation des pensions de retraite » des ressortissants des anciennes colonies, réside dans le passage d'autres considérants de la décision, tirant cette fois les conséquences de la procédure de QPC. Le Conseil d'État y indique que dans l'exercice du contrôle de conformité des lois à la Constitution qui lui incombe selon la procédure (de QPC) définie à l'article 61-1 de la Constitution, le Conseil constitutionnel a le pouvoir d'abroger les dispositions législatives contraires à la Constitution.

Le rôle des juridictions administratives et judiciaires, de « contrôle de la compatibilité des lois avec le droit de l'Union européenne ou les engagements internationaux de la France », peuvent les conduire à déclarer que des dispositions législatives incompatibles avec le droit de l'Union ou ces engagements sont inapplicables au litige qu'elles ont à trancher.

Il appartient, alors au juge du litige, s'il n'a pas fait droit à l'ensemble des conclusions du requérant en tirant les conséquences de la déclaration d'inconstitutionnalité d'une disposition législative prononcée par le Conseil constitutionnel, d'examiner s'il doit, pour statuer sur les conclusions qu'il n'a pas déjà accueillies, « écarter la disposition législative en cause du fait de son incompatibilité avec une stipulation conventionnelle ou, le cas échéant, une règle du droit de l'Union européenne dont la méconnaissance n'aurait pas été préalablement sanctionnée ».

Le Conseil d'État indique ensuite la méthode à suivre : « lorsqu'est en litige une décision refusant au requérant l'attribution d'un droit auquel il prétend et qu'est invoquée l'incompatibilité de la disposition sur le fondement de laquelle le refus lui a été opposé avec les stipulations de l'article 14 de la Convention européenne de sauvegarde des droits de l'homme et des libertés fondamentales et de l'article 1er du premier protocole additionnel à cette convention, il incombe au juge, en premier lieu, d'examiner si le requérant peut être regardé comme se prévalant d'un bien au sens des stipulations de l'article 1er du premier protocole additionnel et, en second lieu, quand tel est le cas, si la disposition législative critiquée doit être écartée comme portant atteinte à ce bien de façon discriminatoire et, par suite, comme étant incompatible avec les stipulations de l'article 14 de la convention ».

En l'occurrence, c'est le cas, et la requérante établit que les dispositions de la loi française sont incompatibles avec la Conv. EDH « en ce qu'elles instaurent une discrimination fondée sur la nationalité en appliquant aux veuves de militaires étrangers les dispositions du Code des pensions civiles et militaires de retraite en vigueur à la date d'indépendance de leur pays, quand les veuves de militaires français se voient appliquer les dispositions de ce code en vigueur à la date du décès du militaire ».

Le Conseil d'État précise enfin le rôle qui doit être celui du juge de cassation dans l'hypothèse où le Conseil constitutionnel a abrogé une disposition législative applicable au litige : après avoir sursis à statuer le temps que le Conseil constitutionnel décide sur la QPC, il doit annuler le jugement du juge du fond si la disposition législative est abrogée.

Pour aller plus loin

- **CE, 18 juillet 2011, *Époux Michot* :** il appartient au juge, saisi d'un litige relatif aux effets produits par la disposition déclarée inconstitutionnelle (en l'espèce par une QPC), de les remettre en cause en écartant, pour la solution de ce litige, le cas échéant d'office, cette disposition.

8 CE, ass., 23 décembre 2011, *M. Kandyrine de Brito Paiva*

« Considérant que, lorsque le juge administratif est saisi d'un recours dirigé contre un acte portant publication d'un traité ou d'un accord international, il ne lui appartient pas de se prononcer sur la validité de ce traité ou de cet accord au regard d'autres engagements internationaux souscrits par la France ; qu'en revanche, sous réserve des cas où serait en cause l'ordre juridique intégré que constitue l'Union européenne, peut être utilement invoqué, à l'appui de conclusions dirigées contre une décision administrative qui fait application des stipulations inconditionnelles d'un traité ou d'un accord international, un moyen tiré de l'incompatibilité des stipulations, dont il a été fait application par la décision en cause, avec celles d'un autre traité ou accord international ; qu'il incombe dans ce cas au juge administratif, après avoir vérifié que les stipulations de cet autre traité ou accord sont entrées en vigueur dans l'ordre juridique interne et sont invocables devant lui, de définir, conformément aux principes du droit coutumier relatifs à la combinaison entre elles des conventions internationales, les modalités d'application respectives des normes internationales en débat conformément à leurs stipulations, de manière à assurer leur conciliation, en les interprétant, le cas échéant, au regard des règles et principes à valeur constitutionnelle et des principes d'ordre public ; que dans l'hypothèse où, au terme de cet examen, il n'apparaît possible ni d'assurer la conciliation de ces stipulations entre elles, ni de déterminer lesquelles doivent dans le cas d'espèce être écartées, il appartient au juge administratif de faire application de la norme internationale dans le champ de laquelle la décision administrative contestée a entendu se placer et pour l'application de laquelle cette décision a été prise et d'écarter, en conséquence, le moyen tiré de son incompatibilité avec l'autre norme internationale invoquée, sans préjudice des conséquences qui pourraient en être tirées en matière d'engagement de la responsabilité de l'État tant dans l'ordre international que dans l'ordre interne ; » (rejet).

■ *Faits*

Le requérant, ressortissant portugais, a demandé au trésorier public d'enregistrer les obligations et actions russes au porteur dont il est devenu propriétaire à l'issue de la succession de son grand-oncle, qui était ressortissant français, afin de bénéficier d'une indemnisation au titre de l'accord du 27 mai 1997 conclu entre le Gouvernement de la République française et le Gouvernement de la Fédération de Russie sur le règlement définitif de ces créances. L'administration fiscale refuse en raison de l'absence de nationalité française de l'intéressé, qui demande donc l'annulation de ce refus.

Ce pourvoi en cassation amène le Conseil d'État à s'interroger sur l'applicabilité des principes du droit coutumier relatifs à la combinaison entre elles des conventions internationales et leur conciliation dans le cadre du litige dont il est saisi.

■ *Portée*

La Constitution fait prévaloir les traités internationaux régulièrement ratifiés ou approuvés sur les lois (Préambule et article 55). Le Conseil d'État adopte ici une position jurisprudentielle sur la question délicate du conflit entre normes internationales, alors qu'il n'est pas censé être le juge naturel des relations entre États, question « diplomatique » à de nombreux égards.

Il s'agit d'opérer la conciliation (et non un contrôle de régularité d'un traité par rapport à un autre) entre la convention EDH qui condamne toute discrimination fondée sur la nationalité, et les accords bilatéraux des 26 novembre 1996 et 27 mai 1997 (appliqués par la loi du 2 juillet 1998) entre la République française et la Fédération de Russie établissant une condition de nationalité française pour établir la liste des titulaires de créances des porteurs d'« emprunts russes ».

Sans mettre en œuvre de hiérarchie entre les traités, le Conseil d'État interprète l'accord de 1997 comme ayant entendu apurer un contentieux financier entre ces deux États, en ce qui concerne le règlement des litiges liés aux créances entre les particuliers et chacun de ces États et ne produisant pas d'effet direct à l'égard des particuliers : il n'est donc pas invocable par l'intéressé (le rôle du juge consiste donc à déterminer quel est le traité applicable au litige principal, dans l'hypothèse d'une incompatibilité entre dispositions des traités).

Le Conseil se tourne donc alors vers l'application de la Conv. EDH. par le contrôle de conventionalité de la loi de 1998, à l'occasion de l'examen de la légalité de l'acte administratif contesté.

En l'espèce, en signant l'accord du 27 mai 1997, la France a mis un terme à un contentieux entre États. Elle a obtenu le versement d'une indemnisation au profit des ressortissants français porteurs de titres d'emprunts russes en échange de l'abandon de sa protection diplomatique au soutien de la revendication de ces créances.

Le Conseil d'État en conclut qu'eu égard notamment à l'objet de cet accord, la limitation de l'indemnisation aux seuls ressortissants français par cet accord de 1997 n'est pas incompatible avec les stipulations de la Conv. EDH.

Pour aller plus loin

- CE, ass., 30 mai 1952, *Dame Kirkwood* (sur l'effet direct des traités internationaux).
- CE, ass., 11 avril 2012, *GISTI, FAPIL* (fiche 9).
- CE, 27 octobre 2015, *M. H. et autres, n° 393026* : la Charte européenne de l'autonomie locale ne régit que des relations entre États et ne produit donc pas d'effets à l'égard des particuliers.

9 CE, ass., 11 avril 2012, *Groupe d'Information et de Soutien des Immigrés (GISTI), Fédération des associations pour la promotion et l'insertion par le logement (FAPIL)*

« Considérant que les stipulations d'un traité ou d'un accord régulièrement introduit dans l'ordre juridique interne conformément à l'article 55 de la Constitution peuvent utilement être invoquées à l'appui d'une demande tendant à ce que soit annulé un acte administratif ou écartée l'application d'une loi ou d'un acte administratif incompatibles avec la norme juridique qu'elles contiennent, dès lors qu'elles créent des droits dont les particuliers peuvent directement se prévaloir ; que, sous réserve des cas où est en cause un traité pour lequel la Cour de justice de l'Union européenne dispose d'une compétence exclusive pour déterminer s'il est d'effet direct, une stipulation doit être reconnue d'effet direct par le juge administratif lorsque, eu égard à l'intention exprimée des parties et à l'économie générale du traité invoqué, ainsi qu'à son contenu et à ses termes, elle n'a pas pour objet exclusif de régir les relations entre États et ne requiert l'intervention d'aucun acte complémentaire pour produire des effets à l'égard des particuliers ; que l'absence de tels effets ne saurait être déduite de la seule circonstance que la stipulation désigne les États parties comme sujets de l'obligation qu'elle définit ; » (annulation ; modulation dans le temps)

■ Faits

Les deux associations requérantes demandent au Conseil d'État d'annuler pour excès de pouvoir le décret du 8 septembre 2008 relatif aux conditions de permanence de la résidence des bénéficiaires du droit à un logement décent et indépendant, modifiant le Code de la construction et de l'habitation en y insérant des conditions pour les personnes de nationalité étrangère autres que les détentrices d'une carte de résident ou d'un titre conférant des droits équivalents pour se voir ouvrir un droit au logement opposable.

Pour mettre en œuvre son contrôle, le Conseil est amené à s'interroger sur l'effet direct ou non à l'égard des particuliers, conditionnant l'applicabilité dudit traité, aux stipulations de la convention internationale du travail n° 97 interdisant les discriminations envers les travailleurs migrants. Le Conseil à cette occasion s'interroge sur la nécessité de revenir ou non sur la jurisprudence *GISTI* du 23 avril 1997 en vertu de laquelle des stipulations qui ne produisent pas d'effets directs à l'égard des particuliers ne peuvent être utilement invoquées à l'appui de conclusions tendant à l'annulation d'un acte réglementaire.

■ Portée

Le considérant de principe, reproduit ci-dessus, élargit la théorie de l'effet direct des traités reconnue jusque-là par les arrêts « *Dame Kirkwood* » de 1952, et « GISTI » de 1997. Le Conseil, pour ce faire, part de la lecture du décret du 8 septembre 2008 relatif aux conditions de permanence de la résidence des bénéficiaires du droit à un logement décent et indépendant, qui pour certains ressortissants étrangers établit une liste de cinq catégories de titres de séjour permettant à leurs détenteurs de demander le bénéfice du droit au logement opposable, sous la double condition d'une durée de résidence préalable de deux ans sur le territoire national et d'au moins deux renouvellements du titre de séjour détenu.

Il se réfère ensuite à la convention internationale du travail n° 97 du 1er juillet 1949 concernant les travailleurs migrants, régulièrement ratifiée, et publiée, et qui engage la France à appliquer aux travailleurs migrants un traitement qui ne soit pas moins favorable que celui appliqué aux ressortissants nationaux en matière de droit au logement et d'accès aux procédures juridictionnelles permettant de faire valoir ce droit.

Appliquant son considérant de principe, il estime que cet engagement ne saurait être interprété comme se bornant à régir les relations entre États et, ne requérant l'intervention d'aucun acte complémentaire pour produire des effets, se suffit à lui-même.

Par conséquent, ses stipulations peuvent utilement être invoquées à l'encontre du décret attaqué, incompatible avec ces stipulations en tant, d'une part, qu'il subordonne le droit au logement opposable de certains travailleurs migrants à une condition de résidence préalable de deux ans sur le territoire national qui ne s'applique pas aux ressortissants nationaux, d'autre part, qu'il exclut de son champ d'application des titres de séjour susceptibles d'être attribués à des personnes pouvant avoir la qualité de travailleur migrant (p. ex. travailleurs temporaires). Le décret attaqué a donc méconnu le principe d'égalité en excluant du bénéfice du droit au logement opposable certains travailleurs migrants.

Le Conseil d'État précise donc la méthode à appliquer pour apprécier l'applicabilité d'un traité international.

Pour aller plus loin

- **CE, ass., 30 mai 1952, *Dame Kirkwood*** : recevabilité à invoquer, à l'encontre d'un décret d'extradition, de la violation d'une convention internationale.
- **CE, 18 décembre 1998, *SARL du Parc d'activités de Blotzheim*** : il appartient au juge administratif de se prononcer sur le bien-fondé du tiré de la méconnaissance, par l'acte de publication d'un traité ou accord, des dispositions de l'article 53 de la Constitution.
- **CE, 7 juin 2006, *Association AIDES et autres*** : invocabilité des stipulations du pacte international relatif aux droits civils et politiques par les personnes s'estimant victimes d'une discrimination au regard de l'un des droits civils et politiques du pacte.

L'acte administratif unilatéral

Chapitre 5

L'acte administratif unilatéral est un acte de droit public (distinct de l'acte législatif ou juridictionnel) qui a pour but de modifier l'ordonnancement juridique et qui va créer des droits ou des obligations envers ses destinataires, qui n'en sont pas juridiquement les auteurs. L'acte unilatéral a donc vocation à constituer une décision exécutoire, obligatoire pour ses destinataires sans que l'administration ait besoin de recourir à un juge pour l'appliquer, même en cas d'opposition de l'administré. Mais de nombreux actes de l'administration, bien qu'ayant un caractère unilatéral, n'ont pas le caractère de décision, et ne modifient pas l'ordre juridique, ce qui conduit le juge administratif à fermer en principe son prétoire à leur encontre (circulaires, lignes directrices, mesures d'ordre intérieur).

1 T. confl., 2 décembre 1902, *Sté immobilière de Saint-Just*

« Sur la validité de l'arrêté de conflit :
Considérant que, par son arrêté en date du 26 juillet 1902, le préfet du Rhône a ordonné l'évacuation immédiate de l'établissement formé à Lyon (...) par la congrégation des sœurs de Saint-Charles et prescrit l'apposition des scellés sur les portes et les fenêtres de l'immeuble ;
Considérant qu'en prenant cet arrêté d'après les ordres du ministre de l'Intérieur et des Cultes le préfet a agi dans le cercle de ses attributions, comme délégué du pouvoir exécutif, en vertu du décret du 25 juillet 1902 qui a prononcé la fermeture dudit établissement par application de l'article 13, § 3, de la loi du 1er juillet 1901 ;
Considérant qu'il ne saurait appartenir à l'autorité judiciaire d'annuler les effets et d'empêcher l'exécution de ces actes administratifs ; que l'apposition des scellés, ordonnés comme suite et complément de l'évacuation forcée des locaux et le maintien temporaire desdits scellés ne constituent pas un acte de dépossession pouvant servir de base à une action devant l'autorité judiciaire que, par la suite, la demande formée au nom de la société propriétaire de l'immeuble dont il s'agit tendant à obtenir la levée des scellés apposés pour assurer l'exécution des décret et arrêté précités ne pouvait être portée que devant la juridiction administrative, seule compétente pour apprécier la légalité des actes d'administration et pour connaître des mesures qui en sont la conséquence ; que, de ce qui précède, il résulte que la Cour d'appel de Lyon, en se déclarant compétente, a violé le principe de la séparation des pouvoirs ; »
(Arrêté de conflit confirmé).

■ *Faits*

Un décret du 25 juillet 1902 avait ordonné la fermeture d'un établissement de congrégation de sœurs, qui n'avait pas été autorisé. Le préfet a immédiatement ordonné l'évacuation de l'immeuble occupé par la congrégation, et l'apposition de scellés, qui ont été mis en place par un commissaire de police. La Société immobilière Saint-Just, propriétaire de l'immeuble, a demandé aux tribunaux judiciaires la mainlevée de ces scellés, et le préfet a élevé le conflit. Le Tribunal des conflits doit donc régler la question de compétence entre les deux ordres de juridiction.

■ *Portée*

Le Tribunal des conflits confirme l'arrêté de conflit et attribue la compétence à la juridiction administrative, au motif qu'en l'espèce l'apposition des scellés ne porte pas une atteinte suffisamment grave au droit de propriété : la juridiction judiciaire a contrevenu à la séparation des autorités en considérant que l'administration avait commis une *voie de fait*.

Cette décision est l'occasion d'affirmer que l'administration dispose d'un pouvoir véritablement dérogatoire par rapport aux personnes privées n'exerçant pas de mission de service public : celui de procéder d'elle-même, en cas de besoin, à l'exécution forcée, ou d'office, de ses propres décisions, du moment qu'on peut considérer qu'elles ont bien ce caractère. Autrement dit, elle n'a pas besoin de recourir à une juridiction pour exécuter ses décisions à l'encontre d'un administré « récalcitrant ».

Plus précisément, l'administration ne peut recourir à ***l'exécution d'office*** de ses décisions, comme l'a précisé le commissaire du gouvernement Romieu dans ses conclusions sur cette décision, que dans des hypothèses bien délimitées. En effet, comme il l'a indiqué : « Aussi est-ce un principe fondamental de notre droit public, que l'Administration ne doit pas mettre d'elle-même la force publique en mouvement pour assurer manu militari l'exécution des actes de puissance publique, et qu'elle doit s'adresser d'abord à l'autorité judiciaire, qui constate la désobéissance, punit l'infraction, et permet l'emploi des moyens matériels de coercition ». La première condition, c'est lorsqu'il n'existe aucune autre voie de droit utilisable. Ensuite, il faut la réunion de plusieurs circonstances. Il faut que la loi l'autorise expressément (p. ex. en matière de débroussaillement ou de sécurité routière : on pense à l'enlèvement par la fourrière des véhicules mal stationnés – art. L. 325-1, C. route) ; il faut ensuite l'urgence (ou « péril immédiat ») : comme l'a expliqué le commissaire du gouvernement, « *quand la maison brûle, on ne va pas demander au juge l'autorisation d'y envoyer les pompiers* ». Et enfin, l'exécution forcée doit trouver sa source très directement dans la réalisation du but de la décision dont l'administration souhaite l'exécution et à laquelle l'administré oppose une résistance : autrement dit, elle ne doit pas dépasser le strict nécessaire.

En cas d'exécution d'office irrégulière, soit l'administration engage sa responsabilité si elle a procédé dans des conditions régulières à l'exécution forcée d'une décision qui, elle, est irrégulière ; soit l'administration peut être à l'origine d'une voie de fait si elle a porté atteinte à la liberté individuelle ou si cette exécution forcée a conduit à l'extinction d'un droit de propriété.

Dans ce dernier cas, l'administration, lorsqu'elle commet une voie de fait, perd son « privilège de juridiction » et le contentieux doit être jugé par la juridiction judiciaire. Mais le champ de la voie de fait s'est restreint récemment (cf. « Pour aller plus loin »).

Pour aller plus loin

- **CE, 28 juin 1918, *Heyriès*** : la théorie jurisprudentielle des circonstances exceptionnelles autorise un assouplissement des règles de fonctionnement des services publics et de l'application du principe de la légalité.
- **CE, 28 février 1919, *Dames Dol et Laurent*** : l'urgence liée aux faits de guerre peut rendre légale une mesure administrative restreignant une liberté individuelle qui, en période normale, aurait été illégale.
- **T. confl., 27 mars 1952, *Dame de la Murette*** : la théorie des circonstances exceptionnelles permet aussi de transformer en simple illégalité un acte qui aurait été qualifié de voie de fait.
- **T. confl., 17 juin 2013, *Bergoend c/Sté ERDF Annecy Léman*** : modification de la théorie de la voie de fait (cf. Chapitre 7).
- **CE, 23 décembre 2016, *Société JT International SA, Société d'exploitation industrielle des tabacs et des allumettes, société Philip Morris France SA et autres*** : le décret interdisant aux fabricants de tabac d'apposer les marques qu'ils détiennent sur les paquets constitue bien une limitation du droit de propriété, mais en instaurant le « paquet neutre », reste proportionné à l'objectif de santé publique poursuivi, et est légal. V. aussi **CE, 10 mai 2017, *Fédération des fabricants de cigares et autres***.

2 CE, ass., 31 mai 1957, *Rosan Girard*

« Considérant qu'il ressort des pièces versées au dossier qu'un procès-verbal de recensement général des votes, qui mentionne la proclamation de l'élection de vingt-sept conseillers municipaux et qui, d'après ses indications, a été dressé le 26 avril 1953 à 24 heures, a été établi par le président et les membres du 11, bureau, chargé des fonctions du bureau centralisateur, à la suite des opérations électorales auxquelles il avait été procédé ledit jour dans la commune du Moule pour le renouvellement du conseil municipal ; que, si le ministre de l'Intérieur soutient, dans ses observations sur le pourvoi, qu'aucune proclamation n'aurait été faite publiquement et que le procès-verbal susmentionné constituerait un document purement fictif, aucune pièce versée au dossier n'apporte un commencement de preuve à l'appui de ces allégations, expressément démenties par le requérant qui avait présidé le bureau centralisateur ; que ni la circonstance que des incidents s'étaient produits pendant le scrutin, ni le fait qu'en raison de la saisie par la gendarmerie de l'urne du bureau 21 et de son transfert à la préfecture en vue de son dépouillement par le conseil de préfecture, siégeant en bureau électoral en vertu d'un arrêté préfectoral du 26 avril 1953, d'ailleurs rapporté le lendemain, le recensement général, opéré par le bureau centralisateur, n'avait porté que sur les résultats de trois bureaux sur quatre, ne sauraient faire regarder comme inexistante la proclamation faite par ledit bureau ; que les vices qui entachaient cette proclamation étaient seulement de nature à justifier l'annulation des opérations. électorale, par le juge de l'élection, régulièrement saisi à cette fin par un déféré du préfet ou par une protestation d'un électeur ; que, dès lors, le préfet de la Guadeloupe, en prétendant constater, par son arrêté n° 53-618 du 27 avril 1953, l'inexistence des opérations électorales effectuées le jour précédent dans la ville du Moule, est intervenu dans une matière réservée par la loi à la juridiction administrative ; qu'eu égard à la gravité de l'atteinte ainsi portée par l'autorité administrative aux attributions du juge de l'élection, ledit arrêté doit être regardé comme un acte nul et non avenu ; que, par suite, bien qu'il n'ait pas été déféré au juge compétent en premier ressort pour en déclarer la nullité, il ne saurait faire obstacle aux effets de la proclamation faite par le bureau centralisateur ; » (Annulation).

■ *Faits*

Suite à des troubles lors des élections municipales sur la commune du Moule, en Guadeloupe, le préfet a fait saisir une des urnes par la gendarmerie, et demandé au maire de communiquer les résultats des urnes restantes, afin que les résultats définitifs, prenant en compte la dernière urne, soient établis à la préfecture. Le maire refusa, et le bureau électoral proclama élue la liste communiste, sur la base des bulletins des urnes en sa possession. Le préfet prit alors un arrêté constatant l'inexistence des élections, au lieu de les déférer au conseil de préfecture, et organisa de nouvelles élections. Le maire sortant contesta l'action du préfet.

■ *Portée*

Le Conseil d'État considère que l'arrêté du préfet relatif à l'élection municipale est juridiquement inexistant. Il ne peut donc servir de base légale au décret instituant une délégation spéciale dans l'attente de la nouvelle élection, et les élections consécutives sont donc irrégulières. L'arrêt est important en ce qu'il explicite la notion d'acte administratif « inexistant », qui juridiquement est « nul et non avenu ». L'acte inexistant peut tout d'abord être celui qui n'existe pas ***matériellement***, qui par exemple a disparu, ce qui ne pose « que » des problèmes de preuve pour le requérant ! Il peut aussi s'agir, de façon plus originale, et comme c'est le cas dans le contexte de l'affaire, d'un acte qui peut très bien exister concrètement, physiquement, mais qui ***juridiquement*** n'a aucune existence légale. Le Conseil d'État est amené à consacrer cette théorie pour rendre plus souples les conditions de recevabilité contre ce type d'acte, en raison des irrégularités graves et flagrantes qui l'affectent. L'acte inexistant souffre d'une irrégularité maximale, au-delà même de celle qui affecte les actes qui feront l'objet d'une qualification de voie de fait, qui peuvent encore, eux, être qualifiés d'actes illégaux.

Ainsi, cette inexistence peut être soulevée (d'office) à tout moment de la procédure juridictionnelle par le juge. Par ailleurs, le recours contentieux à l'encontre d'un acte inexistant peut être présenté à tout moment : il n'est pas soumis à prescription, que ce soit lors d'un recours direct ou d'une exception d'illégalité soulevée à l'occasion du recours contre un autre acte.

Un acte inexistant peut enfin faire l'objet d'un retrait à tout moment, c'est-à-dire même lorsque le délai de recours contentieux est expiré.

On notera que cette qualification d'acte inexistant est, compte tenu de l'extrême gravité de l'irrégularité commise, très rare en jurisprudence. Elle ne recoupe par ailleurs pas le cas de la voie de fait.

On a pu qualifier d'acte inexistant : une nomination pour ordre dans la fonction publique (il s'agit d'une décision ayant pour but de nommer quelqu'un sur un emploi public que l'on sait que l'intéressé ne pourra pas occuper, p. ex. car il exerce par ailleurs une autre activité professionnelle à temps plein) ; une décision prise par un fonctionnaire alors qu'il était déjà à la retraite.

Enfin, un acte inexistant ne peut pas créer de droits.

Pour aller plus loin

- **CE, 3 février 1956, *de Fontbonne*** : un acte inexistant peut être retiré à tout moment.
- **T. confl., 27 juin 1966, *Guigon*** : une décision qualifiée de voie de fait doit être regardée comme nulle et non avenue, ce qui correspond aux effets affectant une décision inexistante.
- **CE, sect., 18 janvier 2013, *Syndicat de la magistrature*** : le décret de nomination d'un magistrat aux fonctions de procureur de la République alors que l'intéressé n'a pas cessé d'exercer les fonctions de directeur du cabinet du garde des Sceaux est une « nomination pour ordre », donc un acte « nul et non avenu ».

3 CE, ass., 17 février 1995, *Hardouin*

« Considérant qu'aux termes du dernier alinéa de l'article 30 du décret du 28 juillet 1975 modifié portant règlement de discipline générale dans les armées : "À l'exception de l'avertissement, les sanctions disciplinaires font l'objet d'une inscription motivée au dossier individuel ou au livret matricule" ; que l'article 31 du même décret, dans sa rédaction résultant du décret du 21 août 1985 dispose : "Les arrêts sanctionnent une faute grave ou très grave ou des fautes répétées de gravité moindre. Le militaire effectue son service dans les conditions normales mais il lui est interdit, en dehors du service, de quitter son unité ou le lieu désigné par son chef de corps (...)" ; que, tant par ses effets directs sur la liberté d'aller et venir du militaire, en dehors du service, que par ses conséquences sur l'avancement ou le renouvellement des contrats d'engagement, la punition des arrêts constitue une mesure faisant grief, susceptible d'être déférée au juge de l'excès de pouvoir ; que M. Hardouin est, dès lors, fondé à demander l'annulation du jugement attaqué, par lequel le Tribunal administratif de Rennes a rejeté comme non recevables ses conclusions tendant à l'annulation de la décision du 14 mars 1986 par laquelle le ministre de la Défense a rejeté son recours contre la punition de dix jours d'arrêts qui lui a été infligée le 8 novembre 1985 par le commandant de son unité ; »
(Annulation du jugement ; rejet sur le fond).

■ *Faits*

M. Hardouin, militaire de la marine nationale, a refusé de se soumettre à une épreuve d'alcootest alors qu'il était en escale aux Canaries. Il fut, en conséquence, puni à 10 jours d'arrêt. Il contesta cette punition, spécifique à la fonction militaire, devant le Tribunal administratif de Rennes qui jugea, conformément à une jurisprudence classique, son recours irrecevable au motif que la punition consistait en une mesure d'ordre intérieur. Le Conseil d'État va faire évoluer cette jurisprudence.

■ *Portée*

Le Conseil d'État juge que la sanction de 10 jours d'arrêt prise à l'encontre de M. Hardouin doit être considérée non pas comme une mesure d'ordre intérieur, mais comme une décision administrative ***exécutoire***, dès lors susceptible de faire l'objet d'un recours pour excès de pouvoir.

Il faut comprendre que toutes les sanctions ne constituent pas une ***décision***, mais seulement, comme le précise le Conseil d'État, celles qui, tant par leurs effets directs sur la liberté d'aller et venir du militaire, en dehors du service, que par leurs conséquences sur l'avancement ou le renouvellement des contrats d'engagement, doivent être considérées comme constituant une mesure faisant grief.

Cette jurisprudence consacre un mouvement clair de réduction du champ d'application des mesures d'ordre intérieur dans tous les domaines d'action de l'administration, y compris dans les domaines dits « régaliens » (p. ex. prisons). Peut-être plus qu'un revirement de jurisprudence, cette décision permet de préciser la notion de mesure d'ordre intérieur. En effet, il s'agit d'un acte qui, bien qu'ayant le caractère de « décision », ne modifie pas suffisamment l'ordonnancement juridique. C'est uniquement dans cette mesure que le recours pour excès de pouvoir à son encontre est irrecevable. Dans les hypothèses, comme en l'espèce, où la « mesure » a une portée suffisamment grave pour l'intéressé, elle ne peut plus être qualifiée de mesure « d'ordre intérieur » au sens technique du terme, et doit être considérée comme une décision exécutoire, dès lors susceptible de recours contentieux devant le juge administratif.

Peut-être plus qu'un revirement de jurisprudence, cette décision permet de préciser la notion de mesure d'ordre intérieur. En effet, il s'agit d'un acte qui, bien qu'ayant le caractère de « décision », ne modifie pas suffisamment l'ordonnancement juridique. C'est uniquement dans cette mesure que le recours pour excès de pouvoir à son encontre est irrecevable. Dans les hypothèses, comme en l'espèce, où la « mesure » a une portée suffisamment grave pour l'intéressé, elle ne peut plus être qualifiée de mesure « d'ordre intérieur » au sens technique du terme, pour devenir pleinement une décision exécutoire, susceptible de recours.

En matière de sanctions disciplinaires dans la fonction publique, domaine concerné par l'arrêt *Hardouin*, il s'avère que le champ des mesures d'ordre intérieur s'est considérablement réduit, du fait que le juge administratif va considérer facilement que l'acte a des répercussions assez sensibles sur la carrière de l'intéressé pour pouvoir justifier la recevabilité du recours contentieux à son encontre.

Autrement dit, l'arrêt *Hardouin* (comme l'arrêt *Marie* du même jour) marque une inflexion du contrôle du juge dans le sens d'une réduction sensible et continue du champ de la mesure d'ordre intérieur. Cela répond assez clairement à une « montée en puissance » des garanties offertes par la Convention européenne des droits de l'Homme (droit au procès équitable), qui nécessitent un examen des affaires au fond, dans des domaines traditionnellement régaliens que le juge ne contrôlait pas.

Pour aller plus loin

- **CE, ass., 17 février 1995, *Marie***: eu égard à la nature et à la gravité de cette mesure, la punition de cellule constitue une décision faisant grief susceptible d'être déférée au juge.
- **CE, ass., 14 décembre 2007, *Payet***: la décision soumettant l'intéressé à des rotations de sécurité est susceptible de recours pour excès de pouvoir.
- **CE, ass., 14 décembre 2007, *ministre de la Justice c/M. Boussouar***: une décision de changement d'affectation d'une maison centrale à une maison d'arrêt constitue un acte administratif susceptible d'un recours pour excès de pouvoir.
- **CE, ass., 14 décembre 2007, *M. Planchenault***: une décision de déclassement d'emploi d'un détenu constitue un acte administratif susceptible d'un recours pour excès de pouvoir.
- **CE, 28 mars 2011, *Bennay***: l'affectation d'un détenu en secteur « portes fermées » constitue une décision, qui n'a pas à être motivée (**CE, 6 décembre 2012, *Garde des Sceaux***).
- **CE, ord., 6 juin 2013, *M. E., n° 368875***: l'application d'un régime de fouilles intégrales systématiques à l'issue de chaque parloir, concernant un détenu en particulier, peut être justifiée par les nécessités de l'ordre public compte tenu de la personnalité du détenu, et du type de ses condamnations, nécessitant un suivi particulier de la part de l'administration pénitentiaire. Mais le chef d'établissement doit réexaminer sa décision, à bref délai et, le cas échéant, à intervalle régulier, afin d'apprécier si le comportement et la personnalité du requérant justifient ou non la poursuite d'un tel régime de fouilles. V. aussi **CE, 6 juin 2013, *Section française de l'observatoire international des prisons***.
- **CE, 11 mai 2016, *Société Météo France***: le refus d'accord préalable à l'implantation d'une éolienne près d'un radar rend impossible une décision favorable ; cela constitue dès lors un acte faisant grief.

4 CE, ass., 26 octobre 2001, *Ternon*

« En ce qui concerne la décision du 25 mars 1988 :
Considérant que si l'arrêté du 31 décembre 1987, devenu définitif, n'a eu ni pour objet ni pour effet de retirer l'arrêté en date du 30 décembre 1983 par lequel M. Ternon a acquis un droit à être titularisé dans la fonction publique territoriale, telle a été la portée de la décision du 25 mars 1988 par laquelle la région a refusé de régulariser la situation de M. Ternon ; que l'arrêté en date du 25 octobre 1995 par lequel le président du conseil régional a retiré l'arrêté du 30 décembre 1983 n'a fait que confirmer cette décision de retrait ;
Considérant que, sous réserve de dispositions législatives ou réglementaires contraires, et hors le cas où il est satisfait à une demande du bénéficiaire, l'administration ne peut retirer une décision individuelle explicite créatrice de droits, si elle est illégale, que dans le délai de quatre mois suivant la prise de cette décision ; »
(Annulation).

■ *Faits*

M. Ternon, agent territorial d'une région, avait demandé à l'administration de retirer son arrêté de nomination, avant de se raviser, et d'invoquer le caractère définitif de l'acte afin d'interdire à l'administration de retirer ledit acte. Le président de la région a refusé de régulariser sa situation, ce qui correspondait à retirer l'arrêté de titularisation.

Le requérant demande au juge administratif l'annulation de cette décision de retrait.

■ *Portée*

Cette décision est l'occasion de redéfinir le régime du ***retrait*** des actes administratifs unilatéraux, après la jurisprudence *Dame Cachet* de 1922. Le retrait consiste à supprimer tous les effets que l'acte administratif a produits depuis son édiction et correspond donc à une annulation rétroactive par l'administration active elle-même. Son régime dépend du caractère régulier ou non de l'acte. En effet, il est relativement aisé de comprendre qu'il est conseillé de pouvoir retirer plus facilement de l'ordre juridique un acte irrégulier que régulier. Et en ce qui concerne ce dernier, il est moins délicat de retirer un acte qui n'a pas créé de droits qu'un acte qui en a créé.

En l'occurrence, le Conseil d'État ne rend pas une solution pour tous les cas de retrait des différents actes administratifs, mais il précise le régime du retrait de l'acte irrégulier créateur de droits : sous réserve de dispositions législatives ou réglementaires contraires, et hors le cas où il est satisfait à une demande du bénéficiaire, l'administration ne peut retirer une décision ***individuelle*** explicite créatrice de droits, si elle est illégale, que dans le délai de ***quatre mois*** suivant la prise de cette décision.

Cette solution, d'origine purement jurisprudentielle, est un compromis entre les intérêts réciproques de l'administration (qui doit pouvoir purger de l'ordre juridique un acte administratif dont elle se rend compte qu'il est irrégulier) et de l'administré (qui doit pouvoir bénéficier d'une sécurité juridique, et ne pouvoir craindre à tout moment une remise en cause de l'acte créateur de droit dont il bénéficie, même s'il est irrégulier ; sachant qu'une irrégularité peut très bien résulter, par exemple, d'une erreur mineure dans la procédure d'élaboration de l'acte).

D'autres décisions précisent le régime des autres catégories d'actes administratifs. Le CRPA précise que par dérogation, une mesure à caractère de sanction infligée par l'administration peut toujours être retirée (art. L. 243-4).

Enfin, l'arrêt *Ternon* (codifié à l'art. L. 243-3, CRPA, qui dispose désormais que « *L'administration ne peut retirer un acte réglementaire ou un acte non réglementaire non créateur de droits que s'il est illégal et si le retrait intervient dans le délai de quatre mois suivant son édiction* »), en instaurant un délai de quatre mois pour le retrait, opère une scission avec le délai de recours contentieux à l'encontre de l'acte, qui reste, lui, limité aux deux mois de principe prévus par la réglementation.

On précisera que, comme l'indique clairement l'arrêt, le délai de retrait court à partir de l'édiction de l'acte, et non de sa notification, ce qui tend à réduire encore la marge de manoeuvre laissée à l'administration. Au-delà de ce délai, il sera néanmoins encore possible de retirer l'acte, mais à la demande express de l'administré destinataire de l'acte (ou, évidemment, si une loi instaure un délai spécial). Cette jurisprudence s'inscrit dans un vaste mouvement de progrès des garanties dont bénéficient le public, dans la logique du développement du principe de sécurité juridique, qui veut que les situations administratives doivent pouvoir être fixées définitivement assez rapidement.

Pour aller plus loin

- **CE, sect., 21 novembre 1947,** *Mlle Ingrand* : si l'acte ***régulier*** a créé des droits, il ne peut pas être retiré en application du principe de non-rétroactivité, sauf si une loi l'autorise ou en cas de demande de l'intéressé, si cela ne porte pas atteinte aux droits des tiers.
- **CE, ord., 23 août 2013,** *Préfet de la Mayenne* : le retrait d'une décision administrative rend sans objet une requête tendant à la suspension de cette décision.
- **CE, 5 octobre 2015,** *Comité d'entreprise du siège de l'Ifremer et autres* : le discours du Premier ministre annonçant le transfert du siège de l'Ifremer à Brest, n'a aucun effet juridique en lui-même ; le recours à son encontre est donc irrecevable.
- **CE, sect., 1er juillet 2016,** *Institut d'ostéopathie de Bordeaux* : l'agrément ministériel d'un établissement à délivrer une formation organisée par décret et conférant le titre professionnel d'ostéopathe ou de chiropracteur n'a pas, par lui-même, pour objet l'organisation du service public et n'a donc pas un caractère réglementaire, même si les établissements concernés participent au service public de l'enseignement supérieur.
- **CE, ass., 13 juillet 2016,** *M. Czabaj c/Min. économie* : « le principe de sécurité juridique fait obstacle à ce que puisse être contestée indéfiniment une décision administrative individuelle qui a été notifiée à son destinataire, ou dont il est établi que celui-ci a eu connaissance. Lorsque les délais de recours ne sont pas opposables, l'intéressé doit alors exercer son recours dans un délai raisonnable. Pour une décision expresse, ce délai, en règle générale et sauf circonstances particulières, ne saurait excéder un an à compter de la notification ou de la date à laquelle il est établi que l'intéressé en a eu connaissance ». Extension de cette jurisprudence aux recours administratifs préalables obligatoires (RAPO) par : **CE, 31 mars 2017,** *M. A., n° 389842*.
- **CE, 5 décembre 2016,** *Université de la Nouvelle-Calédonie* : une sanction administrative, décision individuelle, si elle est illégale, n'est créatrice de droits ni pour l'intéressé ni pour les tiers, et peut donc être légalement retirée sans délai par son auteur.

5 CE, sect., 18 décembre 2002, *Mme Duvignères*

« Sur les conclusions tendant à l'annulation de la lettre du 23 février 2001 en tant qu'elle porte refus d'abroger partiellement la circulaire du 26 mars 1997 :
Considérant que l'interprétation que par voie, notamment, de circulaires ou d'instructions l'autorité administrative donne des lois et règlements qu'elle a pour mission de mettre en œuvre n'est pas susceptible d'être déférée au juge de l'excès de pouvoir lorsque, étant dénuée de caractère impératif, elle ne saurait, quel qu'en soit le bien-fondé, faire grief ; qu'en revanche les dispositions impératives à caractère général d'une circulaire ou d'une instruction doivent être regardées comme faisant grief, tout comme le refus de les abroger ; que le recours formé à leur encontre doit être accueilli si ces dispositions fixent, dans le silence des textes, une règle nouvelle entachée d'incompétence ou si, alors même qu'elles ont été compétemment prises, il est soutenu à bon droit qu'elles sont illégales pour d'autres motifs ; qu'il en va de même s'il est soutenu à bon droit que l'interprétation qu'elles prescrivent d'adopter, soit méconnaît le sens et la portée des dispositions législatives ou réglementaires qu'elle entendait expliciter, soit réitère une règle contraire à une norme juridique supérieure ;
Considérant que si la circulaire contestée du 26 mars 1997 se borne à tirer les conséquences de l'article 2 du décret du 19 décembre 1991, elle réitère néanmoins, au moyen de dispositions impératives à caractère général, la règle qu'a illégalement fixée cette disposition ; que, par suite, Mme Duvignères est recevable et fondée à demander l'annulation de la lettre du 23 février 2001, en tant qu'elle porte refus d'abroger dans cette mesure la circulaire contestée ; »
(Annulation).

Faits

Mme Duvignères avait demandé sur le fondement de la loi du 10 juillet 1991 une aide juridictionnelle qui lui a été refusée au motif qu'elle dépassait un plafond de ressources. La décision de refus intégrait notamment dans le calcul de ses revenus l'aide personnalisée au logement, que la requérante estimait devoir être exclue en vertu de la loi de 1991, alors que le décret d'application de la loi et une circulaire de 1997 incluaient ladite aide dans le calcul des revenus. Il appartenait donc au Conseil d'État de préciser notamment si un requérant était susceptible de contester une telle circulaire.

Portée

La circulaire, juridiquement, est un texte administratif édicté par un chef de service (ministre, recteur, préfet...) dans le but d'expliquer à ses services la réglementation à appliquer. Une circulaire peut par ailleurs, concrètement, prendre d'autres noms (par exemple « note de service » ou « instruction »). Elle n'a donc pas pour destinataire le public, mais a une vocation interne d'amélioration du fonctionnement de la gestion des services. Dès lors, en vertu d'un principe traditionnel du contentieux administratif, un administré, qui n'en est pas directement destinataire, n'est pas censé être recevable à l'attaquer, faute d'intérêt à agir. Cependant, il peut s'avérer qu'une circulaire ait des effets très puissants sur la prise de décision ultérieure qui sera prise par les services instructeurs. Dès lors, il est apparu nécessaire pour le Conseil d'Etat de revoir sa jurisprudence traditionnelle afin d'ouvrir plus largement la recevabilité du recours à l'encontre des circulaires.

L'apport principal de l'arrêt réside dans l'admission élargie de la recevabilité du recours pour excès de pouvoir à l'encontre des circulaires. Désormais, les circulaires ou instructions d'une autorité administrative relatives aux lois ou règlements qu'elle a pour mission de mettre en œuvre ne sont pas susceptibles d'être déférées au juge de l'excès de pouvoir uniquement lorsque, dénuées de caractère ***impératif***, elles ne sauraient faire grief ; en revanche, les dispositions impératives à caractère général des circulaires ou instructions doivent être regardées comme faisant grief, tout comme le refus de les abroger. Et donc, le recours pour excès de pouvoir est ouvert dans ce cas à leur encontre.

Sur le ***fond*** de l'affaire, dans une deuxième étape du raisonnement, le Conseil d'État confirme l'étendue du contrôle juridictionnel qu'il opérait déjà auparavant : le recours formé à l'encontre des circulaires impératives doit être accueilli si les dispositions contestées fixent, dans le silence des textes, une règle nouvelle entachée d'incompétence ou si, alors même qu'elles ont été compétemment prises, elles sont illégales pour d'autres motifs (erreur de droit ; erreur de fait) ; il en va de même si l'interprétation qu'elles prescrivent d'adopter méconnaît le sens et la portée des dispositions législatives ou réglementaires qu'elle entendait expliciter, ou réitère une règle contraire à une norme juridique supérieure.

Pour aller plus loin

- **CE, ass., 29 janvier 1954, *Institution Notre-Dame de Kreisker*** : jurisprudence antérieure : une lettre qui se borne à compléter les prescriptions d'une circulaire et ne comporte pas de décision, constitue une circulaire interprétative et n'est pas susceptible d'être déférée au Conseil d'État.
- **CE, 7 avril 2011, *Association SOS Racisme-Touche pas à mon pote*** : une circulaire du ministre de l'Intérieur qui vise, par des dispositions impératives à caractère général, à faire évacuer de manière prioritaire les campements illicites de Roms méconnaît le principe d'égalité devant la loi, car fondée sur une distinction d'origine ethnique. V. aussi, sur l'annulation partielle de la circulaire du 31 mai 2011 du ministre de l'Intérieur sur la maîtrise de l'immigration professionnelle : **CE, 7 novembre 2012, *GISTI***.
- **CE, 12 décembre 2014, *Association Juristes pour l'enfance et autres*** : la circulaire de la garde des Sceaux demandant à ce que soient acceptées les demandes de délivrance de certificats de nationalité française pour les enfants nés à l'étranger de parents français suite à la Gestation Pour Autrui (GPA), est légale (v. aussi **CEDH, 26 juin 2014, *Mennesson c/France ; Labassée c/France***).

6 CE, sect., 1er octobre 2010, *Mme Tacite*

« Considérant qu'aux termes de l'article 16 de la Déclaration des droits de l'homme et du citoyen : Toute société dans laquelle la garantie des droits n'est pas assurée, ni la séparation des pouvoirs déterminée, n'a point de Constitution ; qu'en vertu de l'article 64 de la Constitution : Le Président de la République est garant de l'indépendance de l'autorité judiciaire. /(...) Une loi organique porte statut des magistrats (...) ;
Considérant que le principe de séparation des pouvoirs et celui de l'indépendance de l'autorité judiciaire, que traduisent ces dispositions constitutionnelles, imposent que des garanties particulières s'attachent à la qualité de magistrat de l'ordre judiciaire ; qu'ils impliquent notamment que ces derniers ne puissent se voir retirer cette qualité et les garanties particulières qui s'y attachent qu'en vertu de dispositions expresses de leur statut et dans les conditions prévues par ces dernières ; qu'aucune disposition ne prévoit qu'un magistrat de l'ordre judiciaire puisse se voir privé de sa qualité en dehors de la procédure disciplinaire régie par les dispositions figurant au chapitre VII de l'ordonnance du 22 décembre 1958 portant loi organique relative au statut de la magistrature ; qu'il en résulte que le Président de la République ne pouvait rapporter le décret, fût-il illégal, du 18 juillet 2007 et ainsi priver Mme A, en dehors de toute procédure disciplinaire, de la qualité de magistrat de l'ordre judiciaire que ce décret lui avait conférée ; (...) ».
(annulation).

■ *Faits*

La requérante, auditrice de justice reçue au concours d'entrée à l'ENM en 2004, a, à l'issue de la scolarité dans cette école, été nommée aux fonctions de magistrat par un décret du président de la République du 18 juillet 2007, pour exercer en qualité de substitut. Elle a reconnu avoir, alors auditrice de justice, effectué des achats en utilisant frauduleusement le numéro de carte de crédit d'un magistrat auprès duquel elle avait effectué un stage. Elle a fait, pour cette raison, l'objet de deux décisions du garde des Sceaux : une sanction d'exclusion définitive de l'ENM, puis une révocation. Par un décret du 16 novembre 2007, le président de la République a rapporté (retiré) le décret du 18 juillet 2007 qui avait nommé l'intéressée dans les fonctions de magistrat.

■ *Portée*

L'annulation de la sanction prise à l'encontre de l'intéressée résulte d'un vice de forme considéré à raison comme substantiel : un défaut concernant la consultation du Conseil Supérieur de la Magistrature, requise pour toute révocation à titre disciplinaire d'un magistrat judiciaire du parquet, en application de l'ordonnance du 22 décembre 1958 portant loi organique relative au statut de la magistrature (art. 59).

On précisera que la loi organique du 22 juillet 2010 relative à l'application de l'article 65 de la Constitution, donne une définition de la faute disciplinaire pour les magistrats judiciaires, à la différence du cas général dans la fonction publique. Il s'agit de « Tout manquement par un magistrat aux devoirs de son état, à l'honneur, à la délicatesse ou à la dignité ». Sur le fond, l'intéressée avait bien commis une telle faute. Comme l'annulation a eu lieu au titre de la légalité externe, rien n'interdit donc à sa hiérarchie de recommencer une nouvelle procédure disciplinaire.

Le Conseil d'État précise bien que l'impossibilité de recourir au retrait de la nomination par l'auteur de l'acte (président de la République) concerne bien les magistrats judiciaires spécifiquement, sans étendre cette solution aux autres fonctionnaires ou agents publics. Il en donne explicitement les motifs (il s'agit de garantir la séparation des pouvoirs et la garantie des droits). En principe, le retrait d'une décision administrative unilatérale illégale n'est possible que dans le délai de quatre mois. Ce n'est néanmoins plus possible pour une personne qui a déjà acquis la qualité de magistrat.

Notons cependant que le Conseil d'État appuie sa décision sur la référence à la nécessité pour l'administration de respecter la procédure disciplinaire imposée par le *statut autonome* des magistrats judiciaires. En ceci, il conforte sa position classique en matière de fonction publique : un fonctionnaire ne peut, quel que soit son corps d'appartenance, être privé de son grade, que ce soit disciplinairement ou non, que dans les conditions prévues par son statut.

Pour aller plus loin

- **CE, ass., 23 décembre 2011, *Danthony et autres*** : en vertu d'un principe général du droit, si les actes administratifs doivent être pris selon les formes et conformément aux procédures prévues par les lois et règlements, un vice affectant le déroulement d'une procédure administrative préalable, suivie à titre obligatoire ou facultatif, n'est de nature à entacher d'illégalité la décision prise que si ce vice a été susceptible d'exercer, en l'espèce, une influence sur le sens de la décision prise, ou s'il a privé les intéressés d'une garantie V. aussi **CE, 10 janvier 2011, *Mme Lévèque*** (preuve en matière de discrimination).
- **CE, 27 février 2015, *Ministère de l'écologie, Communauté urbaine de Lyon : projet du « stade des lumières » de Lyon*** : application de la jurisprudence sur les vices de procédure en matière d'utilité publique.
- **CE, 17 juin 2015 (2 esp.), *SAS LCI ; Sté Paris Première*** : annulation des décisions de refus du CSA de passage de ces chaînes en TNT gratuite pour vice de procédure (études d'impact publiées trop tard).
- **CE, 9 décembre 2016, *Ministre de l'intérieur, n° 395893*** : la délivrance de l'information préalable à un conducteur du retrait de points de son permis de conduire, constitue une formalité substantielle et conditionne la régularité de la procédure au terme de laquelle le retrait de points est décidé.
- **CE, ord., 14 décembre 2016, *M. B., n° 405269*** : suspension de la procédure de tirage au sort des nouveaux offices notariaux créés par la loi « Macron » du 6 août 2015 pour insuffisance de garanties sur la régularité du tirage au sort. V. aussi **CE, ord., 8 février 2017, *M. B., n° 407231*** : rejet de la demande de suspension du nouvel arrêté organisant le tirage au sort, car prévoyant des garanties supplémentaires (p. ex. : anonymat, et tirage au sort effectué par un rapporteur de l'Autorité de la concurrence).
- **CE, ord., 2 juin 2017, *Association SOS Education et association Promotion et Défense des Etudiants*** : rejet du référé suspension pour défaut d'urgence, en ce qui concerne la procédure de tirage au sort de bacheliers candidats dans certaines filières universitaires.

7 CE, 19 septembre 2014, *Jousselin*

« 5. Considérant, d'autre part, que l'article 3 du décret du 30 août 1991 n'a pas conféré à l'AEFE le pouvoir de déterminer les conditions d'attribution des bourses scolaires pour les enfants français scolarisés à l'étranger, mais a seulement prévu qu'elle édicte des instructions fixant des lignes directrices auxquelles il appartient aux commissions locales de l'agence de se référer, tout en pouvant y déroger lors de l'examen individuel de chaque demande si des considérations d'intérêt général ou les circonstances propres à chaque situation particulière le justifient ; qu'ainsi, le point 2.8.2 de l'instruction en cause, relatif à la prise en compte du patrimoine, indique qu'en principe les familles doivent produire l'acte d'achat des biens immobiliers mais précise ensuite que " toute dérogation à cette règle devra être argumentée dans le procès-verbal de la commission locale " ; que, de même, si ce point prévoit que tout patrimoine immobilier dont la valeur acquise est supérieure à 200 000 euros place la famille hors barème, il précise que cette consigne ne vaut que " sauf situation spécifique [de la famille] " ; que, dans ces conditions, l'instruction en cause a énoncé, à l'intention des commissions locales, des lignes directrices, sans fixer, contrairement à ce que soutient le requérant, de norme à caractère général qui se serait imposée de manière impérative à ces commissions ; » (rejet)

■ *Faits*

Le requérant, domicilié aux États-Unis avec ses enfants, a demandé à l'Agence pour l'enseignement français à l'étranger (AEFE) l'attribution de bourses scolaires à ses deux fils. Effectivement, la mission de l'AEFE consiste à accorder des bourses aux enfants de nationalité française scolarisés dans les écoles et les établissements d'enseignement français à l'étranger, sous certaines conditions réglementaires. Or, par deux décisions successives, l'AEFE a refusé l'attribution de ces bourses, en se basant sur des instructions internes guidant la prise de décision en la matière. C'est ce refus (sachant qu'il n'existe pas de « droit à » la bourse) dont l'annulation est demandée.

■ *Portée*

Le Conseil d'État met dans cet arrêt un terme à une jurisprudence (*CE, sect., 11 décembre 1970, Crédit foncier de France*) qui donnait la possibilité à l'administration d'édicter des « directives », en renouvelant le vocabulaire juridique employé, dans un souci de clarification avec le droit de l'Union européenne, sans modifier véritablement le contenu de la notion utilisée.

Désormais, il faut avoir recours, dans la lignée de ce que préconisait l'étude annuelle 2013 du Conseil d'État lui-même, destinée au « droit souple », l'expression de « lignes directrices ». Celles-ci peuvent se définir comme des actes administratifs par lesquels l'autorité administrative, investie d'un pouvoir discrétionnaire d'appréciation des demandes individuelles qui lui sont présentées par les administrés, soumet elle-même son pouvoir de décision à des règles de fond. Il s'agit ici pour l'administration d'optimiser sa prise de décision de « flux », notamment en matière d'interventionnisme économique (aides publiques, subventions), c'est-à-dire lorsqu'un grand nombre de décisions doit être pris.

On peut donc indiquer que ce sont des « guides » d'action à l'attention des agents de terrain. Le Conseil d'État admet cette faculté, mais l'encadre, afin de garantir l'examen individuel des demandes et l'égalité entre administrés. Ces lignes directrices ne peuvent être émises que par une autorité qui dispose du pouvoir hiérarchique (et donc d'instruction) dans le domaine considéré. Elles ne peuvent contenir de conditions nouvelles par rapport à la réglementation qu'elles appliquent, car ce serait faire application d'un pouvoir réglementaire du fait d'une autorité qui n'en a vraisemblablement pas compétence (on applique ici la jurisprudence « Duvignères », V. *infra*). Elles peuvent dans ces limites définir des orientations générales servant de fondement légal à la prise de décisions individuelles, selon un ensemble de critères. L'administré peut s'en prévaloir à condition qu'elles aient été publiées, ce qu'exige le CRPA (art. R. 312-8 :

une circulaire ou une instruction qui ne figure pas sur le site internet *ad hoc* n'est pas applicable. Les services ne peuvent en aucun cas s'en prévaloir à l'égard des administrés). Le décideur doit conserver la faculté d'examen individuel de la situation du demandeur, notamment s'il invoque une particularité de sa situation. Enfin, il faut conserver la faculté de déroger aux principes qu'elles fixent, pour des motifs tenant à l'intérêt général, ou aux particularités de la situation du demandeur. Autrement dit, elles doivent toujours laisser une marge d'appréciation à l'auteur de la décision individuelle finale, ce qui est conforme au principe de compétence de chaque agent public.

Pour aller plus loin

- **CE, sect., 7 février 1936, *Jamart***: le ministre (tout chef de service) dispose d'un certain pouvoir réglementaire afin d'organiser le bon fonctionnement des services sous sa responsabilité.
- **CE, ass., 2 juillet 1982, *Huglo et autres***: une décision administrative a un caractère exécutoire ; ce caractère est la règle fondamentale du droit public.
- **CE, ass., 18 décembre 2002, *Mme Duvignères***: recevabilité du recours contentieux à l'encontre des circulaires à caractère impératif (solution applicable aux « lignes directrices »).
- **CE, 30 janvier 2015, *Département des Hauts-de-Seine et autres***: annulation partielle de la circulaire du garde des Sceaux prévoyant un dispositif d'orientation nationale visant à mieux répartir la charge de l'accueil des mineurs étrangers isolés, car comportant des dispositions nouvelles par rapport à la loi.
- **CE, 4 février 2015, *Ministre de l'intérieur c/M. A., n° 383267***: en tant que simples « orientations générales » (et non des « lignes directrices »), les indications dans la circulaire du ministre de l'Intérieur relative aux conditions de régularisation des ressortissants étrangers en situation irrégulière, ne peuvent pas être invoquées devant le juge administratif.
- **CE, ord., 9 juillet 2015, *Ministère de l'intérieur***: les orientations générales définies par l'administration pour l'instruction des demandes de visas de ressortissants syriens au titre de l'asile ne portent, en elles-mêmes, aucune atteinte grave et manifestement illégale au droit constitutionnel d'asile.
- **CE, ass., 21 mars 2016, *Société Fairversta international GmbH et autres*; CE, ass., 21 mars 2016, *Société NC Numéricable***: recevabilité du recours pour excès de pouvoir contre des actes de « droit souple » de régulation pris par des autorités administratives indépendantes : communiqué de l'AMF mettant les investisseurs en garde contre les conditions dans lesquelles sont commercialisés certains produits de placement ; prise de position de l'Autorité de la concurrence en matière de concentration. V. aussi **CE, 6 juillet 2016, *Cie des gaz de pétrole Primagaz, Sté Vitogaz France***.
- **CE, sect., 13 juillet 2016, *Société GDF Suez***: en l'absence de dispositions législatives ou réglementaires prévoyant un autre mode de publication, la mise en ligne d'un acte de droit souple sur le site internet de l'autorité, fait courir, à l'égard des professionnels du secteur dont elle assure la régulation, le délai de recours de droit commun deux mois.
- **CE, 16 décembre 2016, *Fondation Jérôme Lejeune***: les recommandations de bonnes pratiques du ministre des Affaires sociales en matière de diagnostic prénatal et de diagnostic préimplantatoire sont susceptibles de recours contentieux.
- **CE, 20 mars 2017, *Région Aquitaine-Limousin-Poitou-Charentes***: une ligne directrice d'une autorité de régulation n'interdit pas à cette dernière de se fonder sur un autre critère, pertinent.

8 CE, ass., 13 juillet 2016, *M. Czabaj c/Ministre de l'économie et des finances*

« 5. Considérant toutefois que le principe de sécurité juridique, qui implique que ne puissent être remises en cause sans condition de délai des situations consolidées par l'effet du temps, fait obstacle à ce que puisse être contestée indéfiniment une décision administrative individuelle qui a été notifiée à son destinataire, ou dont il est établi, à défaut d'une telle notification, que celui-ci a eu connaissance ; qu'en une telle hypothèse, si le non-respect de l'obligation d'informer l'intéressé sur les voies et les délais de recours, ou l'absence de preuve qu'une telle information a bien été fournie, ne permet pas que lui soient opposés les délais de recours fixés par le code de justice administrative, le destinataire de la décision ne peut exercer de recours juridictionnel au-delà d'un délai raisonnable ; qu'en règle générale et sauf circonstances particulières dont se prévaudrait le requérant, ce délai ne saurait, sous réserve de l'exercice de recours administratifs pour lesquels les textes prévoient des délais particuliers, excéder un an à compter de la date à laquelle une décision expresse lui a été notifiée ou de la date à laquelle il est établi qu'il en a eu connaissance ;
6. Considérant que la règle énoncée ci-dessus, qui a pour seul objet de borner dans le temps les conséquences de la sanction attachée au défaut de mention des voies et délais de recours, ne porte pas atteinte à la substance du droit au recours, mais tend seulement à éviter que son exercice, au-delà d'un délai raisonnable, ne mette en péril la stabilité des situations juridiques et la bonne administration de la justice, en exposant les défendeurs potentiels à des recours excessivement tardifs ; qu'il appartient dès lors au juge administratif d'en faire application au litige dont il est saisi, quelle que soit la date des faits qui lui ont donné naissance ; (…) » (annulation de l'ordonnance du TA de Lille ; demande et surplus des conclusions rejetés).

■ *Faits*

Le requérant, ancien brigadier de police, a reçu le 26 septembre 1991, notification d'un arrêté du 24 juin 1991 lui concédant une pension de retraite, ce qui est établi par le procès-verbal de remise de son livret de pension. Cette notification mentionnait le délai de recours contentieux à l'encontre de cet arrêté mais aucune indication sur la juridiction compétente. Or, l'article R. 421-5 du Code de justice administrative prévoit que les délais de recours contre une décision administrative ne sont opposables qu'à la condition d'avoir été mentionnés, ainsi que les voies de recours, dans la notification de la décision. L'intéressé a demandé au TA de Lille d'annuler l'arrêté du 24 juin 1991 et d'enjoindre de recalculer sa pension en intégrant une bonification pour enfants. Par ordonnance, le tribunal administratif de Lille a rejeté sa demande comme irrecevable, car présentée plus de 22 ans après la notification de l'arrêté contesté. Le requérant demande l'annulation de cette ordonnance.

■ *Portée*

Le principe général du droit de sécurité juridique engendre généralement des droits sans « contrepartie » au bénéfice du public en relation avec l'administration. Le présent arrêt établit très clairement que ce principe doit pouvoir se lire comme un compromis entre les droits et obligations réciproques de l'administration et du public. En effet, le CE l'interprète comme engendrant une obligation de délai raisonnable (qui existe d'ailleurs dans d'autres domaines de l'action administrative, par exemple en matière d'obligation pour le gouvernement de prendre les règlements d'application des lois) pour saisir le juge. La sécurité juridique doit donc s'interpréter comme une exigence, pour tous, de réagir face à une situation susceptible de porter une atteinte à une situation juridique, faute, au-delà de ce délai « raisonnable », de se trouver face à une modification juridique irrévocable.

Le CE refuse donc de reconnaître un droit à contester indéfiniment une décision administrative individuelle, dès lors que son destinataire en a eu connaissance, ce qui était bien le cas en l'espèce puisqu'il s'agissait d'une décision expresse.

Cette jurisprudence établit clairement le rôle créateur du juge qui, en l'absence de texte, fixe à la fois les principes (sécurité juridique/droit effectif au recours) et les règles de leur conciliation (délimitation du délai de recours). Certains pourront critiquer le côté « subjectif » de la solution, qui consacre un délai de recevabilité du recours contentieux d'un an maximum sans explication particulière. Le juge a en tout état de cause l'obligation de statuer, et il lui appartient dans cette mesure de dégager des solutions « praticables » et équilibrées. En l'espèce, il apparaît que la solution retenue, tout en sauvegardant les droits des requérants potentiels, donne une perspective rassurante à l'administration quant à la « fixation » de ses décisions. Le CE s'en explique d'ailleurs clairement, en invoquant les nécessités tirées de ne pas mettre en péril « la stabilité des situations juridiques et la bonne administration de la justice », raisons d'ordre public.

Le « délai raisonnable » n'est pas toujours, dans d'autres domaines (comme l'obligation pour le pouvoir réglementaire d'appliquer la loi, ou la lenteur des juridictions), précisée explicitement : c'est en général, pour le juge, un cas d'espèce. Ceci étant, l'arrêt indique bien que ce délai est applicable « en règle générale et sauf circonstances particulières », ce qui laisse la porte ouverte à une certaine flexibilité (que d'aucuns estimeront contraire à la sécurité juridique...).

Cet arrêt contribue à la diminution du champ d'application de l'imprescriptibilité en droit administratif. Cette dernière pouvait d'ailleurs parfois résulter du fait de la juridiction administrative, et particulièrement du CE. Ainsi, récemment, la loi du 20 avril 2016 relative à la déontologie et aux droits et obligations des fonctionnaires, a modifié l'article 19 du Titre I du statut général de la fonction publique en précisant, en contradiction avec une jurisprudence constante consacrant l'imprescriptibilité des poursuites disciplinaires, qu'« aucune procédure disciplinaire ne peut être engagée au-delà d'un délai de trois ans à compter du jour où l'administration a eu une connaissance effective de la réalité, de la nature et de l'ampleur des faits passibles de sanction ».

Cette décision prête néanmoins à la critique dès lors qu'on peut craindre un « détournement de jurisprudence » par certaines administrations, qui pourraient être tentées d'omettre sciemment les délais de recours dans certaines de leurs décisions individuelles, espérant une forclusion de leur destinataire.

Pour aller plus loin

- **CE, ass., 28 juin 2002, *Garde des sceaux, ministre de la justice c/Magiera, n° 239575***: condamnation de l'État à indemniser un justiciable ayant attendu 7 ans une décision de la justice administrative.
- **CE, 5 décembre 2005, *Mme Tassius*** : la prescription quadriennale a pour but « notamment de garantir la sécurité juridique des collectivités publiques ».
- **CE, ass., 24 mars 2006, *Sté KPMG*** : consécration du principe de sécurité juridique.
- **CE, sect., 15 juillet 2004, *Epx Damon*** : en cas de naissance d'une décision implicite de rejet du recours administratif formé par un tiers contre un permis de construire, résultant du silence gardé par l'administration pendant le délai de deux mois, le nouveau délai ouvert à l'auteur de ce recours pour saisir la juridiction court dès la naissance de cette décision implicite, qu'il ait été ou non accusé réception de ce recours.
- **CE, sect., 31 mars 2017, *M. A., n° 389842*** : extension aux recours administratifs préalables obligatoires (RAPO) de la jurisprudence *Czabaj*, en l'occurrence aux recours concernant le recouvrement des impôts, taxes, redevances et sommes quelconques dont la perception incombe aux comptables publics.

Le contrat administratif

Chapitre 6

L'administration peut conclure soit des contrats de droit privé soumis au droit privé, soit des contrats de droit public dits contrats administratifs soumis à un régime juridique particulier de droit public, régime exorbitant du droit commun destiné à sauvegarder l'intérêt général. Les contrats administratifs relèvent de la compétence du juge administratif. La qualification juridique du caractère administratif ou non du contrat est donnée soit par la loi (marchés publics ; ex. délégation de service public), soit par l'application d'un critère jurisprudentiel. Dans ce second cas, il faut considérer qu'un contrat est administratif du moment qu'il est conclu par une personne publique et qu'il comporte des clauses exorbitantes du droit commun, ou qu'il a pour objet l'exécution même du service public.

La notion de contrat administratif et son régime ont largement été forgés par la juridiction administrative, dans plusieurs arrêts classiques.

1 CE, 10 janvier 1902, *Compagnie nouvelle du gaz de Déville-lès-Rouen*

« Considérant que la commune de Déville-Lès-Rouen soutient que si elle a concédé à la Compagnie requérante le privilège exclusif de l'éclairage par le gaz, ce privilège, dans le silence des traités de 1874 et de 1887, ne s'étend pas à l'éclairage par tout autre moyen et notamment par celui de l'électricité, la commune n'ayant pas renoncé au droit de faire profiter ses habitants de la découverte d'un nouveau mode d'éclairage ; [...]
Considérant qu'il sera fait droit à ce qu'il y a de fondé dans leurs prétentions contraires en reconnaissant à la Compagnie du gaz le privilège de l'éclairage par n'importe quel moyen et à la commune de Deville la faculté d'assurer ce service au moyen de l'électricité, en le concédant à un tiers dans le cas où la Compagnie requérante dûment mise en demeure refuserait de s'en charger aux conditions acceptées par ce dernier ; »
(Annulation).

■ Faits

La commune de Déville-Lès-Rouen concède à la Compagnie requérante le privilège exclusif de l'éclairage de la ville par le gaz. Quelques années plus tard, pendant l'exécution du contrat, l'éclairage électrique se répand et la commune demande à son concessionnaire de modifier l'éclairage en passant à l'électricité, nouveau mode d'éclairage. La compagnie refuse et forme un recours de plein contentieux devant la juridiction administrative dans le but d'être indemnisée du préjudice causé par le choix fait par la commune d'une autre entreprise pour équiper la ville en éclairage électrique.

■ Portée

Le revirement qu'opère le Conseil d'État en ce qui concerne le régime du contrat administratif est considérable : plutôt que de valoriser le privilège d'exploitation dont dispose le concessionnaire, il reconnaît à l'administration contractante le pouvoir de modifier le service public confié à son concessionnaire, dans le but de garantir l'adaptation du service public aux exigences de l'intérêt général. C'est le principe de « mutabilité » du contrat administratif qui est consacré.

Il s'agit en l'occurrence, en vertu des règles générales applicables aux contrats administratifs, de pouvoir les adapter aux innovations techniques, et plus précisément au passage du gaz à l'électricité. C'est, on l'a dit, la consécration du principe de mutabilité du contrat administratif, qui quelques années plus tard (en 1910, V. *infra*) entraînera plus clairement en jurisprudence la reconnaissance d'un pouvoir de modification unilatérale des clauses du contrat liées à l'exécution du service public.

La jurisprudence a, par la suite, donné encore plus de pouvoirs à l'administration dans le cadre du contrat administratif. Elle peut ainsi décider de sanctions à l'encontre de son cocontractant fautif, même en l'absence de clauses le précisant dans le contrat. Elle peut aussi lui demander de réparer le dommage qu'elle aurait subi dans le cadre de l'exécution du contrat. Quelques années plus tard, le Conseil d'Etat précisera même que l'administration doit pouvoir décider unilatéralement de mettre fin au contrat (résiliation), si cela répond à un motif d'intérêt général, dans l'intérêt même du service public. Dans cette hypothèse, évidemment, le cocontractant de l'administration a le droit de percevoir une indemnisation.

Le Conseil d'État, dans la défense de l'intérêt général, trouve une solution de compromis équilibré. En effet, s'il reconnaît à l'autorité administrative le pouvoir d'imposer à son cocontractant telle ou telle modalité technique de satisfaction de l'intérêt général, sous peine de substituer un nouveau cocontractant à celui initial (après mise en demeure), celui-ci dispose en contrepartie, en principe, de droits exclusifs ou privilégiés d'exploitation.

Sur un point plus technique, cette décision établit clairement le pouvoir d'interprétation du juge du contrat sur le contenu du contrat dont il est saisi : dans le silence des stipulations, il lui appartient d'en combler les lacunes : c'est même une obligation qui lui est faite. Il se base, dans cette hypothèse, sur ce qu'il peut estimer constituer l'esprit du contrat, et la volonté commune des parties qu'il peut identifier. Ceci étant, il est clair que l'interprétation faite par le Conseil d'Etat oriente la solution dans le sens de la garantie de l'accomplissement de l'activité de service public que le contrat a pour but d'organiser.

Pour aller plus loin

- **CE, 21 mars 1910, *Compagnie générale française des tramways***: consécration du pouvoir de modification unilatérale du contrat administratif par l'administration dans l'intérêt du service.
- **CE, 30 juin 2004, *Département de la Vendée :*** le concessionnaire peut bénéficier de facilités particulières dans l'utilisation du domaine public, sans aller en principe jusqu'à lui consacrer un monopole d'utilisation.
- **CE, 27 octobre 2010, *Syndicat intercommunal des transports publics de Cannes – Le Cannet – Mandelieu La Napoule***: la société titulaire du contrat administratif de transport en commun a continué à assurer la desserte de la ligne des transports dont elle avait la charge, dans les conditions prévues initialement par la convention en refusant de prendre en compte la nouvelle organisation du service public des transports fixé par la collectivité ; ainsi elle a commis une faute de nature à justifier la résiliation de la convention.
- **CE, ass., 21 décembre 2012, *Commune de Douai***: « les parties peuvent convenir d'une faculté de reprise par la personne publique, à l'expiration de la délégation ou de la concession de service public, et moyennant un prix, des biens appartenant au délégataire qui ne sont pas nécessaires au fonctionnement du service ; toutefois, aucun principe ni aucune règle ne fait obstacle, s'agissant de ces biens susceptibles d'une reprise, à ce que le contrat prévoie également leur retour gratuit à la personne publique au terme de la délégation ».

2 CE, 29 janvier 1909, *Compagnie des messageries maritimes*

« Considérant qu'aux termes de l'article 35 du cahier des charges annexé à la convention du 30 juin 1886 et maintenu par la convention du 5 novembre 1894 passée entre l'État et la Compagnie des messageries maritimes pour l'exécution des services maritimes postaux, tout retard au départ des paquebots rend la Compagnie passible d'une amende, sauf le cas de force majeure dûment constaté ;
Considérant que les grèves partielles ou générales, qui peuvent se produire au cours d'une entreprise, n'ont pas nécessairement, au point de vue de l'exécution du contrat qui lie l'entrepreneur au maître de l'ouvrage, le caractère d'événements de force majeure ; qu'il y a lieu, dans chaque espèce, par l'examen des faits de la cause, de rechercher si la grève a eu pour origine une faute grave de la part de l'entrepreneur, si elle pouvait être évitée ou arrêtée par lui, et si elle a constitué pour lui un obstacle insurmontable à l'accomplissement de ses obligations ;
Considérant qu'à la suite de réclamations formulées par les inscrits maritimes contre plusieurs officiers de la marine marchande employés par diverses compagnies de navigation et de mises à l'index ayant eu pour effet d'obtenir le débarquement de ces officiers, tous les états-majors des navires de commerce du port de Marseille ont décidé de se solidariser et de cesser le travail tant que les compagnies, qui avaient cédé aux menaces des inscrits maritimes, n'auraient pas réintégré dans leur emploi les officiers débarqués ;
Considérant, d'une part, que la grève générale des états-majors de la marine marchande survenue dans ces circonstances, n'avait pas pour origine une faute de la Compagnie des messageries maritimes ; que cette Compagnie, qui était étrangère au conflit existant entre les inscrits maritimes et les états-majors, n'avait pas le pouvoir de la prévenir ni de l'arrêter, qu'il n'est nullement établi qu'elle ait cherché à la favoriser, et qu'il n'est relevé à sa charge aucun fait de nature à engager de ce chef sa responsabilité ; qu'ainsi, la grève générale des états-majors a eu à l'égard de la Compagnie des messageries maritimes le caractère d'un événement indépendant de sa volonté, qu'elle était impuissante à empêcher ;
Considérant, d'autre part, que la grève générale des états-majors avait pour conséquence de rendre impossible le départ des paquebots de la Compagnie et l'exécution du service postal qui lui était confié ; que l'État n'a, à aucun moment, offert à la Compagnie des messageries maritimes, ainsi qu'il l'a fait pour d'autres compagnies, le concours des officiers de la marine nationale ; qu'il s'agissait pour elle, non d'une simple gêne, mais d'un obstacle insurmontable ; »
(Annulation, condamnation de l'État).

■ *Faits*

L'État avait concédé à la Compagnie des messageries maritimes des services postaux. Il lui avait infligé des sanctions pécuniaires consécutivement à l'inexécution du service postal qui lui était confié. Or, cette inexécution trouvait sa source dans un mouvement de grève générale des états-majors de la marine marchande, en conflit avec des inscrits maritimes. La Compagnie des messageries maritimes demande à être exonérée de sa responsabilité contractuelle en raison de cette grève, qu'elle considère comme un cas de force majeure.

■ *Portée*

La ***force majeure*** permet au cocontractant de l'administration, en vertu de cette décision, de s'exonérer de ses obligations contractuelles. Pour être ainsi qualifiée, elle doit résulter de faits indépendants de la volonté du cocontractant (lui être donc extérieure), être imprévisible et irrésistible, et enfin elle doit rendre définitivement impossible l'exécution du contrat administratif, ce qui va conduire à la rupture non fautive du contrat lorsqu'elle a un caractère définitif.

En l'occurrence, ces conditions sont remplies, et la Compagnie obtient gain de cause.

La grève est ici reconnue comme un fait générateur de la force majeure même si ce n'est pas systématique, notamment dans le cas où le cocontractant a provoqué la grève (*CE, 23 juin 1944, Ville de Toulon*). La force majeure, une fois reconnue, empêche d'engager la responsabilité du concessionnaire.

La force majeure est d'application très rare compte tenu de ses conditions très strictes. C'est normal, car elle conduit à exonérer de l'accomplissement normal de la mission de service public en cause. C'est aussi une exception à la possibilité pour l'administration de sanctionner son cocontractant défaillant. Et enfin, c'est aussi une exception à l'une des « lois de Rolland » que constitue la continuité du service public. En l'espèce, le cas de force majeure est temporaire, mais le juge va par la suite (*V. infra, CE, 9 déc. 1932, Compagnie des tramways de Cherbourg*) envisager le cas d'une hypothèse de force majeure définitive qui pourra justifier la fin du contrat.

Pour aller plus loin

- **CE, 9 décembre 1932, *Compagnie des tramways de Cherbourg*** : le Conseil d'État donne sa version définitive de la force majeure administrative : dans le cas où les conditions économiques nouvelles ont créé une situation définitive qui ne permet plus au concessionnaire d'équilibrer ses dépenses avec les ressources dont il dispose, le concédant ne saurait être tenu d'assurer aux frais des contribuables, et contrairement aux prévisions essentielles du contrat, le fonctionnement d'un service qui a cessé d'être viable ; dans cette hypothèse, la situation nouvelle ainsi créée constitue un cas de force majeure et autorise à ce titre aussi bien le concessionnaire que le concédant, à défaut d'un accord amiable sur une orientation nouvelle à l'exploitation, à demander au juge la résiliation de la concession, avec indemnité s'il y a lieu, et en tenant compte tant des stipulations du contrat que de toutes les circonstances de l'affaire.
- **CE, 14 juin 2000, *Commune de Staffelfelden*** : application de la force majeure administrative à un contrat d'alimentation en eau potable de la commune.
- **CE, 6 juillet 2015, *B. c/ centre pénitentiaire de Draguignan*** : les inondations cause du dommage à un détenu, résultant « de la conjonction imprévisible de plusieurs phénomènes » et qui ont présenté « une intensité exceptionnelle, sans précédent dans ce département depuis 1827 », ont constitué un cas de force majeure exonérant entièrement l'Etat de sa responsabilité.
- **CE, 21 septembre 2016, *Min. des finances et des comptes publics c/M. et Mme B..., n° 386250*** : un cas de force majeure peut exonérer du respect d'une obligation légale, alors même que la loi ne réserve pas le cas de la force majeure (retard de déclaration fiscale).

3 CE, 21 mars 1910, *Compagnie générale française des tramways*

« Considérant que l'arrêté du préfet des Bouches-du-Rhône a été pris dans la limite des pouvoirs qui lui sont conférés par l'article 33 du règlement d'administration publique du 6 août 1881, pris en exécution des lois du 11 juin 1880 (art. 38) et du 15 juillet 1845 (art. 21), lesquels impliquent pour l'administration le droit non seulement d'approuver les horaires des trains au point de vue de la sécurité et de la commodité de la circulation, mais encore de prescrire les modifications et les additions nécessaires, pour assurer, dans l'intérêt du public, la marche normale du service ; qu'ainsi la circonstance que le préfet aurait, comme le soutient la Compagnie des tramways, imposé à cette dernière un service différent de celui qui avait été prévu par les parties contractantes ne serait pas de nature à entraîner à elle seule, dans l'espèce, l'annulation de l'arrêté préfectoral du 23 juin 1903 ; que c'est par suite à tort que le conseil de préfecture a, par l'arrêté attaqué, prononcé cette annulation ; qu'il appartiendrait seulement à la Compagnie, si elle s'y croyait fondée, de présenter une demande d'indemnité en réparation du préjudice qu'elle établirait lui avoir été causé par une aggravation ainsi apportée aux charges de l'exploitation ; »
(Annulation de l'arrêté du conseil de préfecture ; rejet).

■ *Faits*

Dans le but de mieux satisfaire les besoins de la population, le préfet des Bouches-du-Rhône a imposé un service de tramways renforcé à la Compagnie générale française des tramways, alors que cette faculté d'augmentation ne figurait pas dans le cahier des charges. La compagnie soutenait qu'il s'agissait d'une question qui devait être réglée par les clauses contractuelles de la concession, et que l'État ne pouvait donc agir en la matière sans son accord.

■ *Portée*

Poussant les conséquences liées à l'exigence d'adaptation du service public à leur maximum, le Conseil d'État consacre dans cet arrêt de façon explicite le pouvoir de modification unilatérale de l'administration au sein des contrats administratifs, en dehors de toute expression de volonté dans le contrat. C'est un pouvoir qui exprime le régime juridique spécifique des contrats administratifs par rapport au contrat de droit privé, et qui s'applique même sans texte et aussi ***dans le silence*** des dispositions contractuelles : c'est, pour le formuler autrement, une compétence discrétionnaire de l'administration qui doit bien sûr être justifiée par l'intérêt général. Une clause d'un contrat administratif qui l'interdirait serait sans valeur.

Ce pouvoir trouve son fondement dans le pouvoir d'organisation du service, lié à l'exercice de la puissance publique. Le contractant ne peut donc pas s'opposer à une modification des conditions d'organisation ou du fonctionnement du service, si elle répond bien à un besoin ***d'intérêt général***. C'était bien le cas en l'espèce : il s'agissait d'assurer « dans l'intérêt du public, la marche normale du service ». Cette solution résulte de la proposition faite à la juridiction par le commissaire du gouvernement Léon Blum dans ses conclusions : « Il est évident que les besoins auxquels un service public de cette nature doit satisfaire et, par suite, les nécessités de son exploitation, n'ont pas un caractère invariable... L'État (...) interviendra donc nécessairement pour imposer, le cas échéant, au concessionnaire, une prestation supérieure à celle qui était prévue strictement..., en usant non plus des pouvoirs que lui confère la convention, mais du pouvoir qui lui appartient en tant que puissance publique ».

On doit comprendre de cette théorie jurisprudentielle qu'en cas de modification unilatérale, le cocontractant de l'administration ne bénéficie que du droit à percevoir une indemnité qui vient en compensation intégrale des charges nouvelles qui lui sont imposées : du préjudice causé et du manque à gagner. Les conditions financières du contrat ne peuvent donc faire l'objet d'une modification unilatérale. L'objet même du contrat, sa substance, ne peut non plus faire l'objet d'une modification. Ainsi, les clauses de l'équilibre financier ne peuvent pas être modifiées unilatéralement.

Aujourd'hui, cependant, la résiliation est souvent précisée dans ses modalités par le contrat lui-même. Mais conformément aux principes jurisprudentiels, la prérogative de résiliation unilatérale peut être aménagée par le contrat et prévoir, les modalités de calcul de l'indemnité pour rupture anticipée du contrat. Comme l'a indiqué le commissaire du gouvernement Blum, le juge du contrat peut, si les modifications apportées par l'administration au contrat en bouleversent l'économie, prononcer la résiliation au profit du concessionnaire.

Pour aller plus loin

- **CE, ass., 2 mai 1958, *Distillerie de Magnac-Laval*** : le pouvoir de modification unilatérale va jusqu'à la possibilité pour l'administration de mettre fin prématurément au contrat, pour motif lié à l'intérêt général ; pouvoir qui appartient à l'administration « *en tout état de cause, en vertu des règles générales applicables aux contrats administratifs* ».
- **CE, 2 février 1983, *Union des transports publics urbains et régionaux*** : l'autorité organisatrice du service public de transport d'intérêt local peut « *apporter unilatéralement des modifications à la consistance des services et à leurs modalités d'exécution* ». Il s'agit là uniquement de l'application « *des règles générales applicables aux contrats administratifs* ».
- **CE, ass., 2 février 1987, *Société TV6*** : confirmation du pouvoir de résiliation du contrat dans l'intérêt général, en matière audiovisuelle.
- **CE, 31 juillet 2009, *Société Jonathan Loisirs*** : en l'absence de clause contraire, la société requérante est en droit d'obtenir réparation du préjudice direct et certain résultant de la résiliation avant terme de la convention d'occupation domaniale qui la liait à la commune.
- **CE, 4 avril 2016, *Communauté d'agglomération du centre de la Martinique*** : en cas d'urgence, la continuité du service autorise la personne publique à conclure à titre provisoire une nouvelle délégation de service public sans avoir à respecter les règles de concurrence.

4 CE, 31 juillet 1912, *Société des granits porphyroïdes des Vosges*

« Considérant que la réclamation de la Société des granits porphyroïdes des Vosges tend à obtenir le paiement d'une somme de 3 436,20 F, qui a été retenue à titre de pénalité par la ville de Lille, sur le montant du prix d'une fourniture de pavés, en raison des retards dans les livraisons ;
Considérant que le marché passé entre la ville et la Société était exclusif de tous travaux à exécuter par la Société et avait pour objet unique des fournitures à livrer selon les règles et conditions des contrats intervenus entre particuliers, qu'ainsi ladite demande soulève une contestation dont il n'appartient pas à la juridiction administrative de connaître ; que, par suite, la requête de la Société n'est pas recevable ; »
(Rejet).

Faits

La Société des granits porphyroïdes des Vosges a fait l'objet de pénalités par la ville de Lille, sur le montant du prix d'une fourniture de pavés, en raison de retards dans les livraisons. La société en demande la restitution devant le juge administratif, estimant qu'il s'agit d'un litige se développant dans le cadre d'un contrat administratif.

Portée

Le Conseil d'État, jugeant que le contrat avait « pour objet unique des fournitures à livrer selon les règles et conditions des contrats intervenus entre particuliers », considère qu'ainsi « la demande soulève une contestation dont il n'appartient pas à la juridiction administrative de connaître ». Il affine à cette occasion, dans cet arrêt, le critère d'identification du caractère administratif des contrats de l'administration. Celle-ci peut, en effet, passer des contrats administratifs mais peut aussi décider de passer des contrats dans les conditions du droit commun.

C'est Léon Blum qui a rendu ses conclusions sur cet arrêt célèbre, et qui avait indiqué que « *ce qu'il faut examiner, c'est la nature du contrat lui-même indépendamment de la personne qui l'a passé et de l'objet en vue duquel il a été conclu* ». Il est suivi par le Conseil d'État dans la mesure où celui-ci consacre implicitement le critère de la présence de ***clauses exorbitantes*** pour qualifier un contrat d'administratif. En l'occurrence, le Conseil d'État retient que le contrat entre la ville de Lille et la Société des granits porphyroïdes des Vosges avait pour but unique la fourniture de pavés, dans des règles et des conditions identiques à celles qu'auraient pu conclure des particuliers : il en déduit que le contrat n'est pas administratif, et décline la compétence de la juridiction administrative.

Cet arrêt se situe dans la droite ligne de l'arrêt *Terrier* de 1903, dans lequel le Conseil d'État développait déjà le critère de la gestion privée afin d'identifier le service public. L'absence de toute clause exorbitante, malgré la présence d'une personne publique au contrat, conduit à refuser le caractère administratif au contrat. *A contrario*, la présence dans un contrat d'une seule clause exorbitante du droit commun va conduire à qualifier le contrat dans son ensemble comme administratif.

On doit simplement déplorer que la référence à la prérogative de puissance publique ne soit pas plus explicite, encore aujourd'hui (ce qui permet de relativiser la critique, identique, faite au critère tiré de l'exécution du service public afin de qualifier un contrat d'administratif). On peut toutefois préciser qu'une telle clause n'est pas possible dans un contrat de droit privé entre particuliers, celle permettant à l'administration de résilier le contrat de façon unilatérale. Il peut aussi s'agir d'une clause inégalitaire, ou inspirée par des considérations de police et d'ordre public. L'un des intérêts majeurs du critère tiré de la présence d'une clause exorbitante au contrat est qu'elle permet aux parties de choisir sous quel régime elles vont être soumises : si elles décident d'insérer une telle clause dans le contrat, ce sera un régime de droit public ; si elles y renoncent, le contrat restera de droit privé (sauf à remplir les autres conditions définies dans l'arrêt *Bertin* de 1956). Rappelons pour terminer que la simple présence d'une clause exorbitante ne suffit pas à qualifier un contrat d'administratif : il faut qu'en plus le contrat comprenne au moins une personne publique.

Enfin, il faut se référer aux différentes affaires jugées pour illustrer la notion de clause exorbitante. Mais le Conseil d'État a encadré son identification de la façon suivante : il peut s'agir de la clause « qui a pour objet de conférer aux parties des droits ou de mettre à leur charge des obligations étrangers par leur nature à ceux qui sont susceptibles d'être librement consentis par quiconque dans le cadre des lois civiles et commerciales » (*CE, 20 octobre 1950, Stein*).

Pour aller plus loin

- **CE, sect., 19 janvier 1973, *Société d'exploitation électrique de la rivière du Sant*** : certains contrats sont administratifs en raison du ***régime*** de droit public dans lequel ils baignent.
- **T. confl., 8 juillet 2013, *Société d'Exploitation des Énergies Photovoltaïques*** : le contrat de raccordement d'une installation de production d'électricité d'origine photovoltaïque au réseau d'électricité est un contrat de droit privé, de la compétence judiciaire.
- **T. confl., 9 décembre 2013, *EURL Aquagol*** : le litige né de l'exécution d'une convention conclue entre un concessionnaire privé de service public et un tiers, comportant occupation d'une dépendance du domaine public, relève de la compétence des juridictions administratives.
- **T. confl., 11 avril 2016, *Société Fosmax LNG, n° 4043*** : la nature juridique d'un contrat s'apprécie à la date de sa conclusion sans que la transformation de la personne publique signataire en personne privée, ou la cession rétroactive du contrat à une société privée n'aient pour effet d'en modifier la nature juridique.
- **CE, 11 mai 2016, *B. c/commune de Bordeaux*** : la convention tripartite appelée « accord autonome », conclue par la personne publique, le titulaire du contrat de partenariat et les établissements bancaires, a pour objet de garantir la continuité du financement du projet, objet du contrat de partenariat, en cas de recours des tiers contre ce contrat ou l'un de ses actes détachables et d'annulation ou de déclaration ou de constatation de nullité du contrat de partenariat par le juge ; même si elle constitue l'accessoire du contrat de partenariat, cette convention met à la charge des parties signataires des obligations indépendantes de celles nées du contrat de partenariat et ne constitue pas, par suite, en elle-même un contrat de la commande publique.

5 CE, 30 mars 1916, *Compagnie générale d'éclairage de Bordeaux*

« Au fond :
Considérant qu'en principe le contrat de concession règle d'une façon définitive, jusqu'à son expiration, les obligations respectives du concessionnaire et du concédant ; que le concessionnaire est tenu d'exécuter le service prévu dans les conditions précisées au traité et se trouve rémunéré par la perception sur les usagers des taxes qui y sont stipulées ; que la variation du prix des matières premières à raison des circonstances économiques constitue un aléa du marché qui peut, suivant le cas, être favorable ou défavorable au concessionnaire et demeure à ses risques et périls, chaque partie étant réputée avoir tenu compte de cet aléa dans les calculs et prévisions qu'elle a faits avant de s'engager ;
Mais considérant que, par suite de l'occupation par l'ennemi de la plus grande partie des régions productrices de charbon dans l'Europe continentale, [...] la hausse survenue au cours de la guerre actuelle, dans le prix du charbon, qui est la matière première de la fabrication du gaz, s'est trouvée atteindre une proportion telle que non seulement elle a un caractère exceptionnel dans le sens habituellement donné à ce terme, mais qu'elle entraîne dans le coût de la fabrication du gaz une augmentation qui, dans une mesure déjouant tous les calculs, dépasse certainement les limites extrêmes des majorations ayant pu être envisagées par les parties lors de la passation du contrat de concession que, par suite du concours des circonstances ci-dessus indiquées, l'économie du contrat se trouve absolument bouleversée ; que la Compagnie est donc fondée à soutenir qu'elle ne peut être tenue d'assurer, aux seules conditions prévues à l'origine, le fonctionnement du service tant que durera la situation anormale ci-dessus rappelée ;
Considérant qu'il résulte de ce qui précède que, [...] il serait tout à fait excessif d'admettre qu'il y a lieu à l'application pure et simple du cahier des charges comme si l'on se trouvait en présence d'un aléa ordinaire de l'entreprise ; qu'il importe, au contraire, de rechercher, pour mettre fin à des difficultés temporaires, une solution qui tient compte tout à la fois de l'intérêt général, lequel exige la continuation du service par la Compagnie à l'aide de tous ses moyens de production, et des conditions spéciales qui ne permettent pas au contrat de recevoir son application normale ; qu'à cet effet, il convient de décider, d'une part, que la Compagnie est tenue d'assurer le service concédé et, d'autre part, qu'elle doit supporter seulement, au cours de cette période transitoire, la part des conséquences onéreuses de la situation de force majeure ci-dessus rappelée que l'interprétation raisonnable du contrat permet de laisser à sa charge ; »
(Annulation ; renvoi devant le conseil de préfecture).

■ *Faits*

La Compagnie requérante tendait à faire condamner par la juridiction administrative la ville de Bordeaux à supporter l'aggravation des charges du contrat de concession de l'éclairage de la ville résultant de la hausse du prix du charbon pendant la Première Guerre mondiale, en raison de l'occupation par l'ennemi de la plus grande part des régions productrices de charbon. Le Conseil d'État devait donc décider si, dans le cadre du contrat administratif, l'administration pouvait être tenue à aider financièrement son concessionnaire.

■ *Portée*

L'arrêt rappelle d'abord les grands principes, classiques, du droit du contrat administratif de concession de service public : le contrat doit en principe régler les relations contractuelles jusqu'à la fin du contrat, y compris les aléas financiers, à la charge du concessionnaire. Ceci étant, le Conseil d'État, dans le but de garantir la continuité du service public géré dans le cadre de ce contrat, consacre la théorie de ***l'imprévision***, destinée à soutenir le contractant de l'administration qui fait face à des charges dites extracontractuelles. Le contractant bénéficie d'un droit à être ***aidé*** par l'administration en cas de survenance d'événements présentant un caractère anormal (exceptionnel) et imprévisible qui rendent particulièrement difficile la poursuite de l'exécution du contrat, entraînant un bouleversement du contrat, et dans lesquels le cocontractant de l'administration n'a aucune responsabilité (ni l'administration non plus, auquel cas il s'agirait d'un cas d'application d'une autre théorie, celle dite du « fait du prince »). Le cocontractant a alors droit à une indemnité d'imprévision, fixée par le juge sur demande du cocontractant en cas d'échec des négociations avec l'administration. L'indemnité n'est toutefois pas une aide inconditionnelle : est uniquement destinée à permettre la poursuite de l'exécution du contrat par le cocontractant, et est donc calculée par rapport à la date d'ouverture et de fin de la période « extracontractuelle ». Elle ne couvre pas l'intégralité de cette charge financière supplémentaire (généralement, elle en représente 80 % de cette charge « extracontractuelle »). On voit que le CE consacre ainsi une théorie qui, si elle bénéficie au cocontractant, a en réalité plus pour but de sauvegarder l'intérêt général.

L'aléa susceptible d'engendrer une situation d'imprévision peut être aussi bien naturel (catastrophe naturelle) qu'économique (dévaluation), juridique, « social » au sens large. Le critère réside dans le fait que ces circonstances ne peuvent avoir été raisonnablement prévues au moment de la conclusion du contrat.

En tout état de cause, le cocontractant a l'obligaton de continuer l'exécution du contrat malgré les difficultés, sans doute considérables, qu'il subit pendant la période « extracontractuelle ». À défaut, s'il interrrompt l'exécution du contrat, il commet une faute et l'imprévision ne sera plus applicable.

Cette théorie s'applique de façon générale dans le droit des contrats administratifs, même en l'absence de clause en ce sens.

Il faut aussi comprendre que cette théorie jurisprudentielle se distingue de celle, aussi jurisprudentielle, de la force majeure qui, si elle correspond aussi à des faits extérieurs et imprévisibles, ne permet plus la continuation du contrat, qui va prendre fin (c'est la condition tenant alors à « l'irrésistibilité » des faits bouleversant le contrat). Mais la frontière est parfois fine entre les deux cas, et il est possible que dans une première étape, l'imprévision soit envisagée (avec octroi d'une indemnité), puis qu'il faille considérer qu'un cas de force majeure prend la suite, justifiant la résiliation du contrat. Aujourd'hui, en principe, des clauses sont intégrées dans les contrats administratifs afin de prévenir l'application de la théorie de l'imprévision par le juge.

Pour aller plus loin

- **CE, 22 février 1963,** ***Ville d'Avignon*** : la distribution de dividendes n'est pas exclusive de l'octroi d'une indemnité d'imprévision.
- **CE, sect., 5 novembre 1982,** ***Société Propétrol*** : le cocontractant a toujours l'obligation d'exécuter intégralement son contrat.
- **CE, 10 février 2010,** ***Commune de Dieppe*** : le versement d'une indemnité d'imprévision n'est pas systématiquement exclue alors même que le marché a été résilié.

6 CE, sect., 20 avril 1956, *Époux Bertin*

« Sur la compétence :
Considérant qu'il résulte de l'instruction que, par un contrat verbal passé avec l'administration le 24 novembre 1944, les époux Bertin s'étaient engagés, pour une somme forfaitaire de 30 francs par homme et par jour, à assurer la nourriture des ressortissants soviétiques hébergés au centre de rapatriement de Meaux en attendant leur retour en Russie ; que ledit contrat a eu pour objet de confier, à cet égard, aux intéressés l'exécution même du service public alors chargé d'assurer le rapatriement des réfugiés de nationalité étrangère se trouvant sur le territoire français ; que cette circonstance suffit, à elle seule, à imprimer au contrat dont il s'agit le caractère d'un contrat administratif ; qu'il suit de là que, sans qu'il soit besoin de rechercher si ledit contrat comportait des clauses exorbitantes du droit commun, le litige portant sur l'existence d'un engagement complémentaire à ce contrat, par lequel l'administration aurait alloué aux époux Bertin une prime supplémentaire de 7,50 francs par homme et par jour en échange de l'inclusion de nouvelles denrées dans les rations servies, relève de la compétence de la juridiction administrative ; »
(Rejet avec dépens).

■ *Faits*

Les époux Bertin avaient, par contrat verbal, accepté d'héberger des ressortissants soviétiques qui se trouvaient en France au moment de la Libération. Ils demandent l'annulation de la décision par laquelle le ministre des anciens combattants et victimes de la guerre a refusé de leur verser le montant de primes supplémentaires pour nourriture qui auraient été prévues au contrat. Le ministre estime que le Conseil d'État n'est pas compétent, le contrat n'étant pas administratif.

■ *Portée*

Le Conseil d'État considère que l'absence de clause exorbitante du droit commun dans le contrat ne suffit pas à lui dénier le caractère de contrat administratif, contrairement à ce qu'une lecture stricte de l'arrêt *Granits des Vosges* de 1912 aurait pu laisser penser. Plus précisément, il faut comprendre que la présence d'une clause exorbitante n'est plus une condition nécessaire à la qualification de contrat administratif, mais suffisante si elle est présente (en plus du critère organique, toujours nécessaire).

L'arrêt, unifiant la jurisprudence antérieure, établit le critère moderne de qualification du caractère administratif des contrats de l'administration. Constitue désormais un contrat administratif « par nature », le contrat conclu par une personne publique (État, collectivité territoriale, établissement public, groupement d'intérêt public) – condition nécessaire, et qui comporte des clauses exorbitantes du droit commun ou a pour objet l'exécution même d'un service public – conditions alternatives –.

Cette solution a été depuis élargie aux différentes catégories de contrats administratifs, comme le louage de services (agents contractuels de droit public). Le cocontractant de l'administration peut aussi bien être une personne privée qu'une autre personne publique ; dans ce dernier cas, le juge administratif présume qu'il s'agit d'un contrat administratif. Une autre décision du même jour (*Ministre de l'Agriculture c/consorts Grimouard*) confirme cette jurisprudence en ce qui concerne les travaux publics.

On notera que dans l'autre arrêt du même jour, *Ministre de l'Agriculture c/Consorts Grimouard*, le Conseil d'État, toujours dans le domaine de la qualification du caractère administratif des contrats de l'administration, a précisé que des opérations tendant à la conservation et au développement de la forêt ont le caractère d'opérations de travaux publics et, quelle que soit la nature des stipulations incluses dans les contrats les concernant, ceux-ci tiennent de leur objet même, en raison du fait qu'ils sont relatifs à l'exécution d'une modalité du service public, le caractère de contrats administratifs. Il opte ainsi clairement pour la confirmation du service public comme critère d'identification du contrat administratif.

Ceci étant, cette jurisprudence ne doit pas être comprise comme liant systématiquement service public et contrat administratif : en effet, la portée de l'arrêt ne concerne « que » les services publics administratifs, mais pas les services publics industriels et commerciaux, pour lesquels joue une présomption de qualification de droit privé du contrat entre le service et le cocontractant.

Pour aller plus loin

- **CE, sect., 30 mai 1975,** ***Société d'équipement de la région montpelliéraine*** : le contrat passé entre un concessionnaire d'une zone à urbaniser et une entreprise privée est administratif parce qu'il a pour seul but la construction de voies publiques.
- **CE, 11 mai 1990,** ***Bureau d'aide sociale de Blénod-lès-Pont-à-Mousson*** : la présomption du caractère administratif des contrats passés entre personnes publiques peut se trouver renversée lorsque le contrat a pour but d'assurer à une des personnes publiques les prestations d'un service public à caractère industriel et commercial assuré par l'autre et lorsque le contrat « *ne fait naître entre les parties que des rapports de droit privé* ».
- **T. confl., 25 mars 1996,** ***Préfet de la région Rhône-Alpes, « Berkani »*** : les contrats d'engagement des personnels des personnes publiques chargées d'un service public administratif sont des contrats administratifs. V. aussi **T. confl., 24 avril 2017,** ***Mme S... c/ GIP Mission intercommunale Jeunesse et mission locale d'Argenteuil***, n° 4082.
- **CE, sect., 22 février 2007,** ***Association du personnel relevant des établissements pour inadaptés (APREI)*** : même en l'absence de prérogatives de puissance publique, une personne privée doit être regardée, dans le silence de la loi, comme assurant une mission de service public lorsque, eu égard à l'intérêt général de son activité, aux conditions de sa création, de son organisation ou de son fonctionnement, aux obligations qui lui sont imposées ainsi qu'aux mesures prises pour vérifier que les objectifs qui lui sont assignés sont atteints, il apparaît que l'administration a entendu lui confier une telle mission. V. aussi **CJUE, 19 décembre 2012, aff. C-159/11,** ***Azienda Sanitaria Locale di Lecce, Università del Salento***.
- **T. confl., 9 mars 2015,** ***Mme Rispal c/ASF*** : abandon de la jurisprudence **T. confl., 8 juillet 1963,** ***Sté entreprise Peyrot***. Dorénavant, « une société concessionnaire d'autoroute qui conclut avec une autre personne privée un contrat ayant pour objet la construction, l'exploitation ou l'entretien de l'autoroute ne peut, en l'absence de conditions particulières, être regardée comme ayant agi pour le compte de l'État » (litiges de la compétence des juridictions judiciaires).
- **T. confl., 6 juin 2016,** ***Commune d'Auvers-sur-Oise c/Association Groupement des campeurs universitaires de France*** : le contrat par lequel une association de campeurs donne un terrain en location à une commune pour accueillir des campeurs de passage non adhérents de l'association est administratif car la gestion par la commune de ce terrain pour les campeurs constitue une mission de service public.

La justice administrative

Chapitre 7

La juridiction administrative a pour mission de contrôler la légalité de l'action administrative, et de condamner l'administration à réparer les dommages qu'elle cause. Elle s'est bâtie progressivement sur le fondement de textes révolutionnaires : la loi des 16-24 août 1790 qui distingue les fonctions judiciaires des fonctions administratives, et qui interdit aux juges judiciaires de contrôle les opérations des corps administratifs ; et le décret du 16 fructidor an III qui réaffirme cette interdiction. La loi du 24 mai 1872 donne ensuite au Conseil d'État le pouvoir de trancher au nom du peuple français les litiges administratifs avec l'autorité de chose jugée : elle consacre le passage de la justice retenue à la justice déléguée.

1 CE, 13 décembre 1889, *Cadot*

« Considérant que le requérant demande au Conseil d'État d'annuler pour incompétence une décision, en date du 17 octobre 1885, par laquelle le ministre de l'Intérieur aurait rejeté la réclamation précitée, attendu qu'il n'appartiendrait ni au ministre, ni à aucune juridiction administrative d'en connaître, subsidiairement de faire droit à ladite réclamation ;
Considérant que du refus du maire et du conseil municipal de Marseille de faire droit à la réclamation du sieur Cadot, il est né entre les parties un litige dont il appartient au Conseil d'État de connaître (...) »
(Rejet).

Faits

Le maire de la ville de Marseille a, par arrêté du 2 mars 1877, supprimé l'emploi d'ingénieur directeur de la voirie et des eaux de la ville, occupé par le sieur Cadot. Celui-ci a saisi l'autorité judiciaire d'une demande en dommages-intérêts et en annulation de la décision ; la juridiction se déclare incompétente pour connaître de l'action introduite ; puis la juridiction administrative aussi. Le requérant a alors saisi le ministre de l'Intérieur d'une demande tendant à faire condamner la ville de Marseille à lui payer une indemnité pour l'atteinte portée à sa considération professionnelle. Il attaque ensuite le refus du ministre devant le Conseil d'État, qui se reconnaît compétent alors qu'aucun texte ne lui accorde explicitement cette compétence.

Portée

Administrer et juger sont à l'origine confondus. Les « juges » de l'administration sont des administrateurs actifs : roi, ministres. La loi des 16 et 24 août 1790, ainsi que le décret du 16 fructidor de l'an III, consacraient la compétence du ministre compétent pour régler les contestations contre les décisions administratives de ses services. La Constitution de l'an VIII crée bien, ensuite, le Conseil d'État (art. 52), mais sous la direction des consuls, et avec simplement pour charge de rédiger les projets de lois et les règlements d'administration publique, et de résoudre les difficultés qui s'élèvent en matière administrative : on reste sous le régime de la justice « retenue » (le Conseil d'État donne un avis ; ses « décisions » ne deviennent exécutoires qu'après signature du chef de l'État, même si celle-ci est presque systématique).

La loi du 24 mai 1872 introduit une innovation fondamentale : le Conseil d'État reçoit le pouvoir de trancher ***souverainement***, au nom du peuple français, les litiges administratifs : on passe de la justice retenue à la justice déléguée (son article 9 disposait en effet que « Le Conseil d'État statue souverainement sur les recours en matière contentieuse administrative et sur les demandes d'annulation pour excès de pouvoir formées contre les actes des diverses autorités administratives » ; c'est-à-dire que les décisions deviennent exécutoires dès leur lecture).

Par la décision *Cadot,* le Conseil d'État applique à plein la loi de 1872 et admet le recours juridictionnel direct en premier et dernier ressort devant lui. Le ministre est désormais considéré comme un administrateur et non comme un juge : les actes juridictionnels et les actes administratifs sont distingués. Cette décision signe donc l'abandon de la « théorie du ministre-juge ».

Les administrateurs doivent respecter la chose jugée par le juge administratif, la violation de celle-ci est assimilée à la violation de la loi. Le recours pour excès de pouvoir trouve donc une nouvelle justification. Symétriquement, le juge administratif ne peut faire acte d'administrateur.

Cet arrêt permet donc, dans la même perspective, de distinguer les actes juridictionnels des actes administratifs : les ministres n'émettent plus que des actes administratifs, pas des « jugements », réservés à l'époque au Conseil d'État (depuis, l'organisation de la juridiction administrative s'est nettement complexifiée ; avec un principe de compétence de droit commun en premier ressort transférée du CE aux TA). Cette solution ouvre la voie à un approfondissement de la distinction entre les recours administratifs, portés devant l'administration active elle-même (recours gracieux devant l'auteur de l'acte, ou recours hiérarchique devant un supérieur de l'auteur de l'acte), et les recours contentieux, comme le recours pour excès de pouvoir. La différence est fondamentale : l'administration peut ne pas répondre à une demande qui lui est faite, pas le juge administratif. L'effet est aussi juridiquement très différent : autorité de chose décidée de la décision faisant suite à un recours administratif ; autorité de chose jugée de la décision du juge. Il existe d'autres liens : ainsi, le recours administratif préalable à la saisine du juge, s'il est formé dans le délai de recours contentieux, prolonge celui-ci.

On peut néanmoins noter qu'il existe encore aujourd'hui une conséquence de la théorie du ministre-juge, même si celle-ci a été abandonnée avec l'arrêt *Cadot* : il s'agit de l'obligation pour le requérant de produire à l'appui de sa requête une *décision préalable* de l'administration, afin, selon les termes consacrés, de « lier le contentieux ». En théorie, cette nécessité est destinée à éviter les contentieux en permettant un règlement à l'amiable (il existe quelques exceptions, notamment en matière de travaux publics). D'ailleurs, la réglementation tend à multiplier les hypothèses de recours administratif préalable obligatoire (RAPO). La loi étend aussi dernièrement la procédure de médiation, préalable obligatoire ou non, à la saisine du juge.

Pour aller plus loin

- **Cons. const., 22 juillet 1980, *Validations d'actes administratifs*** : consécration comme principe fondamental reconnu par les lois de la République de l'indépendance de la juridiction administrative.
- **Cons. const., 23 janvier 1987, *Conseil de la concurrence*** : consécration comme principe fondamental reconnu par les lois de la République de la réserve de compétence du juge administratif en matière d'annulation et de réformation des actes administratifs.
- **T. confl., 4 novembre 1996, *Société Datasport c/Ligue nationale de football*** : compétence de la juridiction administrative, en matière économique, lorsque la ligue utilise des prérogatives de puissance publique pour ses missions de service public.
- **CE, 5 juin 2009, *M. De Villepin*** : le report de la nomination du procureur chargé d'une affaire dans le but de lui permettre de participer à la clôture de l'instruction d'une affaire dont il avait la charge n'est pas étranger à l'impératif de bonne administration du service public de la justice et n'est pas en l'espèce de nature à caractériser un détournement de pouvoir.

2 CE, ass., 7 février 1947, *D'Aillières*

« Sur la compétence :
Considérant qu'il résulte de l'ensemble des prescriptions législatives relatives au jury d'honneur et notamment de celles qui concernent tant sa composition et ses pouvoirs que les recours en révision dont il peut être saisi, que cet organisme a le caractère d'une juridiction qui, par la nature des affaires sur lesquelles elle se prononce, appartient à l'ordre administratif et relève à ce titre du contrôle du Conseil d'État statuant au contentieux ;
Considérant à la vérité qu'aux termes du 3e alinéa de l'article 18 bis ajouté à l'ordonnance du 21 avril 1944 par celle du 6 avril 1945, qui était en vigueur au moment de l'introduction de la requête et dont la modification ultérieure par l'ordonnance du 13 septembre 1945 n'a d'ailleurs eu ni pour but ni pour effet de changer sur ce point la signification, la décision du jury d'honneur "n'est susceptible d'aucun recours" ;
Mais Considérant que l'expression dont a usé le législateur ne peut être interprétée, en l'absence d'une volonté contraire clairement manifestée par les auteurs de cette disposition, comme excluant le recours en cassation devant le Conseil d'État ;
Sur la légalité de la décision attaquée :
Considérant qu'en raison du caractère juridictionnel ci-dessus reconnu à ses décisions, le jury d'honneur est tenu, même en l'absence de texte, d'observer les règles de procédure dont l'application n'est pas écartée par une disposition législative formelle, ou n'est pas incompatible avec l'organisation même de cette juridiction ;
Considérant qu'il est constant que le sieur d'Aillières, qui n'avait pas présenté de demande en vue d'être relevé de l'inéligibilité, n'a à aucun moment été informé par le jury d'honneur de l'instance pendante devant cette juridiction ; que, dès lors, la décision attaquée a été rendue sur une procédure irrégulière et que, par suite, sans qu'il soit besoin d'examiner les autres moyens, le requérant est fondé à en demander l'annulation ; »
(Annulation et renvoi).

■ *Faits*

Un jury d'honneur avait été créé au sortir de la Libération afin de relever de leur inéligibilité les parlementaires qui avaient été déchus du droit d'être élu de la nation en raison de leur vote en faveur de Pétain le 10 juillet 1940. M. D'Aillières et quatre autres anciens parlementaires déférèrent les décisions de refus de ce jury d'honneur les concernant.

■ *Portée*

Le Conseil d'État affirme la qualité de ***juridiction administrative*** spéciale du jury d'honneur, ce qui l'amène à retenir sa compétence juridictionnelle pour connaître de ses décisions. Il pose à cet effet les critères d'identification de la juridiction administrative : matériellement, il tranche un litige de façon définitive en fonction des règles de droit ; et organiquement, tant sa composition et ses pouvoirs que les recours en révision dont il peut être saisi, cet organisme est considéré comme ayant le caractère d'une juridiction. Il relève du Conseil d'État en raison de la nature des affaires sur lesquelles il se prononce, qui ne sont pas considérées comme strictement politiques, mais sont de l'ordre quasi disciplinaire.

On peut affirmer que le Conseil d'État applique donc, au regard de l'ensemble des éléments cités ci-dessus, une méthode du faisceau d'indices afin de qualifier un organisme de juridiction administrative, dans le silence ou l'obscurité des textes.

Enfin, l'arrêt a le mérite de préciser qu'un ***recours en cassation*** est toujours possible à l'encontre d'une décision juridictionnelle d'une juridiction administrative statuant en dernier ressort. Les décisions ultérieures, sans contredire cet arrêt, vont infléchir les indices retenus dans le sens d'une plus grande prise en compte des éléments de caractère *matériel*, tenant à la mission confiée à la juridiction. La référence à la matière disciplinaire va ainsi conduire plusieurs organes, comme le Conseil supérieur de la magistrature, à être qualifiés de juridiction administrative lorsqu'ils sont amenés à trancher en cette matière.

Pour aller plus loin

- **CE, ass., 12 décembre 1953, *De Bayo*** : les décisions des ordres professionnels en matière disciplinaire constituent des décisions juridictionnelles émanant d'une juridiction administrative.
- **CE, ass., 12 juillet 1969, *Sieur L'Étang*** : le caractère de juridiction administrative est reconnu au Conseil supérieur de la magistrature, organisme essentiellement composé de magistrats de l'ordre judiciaire, lorsqu'il est chargé de statuer sur les questions disciplinaires relatives à cet ordre.
- **CE, sect., 2 février 1945, *Moineau*** : le juge administratif de cassation contrôle l'incompétence de la juridiction, le vice de forme et de procédure, l'erreur de droit, l'exactitude matérielle des faits, la qualification juridique des faits, mais pas leur appréciation sauf dénaturation.
- **CE, 16 mai 2012, *M. Serval*** : le recours en révision prévu pour le Conseil d'État par le Code de justice administrative ne saurait, en l'absence de texte l'ayant prévu, être étendu aux autres juridictions régies par ce même code.

3 T. confl., 27 novembre 1952, *Préfet de la Guyane*

« Considérant que l'action engagée par les officiers ministériels de Cayenne devant le Tribunal civil de Cayenne et portée par eux en appel devant la Chambre d'appel détachée à Cayenne de la Cour d'appel de Fort-de-France, tend à obtenir la condamnation de l'État au paiement de dommages et intérêts en réparation du préjudice que leur aurait causé l'arrêt, pendant une certaine période, du fonctionnement des juridictions auprès desquelles ils exerçaient leurs fonctions en Guyane ;

Considérant que les actes incriminés sont relatifs non à l'exercice de la fonction juridictionnelle mais à l'organisation même du service public de la justice ; que l'action des requérants a pour cause le défaut de constitution des tribunaux de première instance et d'appel dans le ressort de la Guyane, résultant du fait que le gouvernement n'a pas pourvu effectivement ces juridictions des magistrats qu'elles comportaient normalement ; qu'elle met en jeu la responsabilité du service public indépendamment de toute appréciation à porter sur la marche même des services judiciaires ; qu'il appartient dès lors à la juridiction administrative d'en connaître et que c'est à bon droit que le préfet a élevé le conflit dans l'instance ; » (arrêté de conflit du préfet de la Guyane confirmé).

■ *Faits*

L'action engagée par les officiers ministériels de Cayenne devant la juridiction judiciaire, tend à obtenir la condamnation de l'État au paiement de dommages et intérêts en réparation du préjudice que leur aurait causé l'arrêt du fonctionnement des juridictions auprès desquelles ils exerçaient leurs fonctions en Guyane, du fait de retards dans les nominations des magistrats.

■ *Portée*

La séparation des autorités conduit à une répartition des compétences juridictionnelles complexe en ce qui concerne le service public de la justice judiciaire. Cette dernière est en effet un service public au sens organique et matériel du terme, ce qui amène la juridiction administrative à développer un certain contrôle sur elle. La décision *Préfet de la Guyane* donne la clef de répartition des compétences : le juge administratif se refuse à connaître du fonctionnement du service public judiciaire, mais il accepte de statuer sur les mesures relatives à l'organisation du service judiciaire.

Cette solution a toutes les apparences de la logique, et permet une immixtion minimum de la juridiction administrative au sein de la justice judiciaire.

La référence au ***fonctionnement*** renvoie au prononcé même des jugements (actes juridictionnels des juges judiciaires, comme un jugement d'un Conseil des prud'hommes – par exemple la responsabilité de l'État pour le choix inadéquat d'une mesure de protection d'un incapable majeur), aux actes de procédure (comme une saisie de biens par l'administration suite à une infraction pénale faisant l'objet d'une procédure pénale ; ou comme le refus du préfet de saisir le parquet d'une cour d'appel d'un déclinatoire de compétence), aux actes préparatoires au procès (comme les mesures de police judiciaire et la responsabilité qui y est associée, devant la juridiction judiciaire – par exemple en cas de fautes des fonctionnaires de police au cours d'une opération de police judiciaire –, ou encore la décision du procureur de la République de mettre en mouvement l'action publique).

La référence à ***l'organisation*** du service public judiciaire renvoie à de nombreux actes, cette fois administratifs, relatifs à : la création de juridictions (au sens de création d'un tribunal dans une circonscription territoriale), à leur suppression, aux mesures relatives à la carrière des magistrats (comme les sanctions, l'élection de certains membres au Conseil supérieur de la magistrature, les nominations, l'avancement, la notation...). La juridiction administrative est ainsi compétente pour statuer sur les litiges relatifs à la responsabilité de l'État consécutive à un arrêt temporaire du fonctionnement de juridictions, comme c'est le cas dans l'espèce commentée.

Le Conseil d'État a une interprétation large de la notion de fonctionnement du service judiciaire, et symétriquement une conception stricte de la compétence du juge administratif, ce qui s'explique par la volonté de sauvegarder l'indépendance du service public de la justice judiciaire.

Pour aller plus loin

- **CE, sect., 14 mars 1975, *Rousseau***: les sanctions prises à l'encontre d'un magistrat sont contrôlées par le Conseil d'État.
- **CE, ass., 17 avril 1953, *Falco et Vidaillac***: les élections des membres au Conseil supérieur de la magistrature sont contrôlées par le Conseil d'État.
- **CE, 30 novembre 1923, *Couitéas***: le juge administratif est compétent pour connaître du refus de l'administration de prêter main-forte, pour assurer l'exécution de décisions du juge judiciaire (*CE, Ass., 3 juin 1938, Société La cartonnerie et imprimerie Saint-Charles*).
- **CE, 19 février 2010, *M. Molline et autres***: compétence du juge administratif, en matière de réforme de la carte judiciaire, avec annulation de la suppression du tribunal pour enfant et du tribunal de l'application des peines de Moulins.
- **T. confl., 9 mars 2015, *Consorts R. c/Min. intérieur***: les dommages causés par les agents du service public dans les opérations de police judiciaire, qui ont pour objet la recherche d'un délit ou d'un crime déterminé, relèvent du fonctionnement défectueux du service de la justice judiciaire et de la compétence de la juridiction judiciaire (décès en garde à vue).
- **T. confl., 12 octobre 2015, *M. H. c/Ministère de la justice***: la désignation par le procureur de la République des établissements chargés d'organiser les stages alternatifs aux poursuites pénales faisant suite à des infractions routières, se rattache à l'organisation du service public de la justice et non à la fonction juridictionnelle (compétence de la juridiction administrative).
- **T. confl., 4 juillet 2016, *SARL Enduro c/Garde des Sceaux***: les mesures prises par les chefs de cour d'appel en matière de recouvrement de sommes avancées par l'État au titre de l'aide juridictionnelle versée dans un litige relevant de la juridiction judiciaire se rattachent au fonctionnement du service public de la justice (compétence de la juridiction judiciaire).
- **CE, 31 mars 2017, *Garde des Sceaux, ministre de la Justice c/M. Sarkozy***: les rapports élaborés par le procureur général d'Aix-en-Provence adressés au procureur général, et par ce dernier au garde des Sceaux, sont en rapport avec la fonction juridictionnelle et ne peuvent donc pas être communiqués dans le cadre des dispositions du CRPA : ce ne sont en effet pas des documents administratifs.

4 CE, ass., 2 mars 1962, *Rubin de Servens*

« Considérant que, par décision en date du 23 avril 1961, prise après consultation officielle du Premier ministre et les présidents des assemblées et après avis du Conseil constitutionnel, le président de la République a mis en application l'article 16 de la Constitution du 4 octobre 1958 ; que cette décision présente le caractère d'un acte de gouvernement dont il n'appartient au Conseil d'État ni d'apprécier la légalité, ni de contrôler la durée d'application ; que ladite décision a eu pour effet d'habiliter le président de la République à prendre toutes les mesures exigées par les circonstances qui l'ont motivée et, notamment, à exercer dans les matières énumérées à l'article 34 de la Constitution le pouvoir législatif et dans les matières prévues à l'article 37, le pouvoir réglementaire ;

Considérant qu'aux termes de l'article 34 de la Constitution "la loi fixe les règles concernant... la procédure pénale... la création de nouveaux ordres de juridiction" que la décision attaquée en date du 3 mai 1961, intervenue après consultation du Conseil constitutionnel, tend d'une part à instituer un tribunal militaire à compétence spéciale et à créer ainsi un ordre de juridiction au sens de l'article 34 précité, et, d'autre part, à fixer les règles de procédure pénale à suivre devant le tribunal ; qu'il s'ensuit que ladite décision, qui porte sur des matières législatives et qui a été prise par le président de la République pendant la période d'application des pouvoirs exceptionnels, présente le caractère d'un acte législatif dont il n'appartient pas au juge administratif de connaître ; »

(Rejet).

■ *Faits*

Le président de la République mit en application l'article 16 de la Constitution le 23 avril 1961, suite à la tentative de putsch à Alger. La légalité fut rapidement restaurée, mais le président décida de maintenir la légalité d'exception jusqu'au 29 septembre 1961. Sa décision de créer, pendant cette période, un tribunal militaire, fut contestée notamment par M. Rubin de Servens, condamné par ce tribunal. Il invoquait trois moyens principaux : la violation de la procédure de recours à l'article 16, et la violation, par la décision du président, des règles attachées à la procédure pénale, et l'atteinte à la non-rétroactivité de la loi pénale.

■ *Portée*

L'apport de l'arrêt est double. Il précise d'abord les conditions de recours à l'article 16, relatif aux pouvoirs de période exceptionnelle, de la Constitution par le président de la République : la décision même d'y recourir constitue un acte de gouvernement, qu'il ne lui appartient pas de contrôler, ni dans sa légalité, ni en ce qui concerne la durée d'application ; il s'agit en effet d'un pouvoir « propre » du président. Le Conseil d'État laisse cependant entendre qu'il contrôle la légalité externe du recours à l'article 16, c'est-à-dire la procédure suivie en elle-même (si les consultations du Premier ministre, des présidents des assemblées et après avis du Conseil constitutionnel sont bien effectuées) est respectée. Autrement dit, il n'exerce qu'un contrôle très réduit, beaucoup moins poussé qu'en matière de circonstances exceptionnelles.

Le Conseil d'État précise ensuite qu'il contrôle, cette fois, les mesures d'application prises sur le fondement de l'article 16, qui ne sont pas, elles, des actes de gouvernement. Il consacre un contrôle fondé sur un critère matériel : soit la mesure est prise dans le domaine de la loi, et il ne la contrôle pas, soit au contraire elle est prise dans le domaine du règlement, et il la contrôle. En l'occurrence, il n'a pas contrôlé la décision créant le tribunal militaire, considérant qu'elle porte sur des matières législatives.

C'est donc une conception ***matérielle*** qu'il développe, inspiré en cela par la Constitution elle-même qui consacre cette vision dans la répartition qu'elle fait des domaines respectifs de la loi et du règlement en ses articles 21, 34 et 37. Le

Conseil d'État a depuis lors confirmé sa position en la matière. Cette décision montre les difficultés pour une juridiction d'affirmer sa compétence sur des organes qui peuvent avoir des fonctions juridiquement variées : le président de la République exerce en effet une fonction politique, une fonction législative, et une fonction administrative. C'est sur cette dernière que le juge administratif peut intervenir ; reste-t-il encore à l'identifier, souvent au cas par cas, comme le fait le Conseil d'Etat en l'espèce.

Notons que le Conseil d'Etat aurait pu avoir une approche de type « organique », ce qui va d'ailleurs être le cas dans une affaire qui sera jugée quelques mois plus tard sur des faits quasiment identiques (*CE, ass., 19 oct. 1962, Canal, Robin Godot ; V. Chapitre 3*). Mais quelle que soit l'approche consacrée dans ces deux affaires, il s'agissait pour le Conseil d'Etat de trouver un raisonnement lui permettant de contrôler des actes du président de la République qu'il estimait devoir l'être, car émanant d'une institution certes centrale dans la Constitution, mais exerçant en l'occurrence des compétences typiques d'organes administratifs.

Pour aller plus loin

- **T. confl., 2 février 1950, *Radiodiffusion française*** : les actes de gouvernement ne sont susceptibles d'aucun recours devant les tribunaux, tant administratifs que judiciaires (immunité juridictionnelle).
- **CE, ass., 23 octobre 1964, *d'Oriano*** : le Conseil d'État se réserve la possibilité de contrôler les mesures individuelles prises sur le fondement de l'article 16 de la Constitution.
- **CE, ord., 23 mai 2014, *Mme E., n° 380560*** : la décision du gouvernement français s'opposant à l'adoption de mesures permettant à des ressortissants syriens de voter en France à l'élection présidentielle en Syrie, est un acte de gouvernement.
- **CE, sect., 28 mars 2014, *M. C., n° 373064*** : la décision par laquelle le groupe français de la Cour permanente d'arbitrage refuse de proposer une candidature à l'élection des juges à la Cour pénale internationale est un acte de gouvernement.
- **T. confl., 6 juillet 2015, *M. Grégoire K. et autres c/Premier ministre*** : le refus du Premier ministre de soumettre au Parlement un projet de loi en vue de la transposition en droit interne d'un acte de droit international est un acte de gouvernement car il touche à la conduite des relations internationales de la France.

5 T. confl., 15 janvier 1968, *Compagnie Air France contre époux Barbier*

« Considérant que si la Compagnie Air France, chargée de l'exploitation de transports aériens, est une société anonyme, c'est-à-dire une personne morale de droit privé, et si, par suite, il n'appartient qu'aux tribunaux de l'ordre judiciaire de se prononcer au fond sur les litiges individuels concernant les agents non-fonctionnaires de cet établissement, les juridictions administratives demeurent, en revanche, compétentes pour apprécier, par voie de question préjudicielle, la légalité des règlements émanant du conseil d'administration qui, touchant à l'organisation du service public, présentent un caractère administratif ; qu'aux termes du décret n° 50-835 du 1er juin 1950 et de l'article 143 du Code de l'aviation civile et commerciale alors en vigueur, le personnel de la Compagnie Air France est soumis à un statut réglementaire, arrêté par le conseil d'administration et approuvé par le ministre chargé de l'aviation civile et commerciale et par le ministre des Finances et des Affaires économiques ; que, dès lors, en application de ces dispositions, combinées avec celles de l'article 31 du Livre 1er du Code du travail, les conditions de travail de ce personnel ne sont pas fixées par voie de convention collective ;

Considérant que le règlement, établi le 20 avril 1959, dans le cadre des prescriptions ci-dessus analysées, par la Compagnie nationale Air France pour fixer les conditions de travail du personnel navigant commercial, comporte, notamment en son article 72 – lequel dispose que le mariage des hôtesses de l'air entraîne, de la part des intéressées, la cessation de leurs fonctions – des dispositions qui apparaissent comme des éléments de l'organisation du service public exploité ; que ces dispositions confèrent audit acte dans son intégralité un caractère administratif et rendent compétentes les juridictions administratives pour apprécier sa légalité ; »

(Compétence de la juridiction administrative).

Faits

Un règlement de la Compagnie Air France de 1959 précisait que pour les hôtesses de l'air, le mariage entraîne cessation de fonctions ; c'est-à-dire qu'il s'assimile à une démission. Une hôtesse recrutée avant ce règlement a fait l'objet de l'application de cette disposition. Elle a demandé à la juridiction judiciaire de réparer le préjudice subi par une rupture qu'elle estimait abusive de son contrat de travail.

La Cour de cassation voit dans cette affaire une difficulté sérieuse de compétence, et en application du décret du 25 juillet 1960, renvoie sa solution au Tribunal des conflits.

Portée

Le Tribunal des conflits a indiqué que le statut du personnel pris par la compagnie Air France, bien qu'étant une personne morale de droit privé, devait être considéré comme un acte administratif unilatéral. Les litiges qui s'y rapportent ressortent dès lors à la compétence de la juridiction administrative. En effet, même si Air France gère un service public industriel et commercial, il s'agit en l'occurrence de mettre en place les éléments de l'organisation du service public, parmi lesquels on peut ranger les conditions de travail du personnel navigant. On peut considérer que cette organisation du service public constitue, en elle-même, l'exercice d'une prérogative de puissance publique justifiant la compétence administrative. Le caractère ***réglementaire*** de l'acte permet aussi de le classer parmi les actes administratifs malgré le caractère industriel et commercial du service public géré. Par contre, les mesures individuelles de gestion du personnel ne peuvent pas être considérées comme administratives, et sont donc de la compétence de la juridiction judiciaire : c'est le cas des mesures prises à l'encontre des agents, comme une révocation, un licenciement. Ainsi, dans le cas d'un litige individuel d'ordre professionnel, c'est le Conseil de prud'hommes qui est compétent et non le tribunal administratif.

La solution de l'arrêt est encore applicable dans son principe, mais elle ne s'appliquerait plus, *a priori*, à Air France, qui a fait l'objet d'une privatisation en 2004, et dont les missions de service public ont été « gommées ».

Plus globalement, cette décision reflète les difficultés juridictionnelles liées aux « entreprises publiques » : structures juridiques de droit privé dont le capital est détenu pour partie par l'État, et qui ont une vocation économique, pas toujours en adéquation avec les objectifs assignés traditionnellement au service public.

Enfin, cette jurisprudence n'est pas d'application aisée, dans la mesure où, on l'a vu (chapitre sur le service public), la qualification de service public administratif ou industriel et commercial, à effectuer au préalable, n'est pas d'évidence.

Pour aller plus loin

- **CE, ass., 13 mai 1938, *Caisse primaire aide et protection***: une personne privée peut gérer un service public, y compris à caractère administratif.
- **T. confl., 27 juin 1992, *Abella*** : incompétence du juge judiciaire pour apprécier la légalité de dispositions réglementaires prises par la direction d'EDF relatives aux retenues sur salaire pour fait de grève (mais changement de statut d'EDF depuis lors). V. aussi **T. confl., 1er février 2016, *Comité d'établissement de l'unité clients et fournisseurs Ile-de-France des sociétés ERDF et GRDF*** (réorganisation de cinq services).
- **T. confl., 9 décembre 2013, *M. B., n° C3924***: la juridiction administrative est compétente pour connaître des litiges relatifs à l'attribution d'une aide créée par une délibération de Pôle Emploi, établissement public à caractère administratif, dans le cadre de ses compétences et de sa mission propres de service public, ainsi que de la responsabilité encourue du fait d'une décision afférente à une telle prestation.

6 Cons. const., 23 janvier 1987, *Conseil de la concurrence*

« Sur le transfert à la juridiction judiciaire du contrôle des décisions du Conseil de la concurrence.
15. Considérant que les dispositions des articles 10 et 13 de la loi des 16 et 24 août 1790 et du décret du 16 fructidor An III qui ont posé dans sa généralité le principe de séparation des autorités administratives et judiciaires n'ont pas en elles-mêmes valeur constitutionnelle ; que, néanmoins, conformément à la conception française de la séparation des pouvoirs, figure au nombre des "principes fondamentaux reconnus par les lois de la République" celui selon lequel, à l'exception des matières réservées par nature à l'autorité judiciaire, relève en dernier ressort de la compétence de la juridiction administrative, l'annulation ou la réformation des décisions prises, dans l'exercice des prérogatives de puissance publique, par les autorités exerçant le pouvoir exécutif, leurs agents, les collectivités territoriales de la République ou les organismes publics placés sous leur autorité ou leur contrôle ;
16. Considérant cependant que, dans la mise en œuvre de ce principe, lorsque l'application d'une législation ou d'une réglementation spécifique pourrait engendrer des contestations contentieuses diverses qui se répartiraient, selon les règles habituelles de compétence, entre la juridiction administrative et la juridiction judiciaire, il est loisible au législateur, dans l'intérêt d'une bonne administration de la justice, d'unifier les règles de compétence juridictionnelle au sein de l'ordre juridictionnel principalement intéressé ;
17. Considérant que, [...] que la loi présentement examinée tend à unifier sous l'autorité de la Cour de cassation l'ensemble de ce contentieux spécifique et ainsi à éviter ou à supprimer des divergences qui pourraient apparaître dans l'application et dans l'interprétation du droit de la concurrence ;
18. Considérant dès lors que cet aménagement précis et limité des règles de compétence juridictionnelle, justifié par les nécessités d'une bonne administration de la justice, ne méconnaît pas le principe fondamental ci-dessus analysé tel qu'il est reconnu par les lois de la République ; »

■ *Faits*

L'ordonnance du 1er décembre 1986, prise sur le fondement de la loi d'habilitation du 2 juillet 1986 dont le but était de mettre en place un nouveau droit de la concurrence, consacre la liberté des prix et de la concurrence. Elle crée dans cette perspective une nouvelle autorité administrative indépendante, le Conseil de la concurrence, compétent afin de réprimer les pratiques anticoncurrentielles. Les parlementaires ont souhaité confier, par la loi, le contentieux des sanctions du Conseil de la concurrence à la Cour d'appel de Paris, et non à la juridiction administrative, en raison du caractère économique du contentieux ainsi développé, qui ressortit traditionnellement au droit privé, et à la juridiction judiciaire. Le Conseil constitutionnel précise dans cette décision sa conception de la séparation des autorités, et sa lecture de la loi des 16-24 août 1790 sur l'organisation judiciaire.

■ *Portée*

Tout d'abord, le Conseil constitutionnel indique que la loi des 16-24 août 1790 sur l'organisation judiciaire n'a pas, en elle-même, valeur constitutionnelle, tout comme le décret du 16 fructidor An III, ou le principe de séparation des autorités. Par contre, ils participent à la formation d'un principe fondamental reconnu par les lois de la République, selon lequel « à l'exception des matières réservées par nature à l'autorité judiciaire, relève en dernier ressort de la compétence de la juridiction administrative, l'annulation ou la réformation des décisions prises, dans l'exercice des prérogatives de puissance publique, par les autorités exerçant le pouvoir exécutif, leurs agents, les collectivités territoriales de la République ou les organismes publics placés sous leur autorité ou leur contrôle ».

En l'occurrence, le Conseil constitutionnel avait deux solutions qui lui étaient ouvertes, diamétralement opposées : soit privilégier la qualité d'autorité administrative du Conseil de la concurrence pour censurer l'attribution de compétence juridictionnelle de ses sanctions à la Cour d'appel de Paris, soit privilégier le domaine dans lequel interviennent les sanctions, à savoir le droit des pratiques anticoncurrentielles entre « entreprises » (à considérer au sens large), c'est-à-dire une question de comportement entre opérateurs économiques. C'est cet aspect qui va l'emporter, et conduire à reconnaître la constitutionnalité du dispositif prévu par le législateur, en raison de l'aménagement limité des principes de répartitions entre les deux ordres de juridictions auquel il conduit.

Il existe donc une *réserve de compétence* au profit de la juridiction administrative. Mais, en l'occurrence, le Conseil constitutionnel reconnaît au législateur le pouvoir de déroger à cette répartition, pour, dans l'intérêt d'une bonne administration de la justice, unifier les règles de compétence juridictionnelle au sein de l'ordre juridictionnel principalement intéressé. Cela revient à autoriser à confier à la juridiction judiciaire un « bloc de compétence », plus précisément, en l'occurrence, le contentieux des sanctions prises par le conseil de la concurrence (confié à la Cour d'appel de Paris).

En effet, le domaine de l'économie est traditionnellement celui du droit privé, en tout cas dans sa dimension « individuelle » (le droit public économique s'intéressant, par ailleurs aux aspects inéluctables de prégnance des pouvoirs publics dans la sphère économique).

Pour aller plus loin

- **Cons. const., 22 juillet 1980,** ***Loi de validation*** : le Conseil constitutionnel constitutionnalise le dualisme juridictionnel, ainsi que l'indépendance de la juridiction administrative.
- **Cons. const., déc. n° 2011-631 DC du 9 juin 2011,** ***Loi relative à l'immigration, à l'intégration et à la nationalité*** : « le législateur a entendu, dans le respect des règles de répartition des compétences entre les ordres de juridiction, que le juge administratif statue rapidement sur la légalité des mesures administratives relatives à l'éloignement des étrangers avant que n'intervienne le juge judiciaire ; en organisant ainsi le contentieux, le législateur a eu pour but de garantir l'examen prioritaire de la légalité de ces mesures et, dans l'intérêt d'une bonne administration de la justice, de permettre un traitement plus efficace des procédures d'éloignement des étrangers en situation irrégulière ».
- **T. confl., 16 novembre 2015,** ***Sté Fairvesta International GmbH et autres*** : les communiqués que l'AMF publie à l'intention des investisseurs et épargnants, dans le cadre de cette mission de service public, ne constituent pas des décisions individuelles réservées par la loi à la compétence de la juridiction judiciaire ; il appartient donc à la juridiction administrative d'en connaître, comme du refus de les rectifier.

7 T. confl., 17 juin 2013, *Bergoend c/Société ERDF Annecy Léman*

« Considérant qu'il n'y a voie de fait de la part de l'administration, justifiant, par exception au principe de séparation des autorités administratives et judiciaires, la compétence des juridictions de l'ordre judiciaire pour en ordonner la cessation ou la réparation, que dans la mesure où l'administration soit a procédé à l'exécution forcée, dans des conditions irrégulières, d'une décision, même régulière, portant atteinte à la liberté individuelle ou aboutissant à l'extinction d'un droit de propriété, soit a pris une décision qui a les mêmes effets d'atteinte à la liberté individuelle ou d'extinction d'un droit de propriété et qui est manifestement insusceptible d'être rattachée à un pouvoir appartenant à l'autorité administrative ; que l'implantation, même sans titre, d'un ouvrage public sur le terrain d'une personne privée ne procède pas d'un acte manifestement insusceptible de se rattacher à un pouvoir dont dispose l'administration » (compétence de la juridiction administrative).

■ Faits

Les requérants sont propriétaires d'une parcelle sur laquelle Électricité de France, aux droits de laquelle vient la société ERDF Annecy Léman, avait implanté un poteau en 1983, sans se conformer à la réglementation, ni conclure de convention. Ils ont donc assigné la société devant le tribunal de grande instance (TGI), afin de faire ordonner le déplacement de ce poteau. Le TGI a décliné sa compétence ; la cour d'appel également. Saisie par l'intéressé, la Cour de cassation a renvoyé au Tribunal des conflits, la question de compétence. Ce litige met en jeu le principe d'intangibilité des ouvrages publics, qui limite considérablement leur destruction ou leur déplacement, et l'application de la théorie de la voie de fait. En l'occurrence, le Tribunal des conflits rappelle que l'implantation, même sans titre, d'un poteau électrique, ouvrage public de distribution d'électricité, ne procède pas d'un acte manifestement insusceptible de se rattacher à un pouvoir dont dispose la société chargée du service public, et n'aboutit pas à l'extinction d'un droit de propriété ; elle ne peut donc pas être qualifiée de voie de fait.

■ Portée

Le Tribunal des conflits reformule dans cet arrêt la théorie, jurisprudentielle, de la voie de fait, initialement consacrée dans un sens plus favorable à la compétence de la juridiction judiciaire (*T. confl., 8 avril 1935, Action française*). L'application de cette théorie entraîne une exception à répartition des compétences entre les deux ordres de juridiction, et fait perdre à l'administration son privilège de juridiction devant la juridiction administrative, en raison de l'irrégularité grave qu'elle commet, qui ne permet plus de considérer qu'elle agit réellement dans l'intérêt général. La jurisprudence consacre deux types de voie de fait. Il y a voie de fait, tout d'abord, si l'administration a procédé à *l'exécution forcée*, dans des conditions irrégulières, d'une décision, même régulière, portant atteinte à la liberté individuelle ou aboutissant à l'extinction d'un droit de propriété (auparavant, une atteinte « grave » au droit de propriété était requise) : c'est la voie de fait par « manque de procédure ». Il y a ensuite voie de fait lorsque l'administration a pris *une décision* ayant l'un ou l'autre de ces effets à la condition toutefois que cette dernière décision soit elle-même manifestement insusceptible d'être rattachée à un pouvoir appartenant à l'autorité administrative (c'est la voie de fait par « manque de droit »).

Les conséquences de la reconnaissance par le juge d'une voie de fait sont lourdes pour l'administration : le juge judiciaire peut se prononcer sur l'action en indemnité contre l'administration, et apprécier la légalité de l'acte administratif contesté, c'est-à-dire constater l'existence même de la voie de fait, comme peut le faire le juge administratif.

Enfin, le juge judiciaire, comme le juge administratif se sont reconnus, malgré le principe traditionnel de « l'intangibilité de l'ouvrage public » selon lequel « ouvrage public mal planté ne se détruit pas », la possibilité d'ordonner la démolition de l'ouvrage public qui procède d'un acte entaché de voie de fait si aucune procédure de régularisation n'a été engagée par l'administration.

Cette décision restreint donc le champ de la voie de fait à des cas exceptionnels, et impliquant une liberté individuelle, ce qui est beaucoup plus restrictif que la référence antérieure aux libertés fondamentales. La voie de fait, sur ce plan, va vraisemblablement se limiter à l'atteinte à la liberté d'aller et venir et à la sûreté.

Très rapidement, cette jurisprudence a été appliquée par la Cour de cassation (*9 déc. 2015, n° 14-24880*), alors que l'on pouvait déjà en trouver des traces annonciatrices dans la jurisprudence du Conseil d'Etat (V. l'arrêt *Commune de Chirongui*, « Pour aller plus loin »).

Pour aller plus loin

- **T. confl., 9 juin 1986, *Eucat c/TPG du Bas-Rhin*** : le refus ou le retrait d'un passeport au motif du non-règlement de créances fiscales est une voie de fait.
- **T. confl., 30 octobre 1947, *Barinstein*** : le juge judiciaire peut se prononcer sur l'action en indemnité, et constater l'existence de la voie de fait ; et en réparer les dommages.
- **T. confl., 17 octobre 2011, *SCEA du Chéneau c/INAPORC, M. Cherel et autres c/CNIEL*** : extension du pouvoir du juge civil en matière de questions préjudicielles à l'appréciation de la légalité des actes administratifs, si une jurisprudence établie existe.
- **CE, ord., 23 janvier 2013, *Commune de Chirongui*** : le juge administratif du référé-liberté peut enjoindre à l'administration de faire cesser une atteinte grave et manifestement illégale au droit de propriété, qui est une liberté fondamentale, même en cas de voie de fait.
- **T. confl., 9 décembre 2013, *Pannizon c/Commune de Saint-Palais-sur-Mer*** : le juge administratif est compétent pour réparer les dommages causés par une décision administrative portant atteinte à la propriété privée, du moment qu'elle n'a pas pour effet l'extinction d'un droit de propriété : abandon de la théorie de l'emprise irrégulière.
- **CE, ord., 29 juin 2015, *GISTI et autres*** : des contrôles d'identité non systématiques peuvent, dans le respect des conditions légales, être organisés à la frontière franco-italienne et à sa proximité.

8 CE, ord., 9 janvier 2014, *Ministre de l'intérieur c/Société Les Productions de la Plume et M. Dieudonné M'Bala M'Bala*

« 4. Considérant que l'exercice de la liberté d'expression est une condition de la démocratie et l'une des garanties du respect des autres droits et libertés ; qu'il appartient aux autorités chargées de la police administrative de prendre les mesures nécessaires à l'exercice de la liberté de réunion ; que les atteintes portées, pour des exigences d'ordre public, à l'exercice de ces libertés fondamentales doivent être nécessaires, adaptées et proportionnées ; (...)
6. Considérant que la réalité et la gravité des risques de troubles à l'ordre public mentionnés par l'arrêté litigieux sont établis tant par les pièces du dossier que par les échanges tenus au cours de l'audience publique ; qu'au regard du spectacle prévu, tel qu'il a été annoncé et programmé, les allégations selon lesquelles les propos pénalement répréhensibles et de nature à mettre en cause la cohésion nationale relevés lors des séances tenues à Paris ne seraient pas repris à Nantes ne suffisent pas pour écarter le risque sérieux que soient de nouveau portées de graves atteintes au respect des valeurs et principes, notamment de dignité de la personne humaine, consacrés par la Déclaration des droits de l'homme et du citoyen et par la tradition républicaine ; qu'il appartient en outre à l'autorité administrative de prendre les mesures de nature à éviter que des infractions pénales soient commises ; » (rejet)

■ Faits

Par arrêté du 7 janvier 2014, le préfet de la Loire-Atlantique a interdit le spectacle de Dieudonné intitulé « Le Mur », qui devait se tenir le 9 janvier 2014 au Zénith de Saint-Herblain. L'intéressé a contesté cet arrêté, et présenté, vu la date rapprochée, un référé-liberté, afin d'en obtenir la suspension et pouvoir procéder à la représentation. Par ordonnance du 9 janvier 2014 (matin), le juge des référés du TA de Nantes a suspendu l'exécution de l'arrêté préfectoral. Le ministre de l'Intérieur relève le jour même appel de cette ordonnance devant le Conseil d'État, qui statue l'après-midi même, revenant sur la conciliation de la liberté d'expression et le maintien de l'ordre public.

■ Portée

L'affaire ici commentée a fait l'objet d'une large médiatisation. Elle offre l'opportunité de s'interroger sur l'application de jurisprudences antérieures délicates à appliquer *in concreto*. L'intérêt de la décision réside dans l'appréciation des troubles à l'ordre public, susceptibles de justifier ou non une décision d'interdiction d'un « spectacle » (la qualification de l'événement faisant partie de la délicate appréciation à porter) de manière préventive, dans le cadre de la procédure d'urgence du référé-liberté de l'article L. 521-2 du Code de justice administrative qui subordonne la suspension à l'urgence, et à une *atteinte grave et manifestement illégale* d'une liberté fondamentale à laquelle une personne morale de droit public ou un organisme de droit privé chargé de la gestion d'un service public aurait porté, dans l'exercice d'un de ses pouvoirs.

Le Conseil d'État récapitule ici la jurisprudence en matière de police administrative. Celle-ci est en effet préventive : elle a pour but de *prévenir* les troubles à l'ordre public : elle n'est pas répressive comme la police judiciaire. Le motif d'ordre public qui peut être invoqué à l'appui d'une telle décision tient à quatre éléments : la sécurité publique, la salubrité publique, la tranquillité publique, et la sauvegarde de la dignité de la personne humaine. Une juridiction peut dans le cas présent légitimement hésiter entre deux de ces éléments : la sécurité publique, et la sauvegarde de la dignité de la personne humaine. Les deux vont être retenus par le CE.

Les troubles à l'ordre public sont jugés suffisants en l'espèce pour susciter une interdiction de réunion, liberté fondamentale pourtant protégée par la loi du 30 juin 1881, comme la liberté d'expression, qualifiée de « condition de la démocratie et l'une des garanties du respect des autres droits et libertés », et au sujet de laquelle la jurisprudence exerce un contrôle strict. Un autre moyen à la disposition du CE, est retenu : considérer le spectacle comme portant atteinte à la dignité de la personne humaine. Le caractère préventif de la police administrative autorise donc bien une interdiction *a priori* d'un spectacle, notamment sur le fondement des condamnations pénales déjà rendues à l'encontre dudit spectacle. En effet, il appartient justement à l'autorité de police administrative de prendre des mesures tendant à éviter la réitération d'infractions.

Pour aller plus loin

- **CE, 19 mai 1933, *Benjamin*** : les mesures de police restrictives de la liberté de réunion doivent être nécessaires, adaptées, et rigoureusement proportionnées aux circonstances.
- **CE, 27 octobre 1995, *Commune de Morsang-sur-Orge*** : affirmation explicite du respect de la dignité de la personne humaine comme composante de l'ordre public.
- **CE, ord., 10 janvier 2014, *SARL Les Productions de la Plume et M. Dieudonné M'Bala M'Bala*** : demeure un risque sérieux que le spectacle constitue une menace à l'ordre public.
- **CE, ord., 6 février 2015, *Commune de Cournon d'Auvergne*** : suspension de l'arrêté d'interdiction du spectacle de M. Dieudonné M'Bala M'Bala édicté par le maire, au vu d'une situation différente par rapport aux interdictions édictées en 2014 ; avec le rappel selon lequel les atteintes portées, pour des exigences d'ordre public, à l'exercice de ces libertés fondamentales, doivent être nécessaires, adaptées et proportionnées.
- **CE, 10 février 2017, *Société Lagardère Active Broadcast*** : la mise en demeure adressée par le CSA à Europe 1 suite à son traitement en direct de l'assaut des forces de l'ordre contre des terroristes à Dammartin-en-Goële le 9 janvier 2015, prise pour des motifs de sauvegarde de l'ordre public, ne porte pas une atteinte illégale à la liberté d'expression.

9 CE, ass., 24 juin 2014, *Mme Lambert*

« 11. Considérant (...) que toute personne doit recevoir les soins les plus appropriés à son état de santé, sans que les actes de prévention, d'investigation et de soins qui sont pratiqués lui fassent courir des risques disproportionnés par rapport au bénéfice escompté ; que ces actes ne doivent toutefois pas être poursuivis par une obstination déraisonnable et qu'ils peuvent être suspendus ou ne pas être entrepris lorsqu'ils apparaissent inutiles ou disproportionnés ou n'ayant d'autre effet que le seul maintien artificiel de la vie, que la personne malade soit ou non en fin de vie ; que, lorsque celle-ci est hors d'état d'exprimer sa volonté, la décision de limiter ou d'arrêter un traitement au motif que sa poursuite traduirait une obstination déraisonnable ne peut, s'agissant d'une mesure susceptible de mettre en danger la vie du patient, être prise par le médecin que dans le respect de la procédure collégiale définie par le code de déontologie médicale et des règles de consultation fixées par le code de la santé publique ; qu'il appartient au médecin, s'il prend une telle décision, de sauvegarder en tout état de cause la dignité du patient et de lui dispenser des soins palliatifs ; »

■ Faits

Le médecin du centre hospitalier universitaire (CHU) de Reims en charge de M. Vincent Lambert a pris le 11 janvier 2014 la décision de mettre fin à l'alimentation et à l'hydratation artificielles de ce patient. Le 16 janvier, le tribunal administratif de Châlons-en-Champagne est saisi d'un référé liberté par les parents, un demi-frère et une sœur du patient, et suspend cette décision. L'épouse du patient, un des neveux de ce dernier et le CHU de Reims ont fait appel de ce jugement ; appel qui conclut au rejet du référé. Dès lors, le Conseil d'État est amené à statuer, au vu des expertises produites, sur le fond. Il lui revient donc de prendre une décision inédite, dans le sens où elle est susceptible de conduire à un « arrêt de mort » au sens littéral du terme, dans le cas où il confirmerait la décision prise par le médecin traitant du patient, de mettre fin aux dispositifs le maintenant en vie.

■ Portée

Le Conseil d'État apporte ici une contribution forte à la reconnaissance des libertés fondamentales, telles qu'entrant dans le champ de compétence du contrôle juridictionnel de l'administration. Si la juridiction administrative a pu auparavant être amenée à statuer sur certains aspects liés à la mort (p. ex. inhumation), ce contentieux est emblématique de la publicisation des contentieux relatifs aux questions essentielles sociétales, au premier rang desquelles se trouve le droit à la vie ou, pour faire trop bref, celui à (ou plutôt « de ») la mort.

Sur le fond (le Conseil avait déjà statué en référé quelques mois auparavant, cf. rubrique « Pour aller plus loin »), le Conseil d'État a conclu, en assemblée du contentieux, à la légalité de la décision prise par le médecin en charge de M. Vincent Lambert de mettre fin à son alimentation et à son hydratation artificielles, au regard de la dégradation de l'état de conscience du patient, en état végétatif, au caractère irréversible de ses lésions cérébrales et à un mauvais pronostic clinique.

Il s'inscrit en ce sens dans l'esprit de la loi « Leonetti » du 22 avril 2005, définissant les conditions et modalités dans lesquelles un médecin, dans le cadre d'une procédure collégiale, peut décider de mettre un terme à un traitement médical jugé comme une « obstination déraisonnable n'ayant d'autre effet que le seul maintien artificiel de la vie ».

Il rappelle qu'il s'agit d'une appréciation à adapter très précisément à chaque cas particulier (en fonction notamment des données médicales, ou des perspectives d'évolution du patient).

La Haute juridiction a aussi pris en compte la volonté de l'intéressé (sur la base du témoignage précis et circonstancié de son épouse, confirmé par l'un de ses frères), ayant indiqué avant l'accident ayant conduit à son hospitalisation ne pas souhaiter être maintenu artificiellement en vie s'il se trouvait dans un état de grande dépendance (or, il est en état dit végétatif).

Le Conseil d'État rappelle enfin que la décision du médecin d'arrêt de traitement, doit rester guidée par l'objectif de sauvegarder la dignité du patient et de lui prodiguer des soins palliatifs. La décision du Conseil d'État, qui met fin à la suspension décidée antérieurement, a fait l'objet d'un recours devant la Cour européenne des droits de l'Homme, examiné en grande chambre le 7 janvier 2015 (requête n° 46043/14 ; Convention EDH qui protège le droit à la vie en son art. 2). Si le Conseil indique que sa décision est « d'espèce », son extrême motivation lui donne toutefois la qualité de décision de principe.

Pour aller plus loin

- **CE, ord., 23 juillet 2013, *Association Envie de rêver et M. C.*** : eu égard aux conséquences qui sont attachées à sa nature, la mesure de dissolution d'une association porte une atteinte grave à la liberté d'association, qui constitue une liberté fondamentale, et crée une situation qui justifie l'urgence d'une demande de référé-liberté. V. aussi *CE, ord., 25 octobre 2013, Association L'Œuvre française et M. B ; Association Jeunesses Nationalistes et M. C.*
- **CE, ord., 13 août 2013, *Ministre de l'intérieur c/Commune de Saint-Leu*** : consécration du droit au respect de la vie.
- **CE, ass., 14 février 2014, *M. Vincent Lambert*** : le juge du référé-liberté doit concilier les libertés fondamentales que sont le droit à la vie et celui de consentir à un traitement médical et de ne pas subir un traitement qui serait le résultat d'une obstination déraisonnable.
- **CE, ord., 8 mars 2017, *Assistance Publique – Hôpitaux de Marseille*** : compte tenu de l'état de conscience de l'enfant concerné et de l'avis unanime des parents s'opposant à l'arrêt des traitements, le juge des référés du CE confirme l'ordonnance du TA de Marseille suspendant la décision d'arrêter les traitements et enjoignant à l'équipe médicale de maintenir les soins.

Le recours pour excès de pouvoir

Chapitre 8

Le recours pour excès de pouvoir consiste pour le requérant à demander au juge administratif l'annulation d'un acte administratif unilatéral pour illégalité. On doit noter qu'il s'agit d'une création jurisprudentielle, qui présente deux caractères fondamentaux. Il a tout d'abord un caractère de *droit commun*, et même d'ordre public : on ne peut renoncer par avance à l'exercer, d'autant qu'il est ouvert même sans texte contre tout acte administratif ; en effet, il a pour effet d'assurer, conformément aux principes généraux du droit, le respect de la légalité. Il présente ensuite la particularité de constituer un *recours objectif* : c'est en effet un procès fait à un acte administratif (unilatéral), et non un litige contre l'administration, opposant deux parties de la même manière qu'en droit privé. C'est ainsi que l'on saisit le juge administratif par voie de « requête ».

La juridiction administrative a créé de toutes pièces le recours pour excès de pouvoir et l'a perfectionné notamment en ce qui concerne les conditions de recevabilité de la requête.

1 CE, 11 décembre 1903, *Lot*

« Considérant que les dispositions de l'article 7 du décret du 14 mai 1887, qui exigent qu'aux Archives nationales les titulaires des emplois autres que celui de commis soient pris parmi les archivistes-paléographes, confèrent à ces derniers un droit exclusif à l'obtention de ces emplois, qu'ainsi le sieur Lot, en sa qualité d'archiviste-paléographe, a un intérêt personnel et est par suite recevable à demander l'annulation de toute nomination faite contrairement aux dispositions qui précèdent;
Au fond :
Considérant que le sieur Dejean a été nommé par le décret attaqué directeur des Archives, ce titre ayant été substitué par l'article 4 du décret du 23 février 1897 à celui de garde général mentionné dans le décret du 14 mai 1887 ; que cette fonction qu'il n'appartient qu'au chef de l'État de conférer ne constitue pas un emploi dans le sens de l'article 7 de ce dernier décret; qu'en effet les emplois dont il est fait mention en cet article sont définis par l'énumération du personnel des Archives, telle qu'elle est contenue en l'article 4, et que les membres de ce personnel, placés d'après l'article 11 sous l'autorité du garde général au point de vue disciplinaire, sont aux termes des articles 5 et 6 à la nomination soit du ministre de l'Instruction publique, soit du garde général; qu'il suit de là qu'aucune disposition en vigueur n'a limité le choix du président de la République en ce qui concerne le chef de service préposé à la conservation et à l'administration des Archives nationales et que le requérant n'est pas fondé à demander l'annulation du décret attaqué ; »
(Rejet).

■ Faits

L'accès aux emplois des Archives nationales autres que celui de commis devait être pourvu parmi les archivistes-paléographes en vertu du décret du 14 mai 1887. Le sieur Lot, en sa qualité d'archiviste-paléographe, a donc demandé l'annulation de la nomination de M. Dejean en tant que directeur des Archives, qu'il estimait faite contrairement aux dispositions du décret, faute d'en respecter les conditions susvisées. Répondre sur le fond à cette question exigeait tout d'abord du Conseil d'État qu'il statue sur la recevabilité du recours de fonctionnaires à l'égard de décisions prises par l'autorité administrative.

■ Portée

L'apport principal de l'arrêt concerne les conditions de recevabilité du recours pour excès de pouvoir. La juridiction administrative peut envisager en la matière plusieurs positions : soit accepter une « action populaire » en acceptant le recours de n'importe quel administré contre n'importe quel acte administratif, soit restreindre la recevabilité à ceux ayant un « intérêt à agir » contre l'acte. C'est cette seconde voie qui est choisie et précisée dans l'arrêt. Le Conseil d'État y accepte la recevabilité du recours au bénéfice du fonctionnaire, en cette qualité, parce qu'il a un intérêt à l'annulation de la décision contestée. Le requérant, pour pouvoir être considéré comme recevable, doit « établir que l'acte attaqué l'affecte dans des conditions suffisamment spéciales, certaines et directes ».

Le Conseil d'État décide en l'espèce que dès lors qu'un texte subordonne l'accès d'un emploi à la possession d'un diplôme, tout détenteur de ce diplôme est recevable à attaquer les nominations qu'il estime faites en violation de ce texte. Cette solution participe à l'élargissement des règles de recevabilité du recours pour excès de pouvoir au début du XXe siècle. Ce sont en l'occurrence les fonctionnaires qui bénéficient de ce libéralisme. Ils vont pouvoir contester les décisions, tant réglementaires qu'individuelles, qui ont des répercussions sur leur carrière : les nominations ou promotions d'autres candidats.

Cette solution est d'évidence lorsque l'on comprend que ces décisions sont susceptibles de léser un fonctionnaire, qui se retrouve face à d'autres dans la « compétition » à l'avancement, ou qui fait face à une décision d'éviction de la fonction publique. Les fonctionnaires ne sont pas recevables à attaquer les décisions relatives à l'organisation du service ou strictement motivées par l'intérêt du service, c'est-à-dire qui se rattachent directement à l'exercice du pouvoir hiérarchique par le supérieur : il s'agit de décisions considérées comme des mesures d'ordre intérieur (instructions ou décisions du supérieur). On peut citer parmi ces décisions : celle décidant de la punition d'un collègue ou d'un usager ; celle tenant à la tenue vestimentaire de fonctionnaires. Par contre, du moment qu'une décision ou un règlement porte atteinte aux prérogatives de leur corps, ou à celles attachées à l'exercice de leur fonction (p. ex. décision plaçant un fonctionnaire sous l'autorité d'un autre fonctionnaire de grade inférieur, ou recours contre une circulaire modifiant les règles de notation), les fonctionnaires (ou leurs syndicats sous conditions) peuvent être recevables à présenter un recours pour excès de pouvoir à leur encontre.

Pour aller plus loin

- **CE, 29 mars 1901,** ***Casanova*** : admission de la recevabilité du recours pour excès de pouvoir au profit du contribuable communal, qui présente un intérêt financier à l'annulation d'une délibération du conseil municipal.
- **CE, 21 décembre 1906,** ***Syndicat des propriétaires et contribuables du quartier Croix de Seguey-Tivoli*** : recevabilité du recours pour excès de pouvoir au profit des usagers du service public.
- **CE, 27 janvier 1911,** ***Richemond*** : recevabilité du recours pour excès de pouvoir du contribuable départemental.
- **CE, 26 décembre 1925,** ***Rodière*** : recevabilité du recours pour excès de pouvoir d'un fonctionnaire à l'encontre de la promotion de collègues.
- **CE, ass., 7 novembre 2008,** ***Comité nat. interprofessions vins à appellations d'origine et autres*** : la décision de notifier une aide à la Commission européenne ne peut faire l'objet d'un recours, car il s'agit d'un acte de gouvernement.

2 CE, 26 décembre 1906, *Syndicat des patrons-coiffeurs de Limoges*

« Sur la requête du syndicat des patrons-coiffeurs de Limoges :
Considérant que si, aux termes du dernier paragraphe de l'article 8 de la loi du 13 juillet 1906, l'autorisation accordée à un établissement doit être étendue à ceux qui, dans la même ville, font le même genre d'affaires et s'adressent à la même clientèle, l'article 2 suppose nécessairement que la situation de tout établissement pour lequel l'autorisation est demandée fait l'objet d'un examen spécial de la part du préfet ;
Considérant d'autre part que, s'il appartient aux syndicats professionnels de prendre en leur nom la défense des intérêts dont ils sont chargés aux termes de l'article 3 de la loi du 21 mars 1884, ils ne peuvent intervenir au nom d'intérêts particuliers sans y être autorisés par un mandat spécial ; que, par suite, le syndicat requérant ne pouvait adresser de demande au préfet que comme mandataire de chacun de ses membres pour lesquels la dérogation était sollicitée ;
Considérant que la demande collective présentée au préfet par le syndicat et qui, d'ailleurs, ne contenait d'indication ni du nom des patrons-coiffeurs pour lesquels elle était formée, ni du siège de leurs établissements, n'était accompagnée d'aucun mandat ; que, dans ces conditions, cette demande n'était pas régulière et que, dès lors, la requête contre l'arrêté qui a refusé d'y faire droit doit être rejetée ; »
(Rejet).

■ *Faits*

La loi du 13 juillet 1906 institue le repos hebdomadaire, le dimanche. Le préfet est l'autorité administrative compétente pour accorder des dérogations permettant l'ouverture de certains commerces le dimanche. Le syndicat des patrons-coiffeurs demanda une telle dérogation, pour l'ensemble de ses membres. Il défère au Conseil d'État le refus du préfet, ce qui conduit la Haute juridiction à s'interroger sur la recevabilité du recours pour excès de pouvoir présenté par des groupements de personnes.

■ *Portée*

Un principe de procédure contentieuse veut que « nul ne plaide par procureur » : l'administré qui estime que ses droits sont lésés doit en principe déclencher par lui-même un contentieux devant la juridiction administrative ; il faut en effet éviter que l'action ne soit intentée à l'insu de l'intéressé. Ceci étant, comme les personnes physiques, les personnes morales peuvent avoir intérêt à demander l'annulation de mesures administratives lésant l'intérêt qu'elles représentent.

Comme l'indique le commissaire du gouvernement Romieu dans ses conclusions, il faut pour que le recours pour excès de pouvoir du groupement soit recevable « *un intérêt professionnel collectif et que les conclusions ne contiennent rien ayant un caractère purement individuel* » « ... si le syndicat ne peut exercer à titre d'action syndicale une action individuelle, rien ne s'oppose à ce qu'il soit choisi comme mandataire par l'individu intéressé pour exercer l'action individuelle au nom de ce dernier ».

Plus précisément, le Conseil d'État distingue le régime des actes réglementaires de celui des actes individuels. L'action contre les mesures à caractère ***réglementaire*** ou collectif est admise largement à condition de concerner directement les intérêts représentés par le groupement. Ces intérêts doivent être collectifs, mais peuvent ne concerner aussi qu'une partie, éventuellement, des membres du groupement. Ainsi, une association de parents d'élèves sera recevable à attaquer un décret qu'elle estime contraire à la liberté d'enseignement ; un syndicat de fonctionnaire à demander l'annulation de modification d'un statut particulier dans la fonction publique. La mesure ***individuelle favorable*** à son destinataire, parce qu'elle exclut de son bénéfice les tiers (la promotion d'un fonctionnaire), est jugée léser l'intérêt collectif défendu par le groupement, qui est donc aussi recevable à l'attaquer. On peut envisager en la matière, par exemple, une décision de nomination ou de promotion d'un agent public.

En revanche, une mesure individuelle ***défavorable*** n'est pas considérée porter atteinte à l'intérêt collectif du groupement mais seulement à l'intérêt individuel du destinataire : le groupement n'est pas recevable. Une illustration de ce cas de figure peut se trouver dans la décision de refus de nomination, ou de sanction disciplinaire d'un agent, ou une retenue sur traitement.

Enfin, l'acte contesté doit, naturellement, concerner l'objet défini dans les statuts du groupement. Le mouvement de la jurisprudence, postérieurement à l'arrêt ici commenté, est allé vers une recevabilité toujours plus élargie du recours.

Pour aller plus loin

- **CE, 21 décembre 1906,** ***Syndicat des propriétaires et contribuables du quartier Croix de Seguey Tivoli*** : le syndicat des propriétaires et contribuables, qui a pour but la défense des intérêts du quartier, a qualité pour ester en justice contre les actes administratifs d'organisation du service public de transport en commun dans le quartier.
- **CE, 11 décembre 1903,** ***Lot*** : intérêt à agir des syndicats de fonctionnaires contre les mesures d'organisation du service qui portent atteinte aux prérogatives statutaires des membres du corps.
- **CE, 4 février 2011,** ***Conseil national de l'ordre des pédicures podologues*** : cet ordre professionnel justifie d'un intérêt lui donnant qualité pour agir contre l'arrêté ainsi que le refus de l'abroger approuvant une convention nationale définissant les rapports entre les organismes d'assurance-maladie et les auxiliaires médicaux, actes qui affectent les droits de la profession.
- **CE, 27 mai 2015,** ***Syndicat de la Magistrature*** : le recours du syndicat n'est pas recevable contre les mesures relatives à l'interdiction de sortie du territoire des ressortissants français projetant de se rendre à l'étranger pour y participer à des activités terroristes ; mesures qui n'ont pas d'incidence sur les droits et les conditions de travail des magistrats judiciaires.
- **CE, 21 novembre 2016,** ***M. T., n° 392560*** : le recours contre une décision refusant une mesure purement gracieuse n'est pas recevable, mais la décision accordant une telle mesure « peut être attaquée par un tiers justifiant, eu égard à l'atteinte que cette décision porte à sa situation, d'un intérêt lui donnant qualité pour agir ».

3 CE, 8 mars 1912, *Lafage*

« Considérant que le sieur Lafage se borne à soutenir que, par la décision susvisée du ministre des Colonies, il a été privé du bénéfice d'avantages qui lui sont assurés, en sa qualité d'officier, par les règlements en vigueur ; que sa requête met ainsi en question la légalité d'un acte d'une autorité administrative ; que, par suite, le requérant est recevable à attaquer la décision dont il s'agit par la voie du recours pour excès de pouvoir ;
Au fond :
Considérant que le tarif n° 12, annexé au décret du 29 décembre 1903 et le tableau B annexé à la décision présidentielle du même jour prévoient l'allocation d'indemnités, pour frais de représentation aux colonies, aux sous-directeurs ou chefs de service de santé ; [...]
Considérant qu'il n'est pas contesté que le requérant remplit les fonctions de chef du service de santé en Cochinchine ; qu'il est, par suite, fondé à demander l'annulation pour excès de pouvoir de la décision par laquelle le ministre des Colonies l'a privé du bénéfice des allocations prévues en faveur des chefs du service de santé par le décret et la décision présidentielle précités du 29 décembre 1903 ; ... »
(Annulation).

■ *Faits*

Monsieur Lafage, médecin colonial, réclame une rémunération à laquelle il prétend avoir droit, ce qui est normalement une hypothèse de pleine juridiction car il s'agit d'une situation juridique subjective relative à une créance. Mais au lieu d'intenter un recours de plein contentieux, il demande au juge de l'excès de pouvoir d'annuler le refus de paiement comme illégal car violant le texte instituant la rémunération. Le Conseil d'État doit donc décider si le requérant peut choisir le type de recours juridictionnel lui permettant d'obtenir gain de cause.

■ *Portée*

Le Conseil d'État restreint dans cet arrêt la notion d'exception de recours parallèle, qui interdit en principe le recours pour excès de pouvoir lorsque le requérant peut bénéficier d'une autre voie de droit susceptible de lui donner satisfaction (à savoir un plein contentieux). Cette jurisprudence implique de régler la difficulté que constitue, pour le requérant, la frontière souvent floue entre recours pour excès de pouvoir et recours de plein contentieux.

L'essentiel dans cette décision *Lafage* est implicite : dès lors que le Conseil d'État admet ici la recevabilité du recours pour excès de pouvoir malgré l'existence du recours parallèle de plein contentieux, cela signifie que désormais, un recours pour excès de pouvoir va pouvoir concerner des décisions à effet pécuniaire. Mais la Haute juridiction soumet la recevabilité du recours à deux conditions : le requérant doit invoquer une violation de la légalité ; et il doit s'en tenir uniquement à des conclusions à fin d'annulation. Il ne peut à l'époque invoquer des moyens s'appuyant sur l'appréciation de faits, ni faire une demande en dommages et intérêts ; mais depuis, le Conseil d'État a assoupli sa position et admet dorénavant que le requérant invoque, en plus de considérations du droit, des motifs de fait.

Ce sont donc les conclusions du requérant qui vont déterminer la branche du contentieux qui va être suivie (si le requérant, autrement dit, demande en plus de l'annulation, la condamnation de l'administration au paiement des sommes correspondantes, il s'agira d'un plein contentieux). Cette solution avait l'avantage d'ouvrir le prétoire du juge administratif, car le recours pour excès de pouvoir est traditionnellement dispensé du ministère d'avocat, alors que le plein contentieux ne l'est pas (la solution est aujourd'hui un peu plus complexe du fait des réformes successives des règles du contentieux administratif). La solution de l'arrêt est applicable à l'ensemble du contentieux pécuniaire : traitement, solde des militaires, refus de subvention, amendes administratives... Ceci étant, les possibilités de choix du contentieux par le requérant se sont restreintes depuis l'arrêt *Lafage*, en raison des multiples réformes du contentieux administratif, et d'une position du Conseil d'État en faveur du contentieux de pleine juridiction (dans le domaine des états exécutoires ; ou dans le domaine du contentieux électoral).

Enfin, cette jurisprudence doit céder devant les textes, lorsqu'ils sont explicites : ainsi, le Code de justice administrative prévoit dans certains cas l'obligation du ministère d'avocat (devant les cours administratives d'appel, de façon très générale ; ou devant le Conseil d'État).

Pour aller plus loin

- **CE, ass., 16 février 2009,** ***Société Atom*** : les recours en matière de sanctions administratives prises à l'encontre des administrés appartiennent désormais au contentieux de pleine juridiction : le juge peut donc prendre une décision qui se substitue à celle de l'administration et, le cas échéant, de faire application d'une loi nouvelle plus douce entrée en vigueur entre la date à laquelle l'infraction a été commise et celle à laquelle il statue.
- **CE, sect., 9 décembre 2011,** ***Marcou*** : « lorsque sont présentées dans la même instance des conclusions tendant à l'annulation pour excès de pouvoir d'une décision et des conclusions relevant du plein contentieux tendant au versement d'une indemnité pour réparation du préjudice causé par l'illégalité fautive que le requérant estime constituée par cette même décision, cette circonstance n'a pas pour effet de donner à l'ensemble des conclusions le caractère d'une demande de plein contentieux ».
- **CE, ass., 13 juillet 2016,** ***Société Métropole Télévision – Société Paris Première*** **; CE, ass., 13 juillet 2016,** ***Société BFM TV – Société NextRadioTV :*** le recours contre des décisions par lesquelles le CSA a statué sur des demandes d'agrément de la modification des modalités de financement de services de télévision numérique terrestre autorisés est un recours de plein contentieux.

4 CE, ass., 17 février 1950, *Dame Lamotte*

« Considérant que l'article 4, alinéa 2 de l'acte dit loi du 23 mai 1943 dispose "L'octroi de la concession ne peut faire l'objet d'aucun recours administratif ou judiciaire" ; que, si cette disposition, tant que sa nullité n'aura pas été constatée conformément à l'ordonnance du 9 août 1944 relative au rétablissement de la légalité républicaine, a pour effet de supprimer le recours qui avait été ouvert au propriétaire par l'article 29 de la loi du 19 février 1942 devant le conseil de préfecture pour lui permettre de contester, notamment, la régularité de la concession, elle n'a pas exclu le recours pour excès de pouvoir devant le Conseil d'État contre l'acte de concession, recours qui est ouvert même sans texte contre tout acte administratif, et qui a pour effet d'assurer, conformément aux principes généraux du droit, le respect de la légalité ; qu'il suit de là, d'une part, que le ministre de l'Agriculture est fondé à demander l'annulation de l'arrêté susvisé du Conseil de préfecture de Lyon du 4 octobre 1946, mais qu'il y a lieu, d'autre part, pour le Conseil d'État, de statuer comme juge de l'excès de pouvoir sur la demande en annulation de l'arrêté du préfet de l'Ain du 10 août 1944 formée par la dame Lamotte ; ... » (Annulation).

■ *Faits*

Le ministre de l'Agriculture défère au Conseil d'État un arrêté en date du 4 octobre 1946, par lequel le Conseil de préfecture interdépartemental de Lyon, saisi d'une réclamation formée par la dame Lamotte contre un arrêté du préfet de l'Ain, du 10 août 1944, concédant une nouvelle fois au sieur de Testa le domaine de Sauberthier, a prononcé l'annulation de ladite concession. Le ministre soutient que le conseil de préfecture aurait dû rejeter cette réclamation comme non recevable en vertu de l'article 4 de la loi du 23 mai 1943, qui disposait que « *l'octroi de la concession ne peut faire l'objet d'aucun recours administratif ou judiciaire* ».

■ *Portée*

Le recours pour excès de pouvoir est le recours par lequel le requérant demande au juge administratif l'annulation d'un acte administratif pour illégalité. Le recours pour excès de pouvoir fut, à l'origine, un recours administratif hiérarchique porté devant le Conseil d'État. Progressivement, le Conseil d'État a perfectionné les cas d'ouverture du recours ; avec la loi de 1872, le recours trouve un nouveau fondement, appliqué lors de l'abandon de la théorie du ministre-juge (comme l'a précisé l'arrêt *Cadot* de 1889, *op. cit.*).

Le recours pour excès de pouvoir, création jurisprudentielle, présente, ce qu'établit ici le Conseil d'État, un caractère ***de droit commun***. Il est même ***d'ordre public*** : on ne peut renoncer par avance à exercer un tel recours contre un acte administratif, et la renonciation à se prévaloir des effets d'un jugement d'annulation est sans conséquence sur l'annulation, qui bénéficie à tous (effet objectif). Enfin et surtout, ce recours, précise le Conseil d'État, est « *ouvert même sans texte contre tout acte administratif* » (sauf les actes de gouvernement), car il « *a pour effet d'assurer, conformément aux principes généraux du droit, le respect de la légalité* » par l'ensemble des personnes (publiques ou privées) chargées de la gestion d'un service public.

Cette solution interdit au pouvoir réglementaire d'interdire un recours à l'encontre de ses actes devant la juridiction administrative. Cette solution transpose au recours contre un acte administratif la solution déjà dégagée dans l'arrêt *d'Aillières* de 1947 au sujet du recours en cassation à l'encontre des jugements des juridictions administratives. Plus globalement, aujourd'hui, on peut formuler la portée de cette décision comme s'inscrivant dans le droit à un recours juridictionnel effectif, consacré par la CJUE en tant que principe général du droit de l'UE, et consacré par l'article 13 de la Conv. EDH, qui dispose que « toute personne dont les droits et les libertés reconnus dans la présente

Convention ont été violés a droit à l'octroi d'un recours effectif devant une instance nationale, alors même que la violation aurait été commise par des personnes agissant dans l'exercice de leurs fonctions officielles ». Autrement dit, une loi qui interdirait tout recours juridictionnel à l'encontre d'un acte administratif souffrirait d'une présomption d'inconventionnalité.

C'est aussi un principe de valeur constitutionnelle ; et dans cette hypothèse, une disposition législative qui interdirait un recours juridictionnel contre un acte administratif s'exposerait, devant le juge ordinaire, à une question prioritaire de constitutionnalité.

Pour aller plus loin

- **Cons. const., 23 janvier 1987, *Conseil de la concurrence*** : conformément à la conception française de la séparation des pouvoirs, figure au nombre des principes fondamentaux reconnus par les lois de la République celui selon lequel, à l'exception des matières réservées par nature à l'autorité judiciaire, relève en dernier ressort de la compétence de la juridiction administrative l'***annulation*** (recours pour excès de pouvoir) ou ***la réformation*** des ***décisions*** prises, dans l'exercice des prérogatives de ***puissance publique***, par les autorités exerçant le ***pouvoir exécutif***, leurs agents, les collectivités territoriales de la République ou les organismes publics placés sous leur autorité ou sous leur contrôle.
- **Cons. const., 21 janvier 1994, *Loi en matière d'urbanisme et de construction*** : l'exercice d'un droit de recours juridictionnel se rattache à l'article 16 de la Déclaration des droits de l'homme et du citoyen qui consacre la « garantie des droits ».
- **CE, ass., 7 février 1947, *D'Aillières*** : le Conseil d'État donne une solution analogue à l'arrêt *Dame Lamotte* en ce qui concerne l'exercice du recours en cassation.
- **CE, 5 mai 2017, *M. B., n° 391925*** : « Le juge de l'excès de pouvoir ne peut, en principe, déduire d'une décision juridictionnelle rendue par lui-même ou par une autre juridiction qu'il n'y a plus lieu de statuer sur des conclusions à fin d'annulation dont il est saisi, tant que cette décision n'est pas devenue irrévocable. Il en va toutefois différemment lorsque, faisant usage de la faculté dont il dispose dans l'intérêt d'une bonne administration de la justice, il joint les requêtes pour statuer par une même décision, en tirant les conséquences nécessaires de ses propres énonciations. Dans cette hypothèse, toutes les parties concernées seront, en cas d'exercice d'une voie de recours, mises en cause et celle à laquelle un non-lieu a été opposé, mise à même de former, si elle le souhaite, un recours incident contre cette partie du dispositif du jugement ».

5 CE, 11 mai 2004, *Association AC ! et autres*

« Sur les conséquences de l'illégalité des arrêtés attaqués :
En ce qui concerne l'office du juge :
Considérant que l'annulation d'un acte administratif implique en principe que cet acte est réputé n'être jamais intervenu ; que, toutefois, s'il apparaît que cet effet rétroactif de l'annulation est de nature à emporter des conséquences manifestement excessives en raison tant des effets que cet acte a produits et des situations qui ont pu se constituer lorsqu'il était en vigueur que de l'intérêt général pouvant s'attacher à un maintien temporaire de ses effets, il appartient au juge administratif – après avoir recueilli sur ce point les observations des parties et examiné l'ensemble des moyens, d'ordre public ou invoqués devant lui, pouvant affecter la légalité de l'acte en cause – de prendre en considération, d'une part, les conséquences de la rétroactivité de l'annulation pour les divers intérêts publics ou privés en présence et, d'autre part, les inconvénients que présenterait, au regard du principe de légalité et du droit des justiciables à un recours effectif, une limitation dans le temps des effets de l'annulation ; qu'il lui revient d'apprécier, en rapprochant ces éléments, s'ils peuvent justifier qu'il soit dérogé à titre exceptionnel au principe de l'effet rétroactif des annulations contentieuses et, dans l'affirmative, de prévoir dans sa décision d'annulation que, sous réserve des actions contentieuses engagées à la date de celle-ci contre les actes pris sur le fondement de l'acte en cause, tout ou partie des effets de cet acte antérieurs à son annulation devront être regardés comme définitifs ou même, le cas échéant, que l'annulation ne prendra effet qu'à une date ultérieure qu'il détermine ; »
(Annulation ; limitation dans le temps des effets de l'annulation de certaines dispositions des arrêtés).

■ *Faits*

Plusieurs requêtes, présentées par des associations de défense des demandeurs d'emploi, contestaient la légalité d'une part d'arrêtés du 5 février 2003 du ministre des Affaires sociales, du travail et de la solidarité portant agrément d'avenants, signés en 2002, à la convention d'assurance chômage de 2001 relative à l'aide au retour à l'emploi (PARE) et à l'indemnisation du chômage et, d'autre part, de la convention du 1er janvier 2004, de son règlement annexé, de ses annexes et accords d'application signés le même jour.

■ *Portée*

Le Conseil d'État, dans un considérant de principe très détaillé, opère un revirement de jurisprudence considérable concernant la portée des annulations contentieuses sur recours pour excès de pouvoir. Alors qu'en principe l'annulation d'un acte administratif unilatéral a un effet rétroactif (c'est-à-dire que l'acte est réputé n'avoir juridiquement jamais existé ; V. l'arrêt *Rodière*, « Pour aller plus loin »), il admet que désormais l'annulation peut n'avoir qu'un ***effet limité dans le temps***, dans l'hypothèse où l'annulation rétroactive aurait plus d'inconvénients que d'avantages.

Afin d'éviter un vide juridique lié aux graves incertitudes quant aux situations et aux droits des allocataires et des cotisants, ainsi que les risques de profonde désorganisation du régime d'assurance-chômage, qu'aurait entraîné la disparition rétroactive des actes agréés s'il les avait annulés dès leur origine, le Conseil d'État a jugé que la protection de l'intérêt général devait, à titre exceptionnel, conduire à ***moduler*** dans le temps les effets des annulations résultant des illégalités sanctionnées. Cette solution ne met pas un terme à la jurisprudence antérieure ; le principe demeure : l'annulation contentieuse est rétroactive ; la limitation des effets de l'annulation reste exceptionnelle.

L'évolution ici consacrée est néanmoins significative de la capacité du juge à se remettre en cause, et à innover afin de trouver les solutions établissant le meilleur compromis entre sécurité juridique et respect de la légalité.

Derrière ce revirement d'une portée considérable, il faut comprendre que le juge souhaite éviter la constitution d'un vide juridique qui serait consécutif à sa décision juridictionnelle. Cela aurait un effet considérable, comme en l'espèce, si les conventions collectives étaient privées de tout effet juridique ; le juge laisse donc au gouvernement le temps nécessaire pour régulariser la situation du régime d'assurance-chômage.

Cette jurisprudence s'inscrit dans un contexte juridique global visant à assurer de mieux en mieux le respect du principe de sécurité juridique, et à tenir compte de l'incorporation grandissante de règles et principes venus du droit comparé. Ainsi, l'article 264 du TFUE reconnait explicitement à la CJUE ce pouvoir de modulation dans le temps de l'annulation de règlements d'un acte de l'UE.

En tout état de cause, cette faculté du juge peut être mise en oeuvre aussi bien en cas d'irrégularité d'actes réglementaires qu'individuels, et dans le cadre d'une annulation intervenue suite à l'invocation d'un moyen de légalité externe comme de légalité interne.

Enfin, on notera que quelques années plus tard, le Conseil d'Etat étendra cette jurisprudence acceptant la modulation des décisions juridictionnelles aux changements de jurisprudence (*CE, 7 oct. 2009, Sté d'équipement de Tahiti et des îles*).

Pour aller plus loin

- **CE, 21 novembre 2008, *Association des hôpitaux privés sans but lucratif et autres***: les effets d'un arrêté annulé, en dépit de l'annulation, doivent être réputés définitifs, pour l'année considérée : l'annulation *juridique* n'est pas accompagnée d'une annulation *effective* totale.
- **CE, sect., 30 décembre 2010, *M. Marc Robert***: l'annulation de la nomination d'un magistrat serait de nature, si elle était rétroactive, à emporter des conséquences manifestement excessives en raison tant des effets que cet acte a produits et des situations qui ont pu se constituer lorsqu'il était en vigueur que de l'intérêt général pouvant s'attacher à un maintien temporaire de ses effets : l'annulation est donc différée dans le temps.
- **CE, 26 décembre 1925, *Rodière***: l'annulation de la révocation d'un fonctionnaire implique la reconstitution de sa carrière et sa réintégration (v. aussi **CE, 12 janv. 2011, *M. Matelly***).
- **CE, 1er juin 2012, *Fédération des syndicats généraux de l'éducation nationale et de la recherche publique***: eu égard aux intérêts qui s'attachent à la continuité du service public de l'éducation, l'annulation par la décision du Conseil d'État du 28 novembre 2011 de l'arrêté du 12 mai 2010 portant définition des compétences à acquérir par les professeurs, documentalistes et conseillers principaux d'éducation ne prend effet qu'au 31 juillet 2012 et, sous réserve des actions contentieuses engagées, les effets produits par ces dispositions antérieurement à leur annulation sont définitifs.

6 CE, ass., 4 avril 2014, *Département du Tarn et Garonne*

« 2. Considérant qu'indépendamment des actions dont disposent les parties à un contrat administratif et des actions ouvertes devant le juge de l'excès de pouvoir contre les clauses réglementaires d'un contrat ou devant le juge du référé contractuel (...), tout tiers à un contrat administratif susceptible d'être lésé dans ses intérêts de façon suffisamment directe et certaine par sa passation ou ses clauses est recevable à former devant le juge du contrat un recours de pleine juridiction contestant la validité du contrat ou de certaines de ses clauses non réglementaires qui en sont divisibles ; que cette action devant le juge du contrat est également ouverte aux membres de l'organe délibérant de la collectivité territoriale ou du groupement de collectivités territoriales concerné ainsi qu'au représentant de l'État dans le département dans l'exercice du contrôle de légalité ; que les requérants peuvent éventuellement assortir leur recours d'une demande tendant, sur le fondement de l'article L. 521-1 du code de justice administrative, à la suspension de l'exécution du contrat ; que ce recours doit être exercé, y compris si le contrat contesté est relatif à des travaux publics, dans un délai de deux mois à compter de l'accomplissement des mesures de publicité appropriées (...) ; que la légalité du choix du cocontractant, de la délibération autorisant la conclusion du contrat et de la décision de le signer, ne peut être contestée qu'à l'occasion du recours ainsi défini ; que, toutefois, dans le cadre du contrôle de légalité, le représentant de l'État dans le département est recevable à contester la légalité de ces actes devant le juge de l'excès de pouvoir jusqu'à la conclusion du contrat, date à laquelle les recours déjà engagés et non encore jugés perdent leur objet ; » (Rejet).

■ *Faits*

Un requérant a contesté au contentieux la délibération de la commission permanente du conseil général de Tarn-et-Garonne autorisant le président du conseil général à signer un marché public ayant pour objet la location en longue durée de véhicules de fonction pour les services du conseil général ; il demande surtout au juge administratif d'enjoindre au département d'obtenir la résolution du contrat. Ce contentieux pose la question de savoir dans quelle mesure un tiers non candidat à un contrat administratif (en l'occurrence un marché public) est recevable à attaquer celui-ci, et par quelle voie contentieuse (recours pour excès de pouvoir ou plein contentieux).

■ *Portée*

Jusqu'au revirement ici évoqué, un contrat administratif ne pouvait pas faire l'objet de la part des tiers d'un recours de plein contentieux, puisque la recevabilité du recours était limitée aux parties signataires (CE, 4 août 1905, Martin : les tiers ne pouvaient attaquer que les actes détachables du contrat ; cette voie est désormais fermée, puisque devenue inutile). En effet, le contrat administratif est un acte qui crée des relations juridiques d'ordre subjectif, unissant dans l'acte des parties ayant exprimé leur volonté de façon expresse. Les parties signataires étaient considérées comme seules concernées par les relations juridiques créées par le contrat, c'est pourquoi traditionnellement, le prétoire du juge administratif était fermé aux tiers, en tout cas dans le cadre du plein contentieux. Cette solution ne permettait pas à des requérants potentiels, pourtant intéressés, à contester le « cœur » du contrat.

C'est pourquoi le Conseil d'État décide dans ce revirement d'importance, de franchir un nouveau pas en acceptant la recevabilité du recours de plein contentieux, contre la validité du contrat lui-même ou de certaines de ses clauses « contractuelles » (il n'acceptait avant que le recours pour excès de pouvoir contre les actes détachables – préalables – du contrat : p. ex. l'acte de passation du contrat, la décision approuvant un contrat). C'est un revirement d'ampleur qui autorise la contestation par les tiers des actes relatifs à l'exécution du contrat.

Le recours peut être présenté par divers requérants, sachant que les moyens invocables sont différents selon la qualité du requérant. Ainsi, les membres de l'assemblée locale concernée, ou de l'EPCI concerné, et le préfet (qui peut, lui, continuer à demander l'annulation des actes détachables du contrat, au regard de son rôle particulier en matière de contrôle de légalité), peuvent invoquer tout moyen ; par contre, les « autres » tiers, comme le contribuable local, ne peuvent invoquer que des vices en rapport direct avec l'intérêt lésé de façon directe et certaine dont ils se prévalent, ou ceux constituant des moyens d'ordre public (ce sont donc des irrégularités graves).

Le juge dispose de tout un panel de solutions, en cas d'irrégularité : décider que la poursuite de l'exécution du contrat est possible ; inviter les parties à prendre des mesures de régularisation dans un délai qu'il fixe, sauf à résilier ou résoudre le contrat ; résilier le contrat ; annuler totalement ou partiellement le contrat. Une indemnisation du préjudice subi est bien entendu envisageable.

Pour aller plus loin

- **CE, ass., 10 juillet 1996, *Cayzeele*** : les clauses réglementaires contenues dans un contrat administratif peuvent faire l'objet d'un recours pour excès de pouvoir par les tiers.
- **CE, ass., 16 juillet 2007, *Société Tropic travaux signalisation*** : arrêt « initiateur » qui admet la recevabilité du recours de plein contentieux à l'encontre d'un contrat administratif, au bénéfice des tiers ayant la qualité de candidat évincé (v. aussi les procédures des référés précontractuel et contractuel).
- **CE, 2 juin 2016, *Ministre des affaires sociales et de la santé c/Centre hospitalier Émile Roux du Puy-en-Velay et autres*** : il appartient à une agence régionale de santé (ARS), comme à tout tiers, de démontrer qu'elle a été lésée dans ses intérêts de façon suffisamment directe et certaine par la passation ou les clauses d'un marché public pour contester la validité ou demander la suspension de l'exécution de ce marché.
- **CE, 23 décembre 2016, *Association Études et consommation CFDT du Languedoc-Roussillon et Association ATTAC Montpellier*** : les tiers à un contrat administratif, qui disposent d'un recours de pleine juridiction pour en contester la validité, s'ils se prévalent d'intérêts auxquels l'exécution du contrat est de nature à porter une atteinte directe et certaine, sont recevables à contester devant le juge de l'excès de pouvoir la légalité de l'acte administratif portant approbation du contrat.

L'étendue du contrôle du juge de l'excès de pouvoir

Chapitre 9

Le recours pour excès de pouvoir, est un recours de droit commun. Le contrôle effectué par le juge administratif sur l'acte contesté par le requérant est d'intensité variable. Le requérant peut invoquer quatre types de moyens juridiques, qui se répartissent au sein de deux causes juridiques distinctes. La cause tenant à la légalité **externe** s'intéresse à la *compétence* de l'auteur de l'acte ainsi qu'aux vices éventuels affectant sa *forme*. La cause relative à la légalité **interne** englobe les moyens tenant au *détournement de pouvoir* (défaut relatif à l'intérêt général que doit contenir tout acte administratif) et à la *violation de la loi*. L'intensité du contrôle varie au sein de la violation de la loi, en ce qui concerne l'erreur de fait relative aux motifs de l'acte.

C'est en fonction de l'étendue du pouvoir discrétionnaire de l'administration, et des libertés qui sont susceptibles d'être compromises par l'action de l'administration, que le juge administratif exerce donc un contrôle restreint, normal ou maximum.

1 CE, 10 mai 1912, *Abbé Bouteyre*

« Considérant que l'agrégation a été instituée exclusivement en vue du recrutement des professeurs de l'enseignement secondaire public ; qu'elle ne confère pas aux agrégés un grade universitaire, mais un titre d'ordre professionnel, dont l'objet est d'assurer aux maîtres, qui l'ont obtenu après concours, des avantages particuliers dans la carrière de l'enseignement public ; que les textes précités ont donc pu légalement, étant donné ce caractère de l'agrégation, ne pas la rendre accessible à tous, mais la réserver aux candidats agréés par le ministre, chef responsable du service de l'enseignement secondaire public, comme pouvant être éventuellement chargés des fonctions de professeur dans un lycée ou dans un collège ; qu'en refusant, par la décision attaquée, d'admettre le requérant à prendre part au concours d'agrégation de philosophie, le ministre de l'Instruction publique n'a fait qu'user à l'égard de ce candidat, dans l'intérêt du service placé sous son autorité, du droit d'appréciation qui lui a été réservé par le décret du 10 avril 1852 et le règlement du 29 juillet 1885, et que ladite décision n'est par suite entachée ni d'excès, ni de détournement de pouvoir ; ... » (Rejet).

■ *Faits*

L'abbé Bouteyre s'était inscrit en 1911 sur la liste des candidats à l'agrégation de philosophie de l'enseignement secondaire. Le ministre de l'Instruction publique a refusé son admission à concourir en se basant sur la laïcité de l'État, qui interdisait selon lui le recrutement de candidats ecclésiastiques.

L'abbé Bouteyre demande l'annulation de ce refus d'admission à concourir.

■ *Portée*

L'autorité administrative doit pouvoir agréer les candidats se présentant aux concours administratifs, après avoir vérifié qu'ils présentent bien les « garanties requises » pour l'emploi postulé. Cela ne doit pas conduire à écarter certains candidats pour des motifs discriminatoires.

Le principe d'égalité implique ainsi, en matière de recrutement dans la fonction publique, une exigence de neutralité de la part de l'administration qui recrute. Comme l'avait indiqué clairement le commissaire du gouvernement Helbronner dans ses conclusions sur cet arrêt : « Les opinions, les idées des candidats échappent au contrôle de l'autorité qui doit faire les nominations, et reconnaître au ministre le droit d'exclure un candidat qui pratique telle ou telle religion - ou qui est supposé avoir telle ou telle opinion philosophique ou politique - serait une atteinte inadmissible à la liberté des citoyens (...) ».

Le Conseil d'État consacre donc, dans cet arrêt, dans le cadre du recours pour excès de pouvoir, un contrôle, même s'il s'agit d'un contrôle restreint (s'agissant d'un acte exprimant un pouvoir discrétionnaire du ministre), sur la décision d'agrément ministériel sur les candidats au concours. Le ministre voit cependant sa décision validée, car le Conseil d'État retient alors qu'elle a été prise dans l'intérêt du service, afin de garantir l'impartialité de l'enseignement. Sur le fond, et compte tenu des réformes du statut général de la fonction publique (loi du 13 juillet 1983 modifiée, notamment dans ses articles 6 et s.), le Conseil d'État aurait sûrement donné une solution plus favorable au requérant dans la période contemporaine. Le contrôle juridictionnel ultérieur va approfondir la piste ouverte par l'arrêt *Bouteyre* en élargissant considérablement l'étendue du contrôle normal (et non pas simplement restreint), notamment en droit de la fonction publique.

Le principe de ***neutralité*** du service public, qui implique celui de laïcité de l'enseignement public, s'impose par ailleurs aux enseignants, comme aux autres agents publics. Si tous disposent de la liberté de conscience, ils ne peuvent néanmoins exprimer leurs croyances religieuses dans le cadre de l'exécution du service, notamment par le port d'un signe manifestant leur appartenance à une religion. Les usagers du service sont dans une situation un peu différente, notamment en ce qui concerne les élèves de l'enseignement public en vertu de l'article 1er de la loi du 15 mars 2004 (ainsi que la circulaire d'application du 18 mai 2004, dont l'application a été jugée légale par le Conseil d'État) encadrant, en application du principe de laïcité, le port de signes ou de tenues manifestant une appartenance religieuse : « dans les écoles, les collèges et les lycées publics, le port de signes ou tenues par lesquels les élèves manifestent ostensiblement une appartenance religieuse est interdit. Le règlement intérieur rappelle que la mise en œuvre d'une procédure disciplinaire est précédée d'un dialogue avec l'élève ». Cette interdiction répond aux exigences de la Convention européenne de sauvegarde des droits de l'homme, telle qu'interprétée par la CEDH.

Pour aller plus loin

- **CE, avis, 3 mai 2000, *Dlle Marteaux*** : le principe de laïcité de l'État s'oppose à ce que tout agent public manifeste ses croyances religieuses à l'occasion de l'accomplissement du service.
- **CE, sect., 10 avril 2009, *El Haddioui*** : est illégale la délibération d'un jury de concours qui pose plusieurs questions portant sur l'origine du candidat et sur ses pratiques confessionnelles ainsi que sur celles de son épouse.
- **CE, ass., 9 juillet 2010, *Fédération nationale de la libre-pensée et autres*** : un accord international signé entre la France et le Saint-Siège prévoyant l'équivalence de niveaux de « diplômes ecclésiastiques » ne porte pas atteinte au principe de laïcité car ne comporte aucune stipulation permettant qu'un culte soit salarié ou subventionné, ni ne fait prévaloir ainsi aucun critère religieux pour l'accès à l'enseignement supérieur public.
- **CE, 5 juillet 2013, *Œuvre d'assistance aux bêtes d'abattoirs*** : si le principe de laïcité impose l'égalité de tous les citoyens devant la loi sans distinction de religion et le respect de toutes les croyances, il impose aussi à la République de garantir le libre exercice des cultes ; dès lors, la possibilité de déroger à l'obligation d'étourdissement pour la pratique de l'abattage rituel d'animaux ne porte pas atteinte au principe de laïcité.
- **CE, 15 octobre 2014, *Société Confédération nationale des associations familiales catholiques*** : la lettre du ministre de l'Éducation nationale demandant aux recteurs de relayer la campagne de communication relative à la « ligne azur » d'écoute pour les jeunes en questionnement à l'égard de leur orientation ou leur identité sexuelles constitue une décision, illégale au regard du principe de neutralité du service public.

2 CE, 4 avril 1914, *Gomel*

« Considérant qu'aux termes de l'article 3 du décret du 26 mars 1852, "tout constructeur de maisons, avant de se mettre à l'œuvre, devra demander l'alignement et le nivellement de la voie publique au devant de son terrain et s'y conformer" que l'article 4 du même décret, modifié par l'article 118 de la loi du 13 juillet 1911, porte : "Il devra pareillement adresser à l'administration un plan et des coupes cotées des constructions qu'il projette, et se soumettre aux prescriptions qui lui seront faites dans l'intérêt de la sûreté publique, de la salubrité ainsi que de la conservation des perspectives monumentales et des sites, sauf recours au Conseil d'État par la voie contentieuse" ;

Considérant que ce dernier article ainsi complété par la loi du 13 juillet 1911 a eu pour but de conférer au préfet le droit de refuser, par voie de décision individuelle, le permis de construire, au cas où le projet présenté porterait atteinte à une perspective monumentale ; que les seules restrictions apportées au pouvoir du préfet, dont la loi n'a pas subordonné l'exercice à un classement préalable des perspectives monumentales, sont celles qui résultent de la nécessité de concilier la conservation desdites perspectives avec le respect dû au droit de propriété ;

Mais considérant qu'il appartient au Conseil d'État de vérifier si l'emplacement de la construction projetée est compris dans une perspective monumentale existante et, dans le cas de l'affirmative, si cette construction, telle qu'elle est proposée, serait de nature à y porter atteinte ;

Considérant que la place Beauvau ne saurait être regardée dans son ensemble comme formant une perspective monumentale ; qu'ainsi, en refusant par la décision attaquée au requérant l'autorisation de construire, le préfet de la Seine a fait une fausse application de l'article 118 de la loi précitée du 13 juillet 1911 ; ... » (Annulation).

Faits

L'article 118 de la loi du 13 juillet 1911 autorisait le préfet à refuser un permis de construire au motif notamment que le projet porterait atteinte à la conservation des perspectives monumentales et des sites. Monsieur Gomel demande l'annulation d'un tel refus préfectoral concernant son projet, place Beauvau, au motif qu'il ne s'inscrivait pas dans la « perspective monumentale », condition requise par la réglementation. Le Conseil d'État lui donne raison en consacrant un contrôle de la qualification juridique des faits retenus par l'administration.

Portée

En précisant qu'il lui appartient « *de vérifier si l'emplacement de la construction projetée est compris dans une perspective monumentale existante et, dans le cas de l'affirmative, si cette construction, telle qu'elle est proposée, serait de nature à y porter atteinte* », le Conseil d'État consacre de manière claire son contrôle de la ***qualification juridique des faits***, et étend ainsi son contrôle juridictionnel. Auparavant, le CE se limitait à un contrôle de la régularité du raisonnement juridique tenu par l'administration.

Il lui suffira en l'espèce de considérer que la place Beauvau ne constitue pas une perspective monumentale, sans avoir à passer à une seconde étape, qui aurait consisté à s'interroger sur l'atteinte supposée du projet à ladite perspective.

Ce contrôle de la qualification n'est pas un contrôle de l'opportunité de la décision prise par l'administration active, mais un contrôle « technique » de la régularité de l'interprétation donnée à la règle de droit, à l'occasion de l'application de cette règle aux faits du dossier. Deux ans plus tard (V. fiche de l'arrêt « Camino »), le CE étendra son contrôle à l'exactitude matérielle des faits retenus par l'administration dans son appréciation.

Le contrôle de la qualification juridique des faits est particulièrement important dans le domaine des sanctions administratives, dans lequel il permet au juge administratif de contrôler que le fait reproché à l'administré a bien le caractère de fait fautif. Mais il s'applique dans l'essentiel des domaines d'action de l'administration : urbanisme, police administrative, droit des étrangers, droit de la fonction publique… L'étendue du contrôle varie, dans une étape postérieure du contrôle, en fonction de l'étendue de pouvoir discrétionnaire dont dispose l'administration (cf. arrêt *Ville Nouvelle Est*).

Il exise néanmoins quelques domaines dans lesquels ce contrôle n'est pas effectué. Ainsi, en matière de décorations, le CE ne contrôle pas du tout l'opportunité du choix qui a été fait.

Ce contrôle de la qualification juridique des faits est d'autant plus essentiel que les textes sont parfois lapidaires ou obscurs ; le juge administratif s'assure alors du respect par l'administration de la « légalité » entendue au sens large, incluant notamment les principes généraux du droit.

L'évolution du contrôle du juge conduit à considérer qu'il développe sans cesse son contrôle, passant d'un contrôle restreint à un contrôle normal lorsque les exigences liées à la protection de l'administration semblent, pour le juge, devoir céder devant les progrès de la défense des droits des administrés.

Pour aller plus loin

- **CE, ass., 2 novembre 1973,** ***SA Librairie François Maspero*** : la notion d'erreur manifeste d'appréciation est étendue, peu à peu, à tous les domaines du contrôle minimum, y compris aux mesures de « haute police » comme l'interdiction de la publication d'une revue.
- **CE, 18 mars 1983,** ***Mulsant*** : passage du contrôle restreint au contrôle normal en matière d'appréciation de la légalité des décisions de refus d'admission à concourir prises par l'autorité administrative.
- **CE, 12 février 2014,** ***Ministre de l'intérieur*** : contrôle normal sur la décision d'expulsion d'un étranger pour motif de menace grave à l'ordre public ; v. aussi **CE, 28 nov. 2014,** ***Ministre de l'intérieur***.
- **CE, 19 juin 2015,** ***Société « Grands magasins de la Samaritaine – maison Ernest Cognacq » – Ville de Paris*** : légalité du permis de construire des grands magasins « La Samaritaine ».
- **CE, 3 février 2016,** ***Syndicat national des professionnels de la communication et de l'audiovisuel CFE-CGC et autre*** : la nomination par le CSA à la présidence de France Télévisions est soumise à un contrôle minimum de l'erreur manifeste d'appréciation.
- **CE, ass., 8 juin 2016,** ***M. H., n° 382736*** : contrôle de la seule erreur manifeste d'appréciation du CE sur l'avis donné par le CSM sur la candidature d'un magistrat judiciaire sur un emploi vacant.
- **CE, 5 décembre 2016,** ***Association Sauvegarde du Trégor et autres, Commune de Lanion*** : contrôle de l'erreur manifeste d'appréciation sur le décret accordant la « *Concession de sables coquilliers de la Pointe d'Armor* ».
- **CE, 23 décembre 2016,** ***Association La Cimade et autres*** : annulation d'un décret de 2015 pour insuffisance manifeste du montant additionnel de l'allocation pour demandeur d'asile.
- **CE, ord., 16 mars 2017,** ***M. Dupont-Aignan*** : rejet de la demande de suspension de la décision du CSA refusant d'enjoinde à TF1 d'inviter M. Dupont-Aignan au débat de la présidentielle du premier tour le 20 mars 2017, considérant qu'il n'y a pas d'atteinte à l'équité ni au pluralisme.

3 CE, 14 janvier 1916, *Camino*

« Considérant que si le Conseil d'État ne peut apprécier l'opportunité des mesures qui lui sont déférées par la voie du recours pour excès de pouvoir, il lui appartient, d'une part, de vérifier la matérialité des faits qui ont motivé ces mesures et, d'autre part, dans le cas où lesdits faits sont établis, de rechercher s'ils pouvaient légalement motiver l'application des sanctions prévues par la disposition précitée ; [...]
Considérant, que le motif tiré de ce que le maire d'Hendaye aurait méconnu les obligations qui lui sont imposées par la loi du 5 avril 1884, en ne veillant pas à la décence d'un convoi funèbre auquel il assistait, repose sur des faits et des allégations dont les pièces versées au dossier établissent l'inexactitude ; [...] »
(L'arrêté du Préfet des Basses-Pyrénées en date du 30 mars 1915 et le décret du 2 avril de la même année sont annulés).

Faits

Monsieur Camino, maire de la commune d'Hendaye, a fait l'objet d'une suspension puis d'une révocation pour faute, pour n'avoir pas veillé à la décence d'un convoi funèbre – il aurait fait entrer ledit convoi par une brèche dans le mur du cimetière – et pour avoir exercé certaines vexations à l'encontre d'une ambulance privée.

Il en demande l'annulation, qu'il obtient, au motif que les faits reprochés au maire sont inexacts.

Portée

Le Conseil d'État, pour prononcer l'annulation des sanctions prises à l'encontre du maire d'Hendaye, consacre ici en excès de pouvoir son contrôle sur ***l'exactitude matérielle des faits*** qui motivent les décisions contestées. En effet, toute décision administrative doit être motivée en droit et en fait ; le juge administratif doit donc contrôler les faits. Ce contrôle est paradoxalement consacré après celui de la qualification juridique des faits vraisemblablement en raison de la compétence de l'administration active pour examiner ces faits dans sa prise de décision (c'était l'application stricte de la séparation de l'administration active et du juge). Le contrôle de l'exactitude matérielle des faits appartient aujourd'hui au contrôle minimum du juge administratif en excès de pouvoir. Il s'agit d'un moyen qui aboutit rarement. Ceci étant, il ne dispense pas en principe le demandeur de prouver ses assertions, ce qui peut s'avérer compliqué lorsque c'est l'administration qui dispose des éléments d'instruction de la demande de l'administré. C'est pourquoi le juge administratif aménage parfois la charge de la preuve : il peut admettre que la preuve de l'inexactitude matérielle du fait puisse résulter des pièces du dossier. En tout état de cause, son contrôle n'amènera pas le juge à se substituer à l'administration pour apprécier l'opportunité de la décision à prendre.

Le contrôle de l'exactitude matérielle des faits pose d'autres difficultés en matière de contrôle de cassation. En effet, le Conseil d'État, en tant que juge de cassation, est supposé juger du droit et non du fait (autrement dit, il juge le jugement qui lui est soumis, et non plus les faits). En ce qui concerne l'appréciation des faits, les juges du fond sont en principe souverains. Or, le Conseil d'État, quelques années après sa décision *Camino*, qui va lui servir de modèle, va consacrer un contrôle sur l'exactitude matérielle et la dénaturation des faits de l'espèce par les juges du fond (mais le contrôle du juge de cassation se fonde alors exclusivement sur les pièces du dossier, sans instruction nouvelle).

Plus globalement, l'arrêt permet de revenir sur le contexte particulier du contrôle du gouvernement sur les élus locaux (aussi bien en cette qualité d'élus, que de représentants de l'État). Il s'agit d'une problématique récurrente. Alors qu'au début du XXe siècle, la plupart des contentieux concernaient le domaine religieux, les motifs de sanction pour inexécution des réglementations par les maires se sont multipliés : refus de procéder à des votations (référendums) ; propos outranciers... Généralement, une suspension est décidée, mais la sanction peut aller jusqu'à la révocation.

Pour aller plus loin

- **CE, ass., 5 juillet 1929, *Commune de Relizane*** : consécration, en cassation, du contrôle sur l'exactitude matérielle des faits de l'espèce.
- **CE, 9 octobre 1996, *Association « Ici et maintenant »*** : application du contrôle de la qualification juridique des faits à une sanction du Conseil supérieur de l'audiovisuel.

4 CE, ass., 28 mai 1954, *Barel*

« Considérant que, s'il appartient au secrétaire d'État, chargé par les textes précités d'arrêter la liste des candidats admis à concourir, d'apprécier, dans l'intérêt du service, si les candidats présentent les garanties requises pour l'exercice des fonctions auxquelles donnent accès les études poursuivies à l'École nationale d'administration et s'il peut, à cet égard, tenir compte de faits et manifestations contraires à la réserve que doivent observer ces candidats, il ne saurait, sans méconnaître le principe de l'égalité de l'accès de tous les Français aux emplois et fonctions publics, écarter de ladite liste un candidat en se fondant exclusivement sur ses opinions politiques ;
Considérant que les requérants, auxquels le secrétaire d'État à la présidence du Conseil a, par les décisions attaquées, refusé l'autorisation de prendre part au concours ouvert en 1953 pour l'admission à l'École nationale d'administration, soutiennent qu'ils n'ont été éliminés de la liste des candidats arrêtée par ledit secrétaire d'État qu'à raison des opinions politiques qui leur ont été imputées ; qu'ils se prévalent à l'appui de leur allégation de circonstances et de faits précis constituant des présomptions sérieuses ; [...]
Qu'en cet état de la procédure la Section du Contentieux, chargée de l'instruction des requêtes, usant du pouvoir qui appartient au Conseil d'État d'exiger de l'administration compétente la production de tous documents susceptibles d'établir la conviction du juge et de permettre la vérification des allégations des requérants a, par délibération du 19 mars 1954, demandé au secrétaire d'État la production des dossiers constitués au sujet de la candidature de chacun des requérants ; qu'en ce qui concerne les sieurs Barel et Bedjaoui, aucune suite n'a été donnée par le secrétaire d'État à cette demande ; [...] qu'il ressort de l'ensemble des circonstances sus-relatées de l'affaire que le motif allégué par les auteurs des pourvois doit être regardé comme établi ; que, dès lors, les requérants sont fondés à soutenir que les décisions déférées au Conseil d'État reposent sur un motif entaché d'erreur de droit et, par suite, à en demander l'annulation pour excès de pouvoir ; »
(Annulation).

■ *Faits*

L'admission à concourir à l'entrée à l'École nationale d'administration fut refusée au sieur Barel par décision du secrétaire d'état à la présidence du conseil. La presse se fit écho de ce refus en précisant que le gouvernement n'accepterait aucune candidature d'un candidat communiste. Le secrétaire d'état indiqua simplement à l'Assemblée nationale qu'aucun candidat n'avait été exclu pour des motifs politiques. Cependant, le sieur Barel, communiste, demanda l'annulation de la décision de refus d'admission à concourir, qui était motivée, selon lui, uniquement par des motifs politiques.

■ *Portée*

Le Conseil d'État approfondit dans cet arrêt célèbre son contrôle en matière de recours pour excès de pouvoir. En cas de pouvoir discrétionnaire, il exerce un contrôle restreint, mais qui comprend l'exactitude matérielle des faits, l'erreur de droit, le détournement de pouvoir.

En ce qui concerne les concours, l'administration dispose d'un pouvoir d'agrément des candidats. Il appartient en principe au demandeur, qui sera concrètement le candidat évincé, de prouver le détournement de pouvoir notamment, ce qui peut s'avérer impossible lorsqu'il ne dispose d'aucun élément, car seule l'administration détient les éléments du dossier. En l'occurrence, le gouvernement refusa de communiquer au juge les éléments du dossier nécessaires à l'instruction de l'affaire. Le Conseil d'État, face aux présomptions sérieuses alléguées par le requérant, décida de considérer que ses allégations étaient donc fondées, faute d'avoir été contredites par le gouvernement.

Sur le fond, le Conseil d'État annule le refus d'admission à concourir pour erreur de droit (et non pour détournement de pouvoir) : le gouvernement ne peut pas légalement se fonder uniquement sur les opinions politiques du candidat pour l'écarter des épreuves du concours.

Cette affaire montre avec éclat l'importance de l'étendue du contrôle du juge sur les décisions de l'administration, et aussi celle des mesures d'instruction qu'il peut décider afin de trouver une solution.

Il s'agissait aussi pour le Conseil d'Etat de confirmer sa jurisprudence, déjà bien établie (V. *CE, 1912, Abbé Bouteyre*), concernant le principe d'égale admissibilité aux emplois publics, qui implique celui de la neutralité de l'administration qui recrute. Cette dernière ne peut pas opérer de discriminations au moment notamment de l'admission à concourir, en écartant un candidat au motif de ses opinions politiques, philosophiques ou religieuses. Par contre, le candidat, une fois recruté, devra à son tour mettre de côté toute manifestation de ses opinions, puisqu'il sera à son tour, comme tout agent public, tenu par son obligation de neutralité.

Pour aller plus loin

- **CE, 26 novembre 1875, *Pariset***: le Conseil d'État consacre un nouveau cas d'ouverture du recours pour excès de pouvoir : le ***détournement de pouvoir***, lorsqu'un acte administratif unilatéral n'est pas motivé par un but d'intérêt général.
- **CE, 11 février 1927, *Abbé Veyras***: détournement de pouvoir au cas d'un intérêt idéologique de l'auteur de l'acte.
- **CE, sect., 20 février 1953, *Société Intercopie***: le Conseil d'État consacre la distinction entre moyens de légalité externe et moyens de légalité interne, qui constituent deux causes juridiques distinctes. Après l'expiration des délais de recours contentieux, le requérant ne peut plus invoquer de moyens nouveaux fondés sur une cause juridique distincte.
- **CE, 18 mars 2015, *Association Ligue de défense des Alpilles***: absence de manœuvre frauduleuse dans l'instruction d'un permis de construire (affaire « Michel Drucker » à Eygalières).

5 CE, ass., 28 mai 1971, *Ville nouvelle Est*

« Sur l'utilité de l'opération :
Considérant qu'une opération ne peut être légalement déclarée d'utilité publique que si les atteintes à la propriété privée, le coût financier et éventuellement les inconvénients d'ordre social qu'elle comporte, ne sont pas excessifs eu égard à l'intérêt qu'elle présente ;
Considérant qu'il ressort des pièces versées au dossier que l'aménagement de la zone sur laquelle porte la déclaration d'utilité publique a été conçu de telle sorte que les bâtiments universitaires qui doivent y trouver place ne soient pas séparés des secteurs réservés à l'habitation ; que l'administration justifie avoir dû, pour assurer un tel aménagement, englober dans cette zone un certain nombre de parcelles comportant des constructions qui devront être démolies ; que, dans ces conditions, et compte tenu de l'importance de l'ensemble du projet, la circonstance que son exécution implique que disparaissent une centaine de maisons d'habitations n'est pas de nature à retirer à l'opération son caractère d'utilité publique ; »
(Annulation du jugement du tribunal administratif ; rejet de la demande).

■ *Faits*

Le gouvernement décida en 1966 de créer une ville nouvelle dans la banlieue de Lille, afin de proposer des quartiers neufs et un campus universitaire moderne. Ce projet devait à l'origine notamment entraîner l'expropriation de 250 maisons, nombre qui fut ramené par l'administration à 88. Une association de défense des habitants demanda l'annulation de la déclaration d'utilité publique par la voie du recours pour excès de pouvoir, au motif notamment que le projet avait un coût social trop élevé.

■ *Portée*

Le Conseil d'État fait ici progresser son contrôle en matière d'expropriation, sur les déclarations d'utilité publique. Pendant longtemps, il n'a pas contrôlé l'utilité publique des opérations d'expropriation, estimant qu'il s'agissait d'une question d'opportunité qu'il ne lui appartenait pas de connaître au contentieux.

Il opère donc un revirement et consacre ici un degré supplémentaire de contrôle au sein de la qualification juridique des faits, en validant la théorie dite du « bilan coût/avantage » de l'opération projetée par l'administration : c'est l'application d'un contrôle *maximum*. L'enjeu de cette évolution de jurisprudence a ainsi été exposé par le commissaire du gouvernement Braibant dans ses conclusions : « la situation se trouve ainsi modifiée et parfois même renversée : il n'y a plus seulement d'un côté la puissance publique et l'intérêt général, et de l'autre la propriété privée ; de plus en plus fréquemment divers intérêts publics se trouvent en présence derrière les expropriants et les expropriés (...) Il n'est donc pas possible de s'en tenir à la question de savoir si l'opération présente par elle-même une utilité publique. Il faut encore mettre en balance ses inconvénients avec ses avantages, son coût avec son rendement (...) ».

Cette évolution tient notamment à une extension considérable des hypothèses d'expropriation, qui peuvent bénéficier aussi bien à des personnes publiques qu'à des personnes privées, ce qui a conduit le Conseil d'État à s'interroger sur la pertinence de se cantonner à un contrôle minimum. Il examine donc désormais le coût financier, mais aussi le coût social de l'opération, et (précisera ensuite le Conseil d'État) les atteintes portées éventuellement à d'autres intérêts publics en présence. Ce n'est que si les atteintes à la propriété privée, le coût financier et éventuellement les inconvénients d'ordre social que l'opération comporte ne sont pas excessifs eu égard à l'intérêt que l'opération présente qu'elle peut être légalement déclarée d'utilité publique.

Le juge administratif exerce donc un « plein contrôle de proportionnalité » de la décision par rapport aux faits (R. Chapus), ce qui s'avère très proche du contrôle d'opportunité, car le juge vérifie totalement le processus décisionnel qui conduit à l'édiction de la décision attaquée. La décision n'est pas annulée seulement si c'est la mieux adaptée.

C'est une théorie jurisprudentielle extrêmement novatrice, mais qui n'a vocation à aboutir que rarement, compte tenu de la complexité des dossiers examinés, et du déséquilibre du poids réciproque de l'administration et des requérants dans l'instruction desdits dossiers. Surtout, le « bilan » a contaminé d'autres champs d'intervention des pouvoirs publics, le Conseil d'État montrant ainsi sa volonté de mieux encadrer l'exercice de son pouvoir discrétionnaire par l'administration. On peut citer dans les domaines ainsi concernés par ce contrôle : les dérogations aux plans locaux d'urbanisme, les autorisations de licenciement des salariés protégés.

Pour aller plus loin

- **CE, ass., 20 octobre 1972,** ***Société civile Sainte-Marie-de-l'Assomption*** : extension du contrôle maximum à la construction d'une autoroute ; le Conseil d'État inclut « les autres intérêts publics » dans son contrôle du bilan.
- **CE, ass., 5 mai 1976,** ***SAFER d'Auvergne c/Bernette*** : consécration de la théorie du bilan au cas de licenciement des salariés protégés.
- **CE, 17 octobre 2013,** ***Collectif des élus qui doutent de la pertinence de l'aéroport de Notre-Dame-des-Landes (CEDPA)*** : application de la théorie du bilan au projet d'aéroport de Notre-Dame-des-Landes (rejet de la requête). V. aussi **CE, 28 novembre 2014,** ***Mme B.,*** **n° 377199** : rejet du recours contre les arrêtés préfectoraux de cessibilité concernant ce même projet. V. aussi **CE, 20 juin 2016,** ***Association citoyenne intercommunale des populations concernées par le projet d'aéroport de Notre-Dame-des-Landes et autres*** : rejet du recours contre le décret organisant la consultation des électeurs sur l'aéroport de Notre-Dame-des-Landes.
- **CE, 9 novembre 2015,** ***Société France nature environnement, M. G., commune de Chimilin et autres*** : il n'appartient pas au juge de comparer le projet de l'administration avec les solutions différentes dont font état les requérants.
- **CE, 15 avril 2016,** ***Fédération nationale des associations d'usagers des transports et autres*** : annulation de la déclaration d'utilité publique de la LGV Poitiers-Limoges.

6 CE, ass., 16 juillet 2007, *Société Tropic travaux signalisation*

« Considérant que, indépendamment des actions dont les parties au contrat disposent devant le juge du contrat, tout concurrent évincé de la conclusion d'un contrat administratif est recevable à former devant ce même juge un recours de pleine juridiction contestant la validité de ce contrat ou de certaines de ses clauses, qui en sont divisibles, assorti, le cas échéant, de demandes indemnitaires ; que ce recours doit être exercé, y compris si le contrat contesté est relatif à des travaux publics, dans un délai de deux mois à compter de l'accomplissement des mesures de publicité appropriées, notamment au moyen d'un avis mentionnant à la fois la conclusion du contrat et les modalités de sa consultation dans le respect des secrets protégés par la loi ; qu'à partir de la conclusion du contrat, et dès lors qu'il dispose du recours ci-dessus défini, le concurrent évincé n'est, en revanche, plus recevable à demander l'annulation pour excès de pouvoir des actes préalables qui en sont détachables ; Considérant que, ainsi saisi de telles conclusions par un concurrent évincé, il appartient au juge, lorsqu'il constate l'existence de vices entachant la validité du contrat, d'en apprécier les conséquences ; [...] Considérant qu'il appartient en principe au juge d'appliquer les règles définies ci-dessus qui, prises dans leur ensemble, n'apportent pas de limitation au droit fondamental qu'est le droit au recours ; que toutefois, eu égard à l'impératif de sécurité juridique tenant à ce qu'il ne soit pas porté une atteinte excessive aux relations contractuelles en cours et sous réserve des actions en justice ayant le même objet et déjà engagées avant la date de lecture de la présente décision, le recours ci-dessus défini ne pourra être exercé qu'à l'encontre des contrats dont la procédure de passation a été engagée postérieurement à cette date ; » (Annulation de l'ordonnance)

■ *Faits*

La société « Tropic travaux signalisation » demande la suspension de la décision en date du 14 novembre 2005 de la Chambre de Commerce et d'Industrie de Pointe-à-Pitre rejetant son offre pour le marché public de marquage des aires d'avions de l'aéroport Le Raizet à Pointe-à-Pitre, de la décision d'attribuer ce marché à l'entreprise Rugoway, et de la décision de signer ce marché et du marché lui-même, par la voie du plein contentieux.

■ *Portée*

Les recours en matière de contrats relèvent du *plein contentieux*, domaine où le juge administratif « du contrat » possède les pouvoirs les plus étendus. En principe, les stipulations contractuelles ne peuvent être attaquées par la voie du recours pour excès de pouvoir en raison de l'effet relatif du contrat. Le caractère subjectif du contrat interdit par ailleurs en principe aux tiers de faire sanctionner une illégalité lors de la conclusion du contrat qui leur porterait préjudice. Mais le Conseil d'État tempère cette jurisprudence traditionnelle dans l'arrêt commenté : il ouvre aux ***concurrents évincés*** de la conclusion d'un contrat administratif un ***recours de plein contentieux*** leur permettant de contester directement la validité du contrat, même après sa signature. Le recours peut être assorti d'une demande de référé tendant à la suspension de l'exécution du contrat. Ces requérants ne peuvent plus, à compter de la conclusion du contrat, contester les actes préalables à sa conclusion qui en sont détachables.

Par ailleurs, le Conseil d'État, pour la première fois, limite l'effet rétroactif du revirement de jurisprudence ainsi opéré, qui concerne l'existence et les modalités d'exercice des recours juridictionnels eux-mêmes. Le changement de jurisprudence ne doit ainsi pas porter rétroactivement atteinte au droit fondamental du droit au recours.

En sens inverse, l'ouverture d'un nouveau recours ne doit pas se faire au détriment de la sécurité juridique et notamment porter une atteinte excessive aux relations contractuelles en cours (dès lors, en l'espèce, le nouveau recours ouvert aux concurrents évincés ne peut être exercé qu'à l'encontre des contrats dont la procédure de passation a été engagée postérieurement à la date de sa décision.

Pour les actions en justice ayant le même objet et déjà engagées à cette date, les nouvelles règles sont applicables).

Pour aller plus loin

- **CE, avis cont., 11 avril 2012, *Société Gouelle*** : Il revient au juge, après avoir pris en considération la nature de l'illégalité éventuellement commise dans le contrat, soit de prononcer la résiliation du contrat ou de modifier certaines de ses clauses, soit de décider de la poursuite de son exécution, éventuellement sous réserve de mesures de régularisation par la collectivité contractante, soit d'accorder des indemnisations en réparation des droits lésés, soit enfin, après avoir vérifié si l'annulation du contrat ne porterait pas une atteinte excessive à l'intérêt général ou aux droits du cocontractant, d'annuler, totalement ou partiellement, le cas échéant avec un effet différé, le contrat. La qualité de concurrent évincé est reconnue à tout requérant qui aurait eu intérêt à conclure le contrat, alors même qu'il n'aurait pas présenté sa candidature, qu'il n'aurait pas été admis à présenter une offre ou qu'il aurait présenté une offre inappropriée, irrégulière ou inacceptable. Enfin, à l'appui de son recours en contestation de la validité du contrat, mais aussi de ses conclusions indemnitaires présentées à titre accessoire ou complémentaire, le concurrent évincé peut invoquer tout moyen. (V. aussi **CE, 21 févr. 2011, *Société Ophrys;*** **CE, avis cont., 11 mai 2011, *Société Rebillon Schmit Prévot*** ; **CE, 10 décembre 2012, *Sté Lyonnaise des eaux*** ; sur la notion de vice de forme : **CE, 9 mai 2012, *Syndicat départemental des ordures ménagères de l'Aude***).
- **CE, 24 mai 2017, *Conseil National des greffiers des tribunaux de commerce et autres*** : atteinte au secret des affaires des notaires par le décret d'application de la « loi *Macron* » relative aux tarifs réglementés des professions juridiques et judiciaires.

7 CE, sect., 21 mars 2011, *Commune de Béziers II*

« Considérant que le juge du contrat, saisi par une partie d'un litige relatif à une mesure d'exécution d'un contrat, peut seulement, en principe, rechercher si cette mesure est intervenue dans des conditions de nature à ouvrir droit à indemnité ; que, toutefois, une partie à un contrat administratif peut, eu égard à la portée d'une telle mesure d'exécution, former devant le juge du contrat un recours de plein contentieux contestant la validité de la résiliation de ce contrat et tendant à la reprise des relations contractuelles ; qu'elle doit exercer ce recours, y compris si le contrat en cause est relatif à des travaux publics, dans un délai de deux mois à compter de la date à laquelle elle a été informée de la mesure de résiliation ; que de telles conclusions peuvent être assorties d'une demande tendant, sur le fondement des dispositions de l'article L. 521-1 du Code de justice administrative, à la suspension de l'exécution de la résiliation, afin que les relations contractuelles soient provisoirement reprises ; (...) ».
(annulation de l'arrêt de la CAA ; rejet de la requête de la commune de Béziers).

■ *Faits*

Dans le cadre d'un syndicat intercommunal à vocation multiple (SIVOM) qu'elles avaient créé, les communes de Béziers et de Villeneuve-lès-Béziers ont mené une opération d'extension d'une zone industrielle sur le territoire de la commune de Villeneuve-lès-Béziers. Par une convention, ces deux communes sont convenues que la commune de Villeneuve-lès-Béziers verserait à la commune de Béziers une fraction de la taxe professionnelle perçue par elle, afin de tenir compte de la diminution de recettes entraînée par la relocalisation, dans cette zone industrielle, d'entreprises jusqu'ici implantées sur le territoire de la commune de Béziers. Par une délibération du 14 mars 1996, le conseil municipal de la commune de Villeneuve-lès-Béziers a cependant voté que la commune ne devait plus exécuter la convention de 1986.

■ *Portée*

Cet arrêt précise concrètement (cf. le considérant reproduit ci-dessus) le rôle du juge administratif à l'occasion de la contestation d'une mesure de résiliation unilatérale d'un contrat administratif. Il présente l'intérêt majeur d'autoriser, grâce à ce revirement de jurisprudence, une partie au contrat à saisir le juge du contrat d'une demande en annulation de la résiliation ; alors qu'auparavant, cette demande était irrecevable, et seule une demande indemnitaire était envisageable, afin de réparer le préjudice subi par l'éventuelle illégalité de la résiliation. Le Conseil d'Etat a insisté, dès l'affaire *Béziers I* (V. « Pour aller plus loin ») sur la nécessité de faire prévaloir la loyauté des relations contractuelles, que ce soit au moment de la conclusion du contrat, comme de son exécution. C'est ce qui va conduire le Conseil à s'interroger sur la nécessité ou non d'ordonner la reprise des relations contractuelles, interrompues du fait d'une partie. Il consacre aussi un principe de stabilité des relations contractuelles qui va l'amener à examiner la pertinence ou non du maintien du contrat malgré le fait qu'il y décèle une ou plusieurs irrégularités.

Le Conseil d'État a enfin indiqué que le juge du contrat, s'il est saisi en référé de conclusions tendant à la suspension de l'exécution d'une mesure de résiliation, doit, après avoir vérifié que l'exécution du contrat n'est pas devenue sans objet, « prendre en compte, pour apprécier la condition d'urgence, d'une part les atteintes graves et immédiates que la résiliation litigieuse est susceptible de porter à un intérêt public ou aux intérêts du requérant, notamment à la situation financière de ce dernier ou à l'exercice même de son activité, d'autre part l'intérêt général ou l'intérêt de tiers, notamment du titulaire d'un nouveau contrat dont la conclusion aurait été rendue nécessaire par la résiliation litigieuse, qui peut s'attacher à l'exécution immédiate de la mesure de résiliation ». Pour déterminer si un moyen est propre à créer, en l'état de l'instruction, un doute sérieux sur la validité de la mesure de résiliation litigieuse, il doit apprécier si « les vices invoqués paraissent d'une gravité suffisante pour conduire à la reprise des relations contractuelles et non à la seule indemnisation du préjudice résultant, pour le requérant, de la résiliation ».

L'arrêt offre une solution efficace au cocontractant « victime » de la résiliation. Le juge va pouvoir décider si les relations contractuelles sont susceptibles de reprendre, en fonction de la gravité de l'illégalité, de l'intérêt général en cause, et des motifs de la résiliation. Il s'agit donc d'une jurisprudence, qui permet au contrat de survivre ; ce qui est généralement le souhait de l'entreprise titulaire du contrat. Reste que le contrat est un accord de volonté ; il n'appartient pas au juge de « forcer », dans le long terme, la continuation des relations contractuelles si la collectivité publique en cause ne souhaite plus mener le contrat à son terme.

Enfin, l'arrêt n'oublie pas les tiers au contrat qui (p. ex. en qualité d'usagers d'un service public concédé), peuvent avoir intérêt à la continuation du contrat malgré le fait qu'il soit atteint de plusieurs irrégularités. C'est alors la balance des intérêts réciproques des parties et des usagers qui va dicter la solution du juge : soit résiliation, soit continuation du contrat.

Le fait d'intégrer ce recours au sein du plein contentieux permet donc au juge de disposer du pouvoir d'ordonner la reprise des relations contractuelles, même en référé, et aussi l'octroi d'indemnités (si la reprise du contrat est impossible ou non pertinente ; ou en réparation de la période de non-exécution du contrat consécutive à la résiliation illégale).

Pour aller plus loin

- **CE, ass., 28 décembre 2009,** ***Commune de Béziers I*** : lorsque les parties lui soumettent un litige relatif à l'exécution du contrat qui les lie, il incombe en principe au juge, eu égard à l'exigence de loyauté des relations contractuelles, de faire application du contrat, sauf dans le cas où il constate une irrégularité invoquée par une partie ou relevée d'office par lui, tenant au caractère illicite du contenu du contrat ou à un vice d'une particulière gravité relatif notamment aux conditions dans lesquelles les parties ont donné leur consentement, il doit alors écarter le contrat et ne peut régler le litige sur le terrain contractuel.
- **CE, 9 mai 2012,** ***Syndicat départemental des ordures ménagères de l'Aude*** : le vice tenant à la signature d'un contrat par le représentant de la personne publique avant la transmission au représentant de l'État chargé du contrôle de légalité de la délibération l'autorisant n'entraîne pas nécessairement l'illégalité du contrat si les conditions de la transmission n'ont pas privé le préfet de sa capacité à exercer le contrôle de légalité dès lors que cette délibération a été prise avant la signature du contrat.

8 CE, ass., 13 novembre 2013, *M. Dahan*

« 5. Considérant qu'il appartient au juge de l'excès de pouvoir, saisi de moyens en ce sens, de rechercher si les faits reprochés à un agent public ayant fait l'objet d'une sanction disciplinaire constituent des fautes de nature à justifier une sanction et si la sanction retenue est proportionnée à la gravité de ces fautes ;
6. Considérant que, d'une part, en estimant que les faits reprochés au requérant constituaient des fautes de nature à justifier une sanction, l'autorité investie du pouvoir disciplinaire ne les a pas inexactement qualifiés ; que, d'autre part, eu égard à la nature de ces faits, dont M. B. n'a, à aucun moment, lorsqu'ils lui ont été reprochés, mesuré la gravité, à la méconnaissance qu'ils traduisent, de sa part, des responsabilités éminentes qui étaient les siennes, et compte tenu, enfin, de ce qu'ils ont porté sérieusement atteinte à la dignité de la fonction exercée, l'autorité disciplinaire n'a pas, en l'espèce, pris une sanction disproportionnée en décidant de mettre l'intéressé à la retraite d'office ; que la circonstance, à la supposer établie, que d'autres agents du ministère ayant commis des faits aussi graves n'auraient pas été sanctionnés avec la même sévérité est sans incidence sur la légalité du décret attaqué ; » (rejet)

■ *Faits*

À la suite d'une mission d'inspection à la fin de l'été 2010, il a été mis fin aux fonctions du requérant, ambassadeur. Une procédure disciplinaire ouverte à l'encontre de l'intéressé a en effet abouti à sa mise à la retraite d'office, par décret du président de la République du 3 février 2011 et à sa radiation du corps des ministres plénipotentiaires par arrêté du ministre des Affaires étrangères et européennes du 8 mars 2011, notamment pour abus d'autorité. Dans la présente requête, il demande l'annulation pour excès de pouvoir du décret du président de la République le mettant à la retraite d'office par mesure disciplinaire, ainsi que de l'arrêté du ministre des Affaires étrangères et Européennes le radiant du corps des ministres plénipotentiaires.

■ *Portée*

Le juge de l'excès de pouvoir exerce désormais un contrôle normal sur la qualification juridique des faits reprochés à un agent public : s'ils ne sont pas empreints d'inexactitude matérielle, s'ils constituent des fautes de nature à justifier une sanction, et si la sanction retenue est réellement *proportionnée* à la gravité de ces fautes. Cette jurisprudence revient sur un contrôle auparavant réduit, dit de l'erreur manifeste d'appréciation, en matière de sanctions disciplinaires dans la fonction publique. Ce contrôle restreint se justifiait par la volonté du juge de ne pas se substituer à l'administration active dans ses domaines d'action propres, en vertu du principe de séparation des autorités administratives et juridictionnelles. En effet, le contentieux de la fonction publique est technique, et le juge n'est pas gestionnaire des ressources humaines : il laisse en principe une large marge d'appréciation au supérieur hiérarchique pour décider de la sanction adaptée à une faute (pour l'instant d'ailleurs, le droit disciplinaire de la fonction publique est « régalien », dans la mesure où il écarte certaines garanties qui peuvent pourtant paraître comme essentielles, comme la prescription des faits fautifs). Ceci étant, l'expérience montre que le juge administratif développe inéluctablement son contrôle sur l'administration. Le domaine des sanctions disciplinaires dans la fonction publique en est l'une des illustrations contemporaines. On peut aussi trouver l'explication de ce renforcement du contrôle du juge notamment dans la « pression » de normes juridiques développant la garantie des droits en matière de poursuites : c'est essentiellement la Convention européenne des Droits de l'Homme, même si elle n'est pas évoquée explicitement dans l'arrêt, qui consacre l'obligation de respect des règles du procès équitable, y compris dans la fonction publique (*CEDH, 19 avr. 2007, Vilho Eskelinen c/Finlande*). L'apport de l'arrêt réside donc dans la disparition de la mention de la nécessité du caractère « manifestement » disproportionné de la mesure de sanction. Ceci étant, comme souvent à l'occasion d'une évolution sensible de jurisprudence, le Conseil d'État n'en fait pas bénéficier le requérant, débouté de son action. Il n'est donc pas écrit que, concrètement, ce revirement contribue à une forte augmentation de la proportion des censures par le juge. Notons enfin (cf. *Pour aller plus loin*), que ce revirement « couronne » un mouvement contemporain qui laissait présager assez clairement un renforcement du contrôle du juge sur ces sanctions, hormis peut-être dans les domaines d'action de « souveraineté ».

Pour aller plus loin

- **CE, sect., 9 juin 1978, Lebon** *(ab. jur. par l'arrêt Dahan)* : contrôle minimum de l'erreur manifeste d'appréciation des sanctions disciplinaires dans la fonction publique. V. aussi **CE, sect., 1er février 2006, *Touzard*** (stagiaire) ; et **CE, 12 janvier 2011, *Matelly*** (militaire),
- **CE, ass., 16 février 2009, *Société ATOM*** : contrôle de plein contentieux pour les sanctions infligées à un administré.
- **CE, 27 mai 2009, *Hontang*** : contrôle normal de la sanction infligée à un magistrat du parquet. V. aussi **CE, 27 mars 2015, *M. A., n° 382144***.
- **CE, 30 juin 2010, *Ponsard*** : contrôle normal de la sanction infligée à un magistrat du siège.
- **CE, 28 septembre 2016, *Théâtre national de Bretagne*** : le juge exerce un contrôle normal de proportionnalité sur une sanction complémentaire de publication d'une sanction administrative. « Sa légalité s'apprécie notamment au regard du support de diffusion retenu et de la durée pendant laquelle la publication est accessible de façon libre et continue ».
- **CE, 24 mai 2017, *Syndicat de la magistrature et autres Syndicat national des magistrats force ouvrière*** : annulation de dispositions du décret organisant la transaction pénale pour défaut d'information de l'auteur de l'infraction sur les faits reprochés et la qualification de l'infraction.

9 CE, ord., 27 janvier 2016, *Ligue des droits de l'homme et autres*

« 7. Considérant que, si le Président de la République dispose d'un large pouvoir d'appréciation pour faire ou non usage de la faculté qui lui est reconnue par la loi de mettre fin à l'état d'urgence avant l'expiration du délai de trois mois prévu par celle-ci, le silence de la loi sur les conditions de mise en œuvre de cette faculté ne saurait être interprété, eu égard à la circonstance qu'un régime de pouvoirs exceptionnels a des effets qui, dans un État de droit, sont par nature limités dans le temps et dans l'espace, comme faisant échapper sa décision à tout contrôle de la part du juge de la légalité ; qu'il appartient, en conséquence, au juge des référés de se prononcer sur les conclusions subsidiaires des requérants qui tendent à ce qu'il soit enjoint au Président de la République de faire usage de la faculté de mettre fin, par décret en conseil des ministres, à l'état d'urgence avant l'expiration du délai de trois mois ou, à tout le moins, de réexaminer la situation » (rejet).

■ *Faits*

La Ligue des droits de l'homme ainsi que d'autres requérants demandent au juge des référés du Conseil d'État d'ordonner la suspension, par le biais du référé-liberté (CJA, art. L. 521-2), en tout ou en partie, de l'état d'urgence ou, à défaut, d'enjoindre au président de la République de prendre un décret mettant fin, avant l'expiration du délai de trois mois prévu par la loi sur l'état d'urgence, à la déclaration de l'état d'urgence ou, à tout le moins, à l'application des mesures prévues dans ce cadre.

Ils demandent à titre subsidiaire d'enjoindre au président de la République de procéder à un réexamen des circonstances qui ont conduit à la déclaration de l'état d'urgence, déclenché en novembre 2015 suite aux attentats commis à Paris.

Cette requête implique pour le juge de définir l'étendue des pouvoirs dont il dispose en urgence au titre de la garantie des libertés fondamentales.

■ *Portée*

L'état d'urgence est organisé par la loi du 3 avril 1955 : il peut être déclaré sur tout ou partie du territoire national « *soit en cas de péril imminent résultant d'atteintes graves à l'ordre public, soit en cas d'événements présentant, par leur nature et leur gravité, le caractère de calamité publique* ». Il a été déclaré, par décret en Conseil des ministres, suite aux attentats commis à Paris le 13 novembre 2015. Sa prorogation au-delà de douze jours ne peut être autorisée que par la loi. Il a ainsi fait l'objet d'une première prorogation pour une durée de 3 mois par la loi du 20 novembre 2015 (entraînant le contentieux ici évoqué), qui modifie par ailleurs la loi de 1955, en : autorisant le ministre de l'Intérieur à décider d'assignations à résidence ; en l'autorisant à décider (ainsi que les préfets) de fermeture provisoire de salles de spectacles, débits de boissons et lieux de réunion et d'interdire les réunions de nature à provoquer ou à entretenir le désordre ; et en autorisant des perquisitions par les autorités de police administrative. Ces perquisitions ont été fortement contestées au regard du contrôle simplement « *a posteriori* » du juge administratif (au contraire du contrôle « *a priori* » du juge judiciaire en matière de perquisitions judiciaires).

Le référé-liberté est une procédure contentieuse qui permet de demander au juge administratif, qui statue en juge unique en urgence (il doit statuer dans les 48 heures), d'ordonner « *toutes mesures nécessaires à la sauvegarde d'une liberté fondamentale à laquelle une personne morale de droit public ou un organisme de droit privé chargé de la gestion d'un service public aurait porté, dans l'exercice d'un de ses pouvoirs, une atteinte grave et manifestement illégale* » (CJA, art. L. 521-2).

Le juge précise ici clairement les limites des pouvoirs qui lui sont conférés, sachant que dans le cadre d'un référé, il s'agit de prendre une mesure « *conservatoire* », dans l'attente de la solution du juge du fond. Il ne peut pas suspendre une loi, en l'occurrence la loi sur l'état d'urgence (un référé ne peut permettre de suspendre qu'un acte administratif). Par contre, il est possible d'influer sur la phase administrative de la procédure, et de demander d'enjoindre au président de la République de faire usage de la faculté de mettre fin à l'état d'urgence « avant l'expiration du délai de trois mois ou, à tout le moins, de réexaminer la situation ». En l'espèce, cette demande n'aboutit pas parce que le juge considère, à la date à laquelle il statue, que (notamment) le péril imminent « résultant d'atteintes graves à l'ordre public qui a conduit, à la suite d'attentats d'une nature et d'une gravité exceptionnelles, à déclarer l'état d'urgence n'a pas disparu ».

On notera qu'après deux premières lois de prorogation des 20 novembre 2015 et 19 février 2016, un troisième projet de loi prorogeant l'état d'urgence a été voté (loi du 20 mai 2016). Cette fois, la prolongation est d'une durée de deux mois pour se terminer le 26 juillet, ce qui couvre les deux événements sportifs que sont l'Euro de football et le Tour de France, participant pour le Conseil d'État, dans son avis, à la caractérisation d'un « péril imminent » au sens de la loi du 3 avril 1955. Ce texte n'autorise pas expressément, non plus, la reconduction de perquisitions administratives, qui sont donc interdites. Mais les assignations à résidence demeurent possibles.

Suite à l'attentat commis à Nice le 14 juillet 2016 et face au niveau élevé de la menace terroriste visant la France, un nouveau projet de loi a proposé de proroger l'état d'urgence, sur le territoire métropolitain et dans les départements d'outre-mer. Il a été voté, pour une durée portée à 6 mois, par l'Assemblée nationale le 19 juillet 2016. Le texte autorise la fouille des véhicules ou des bagages, et rétablit la possibilité de perquisitions administratives.

La loi du 19 décembre 2016 a ensuite prolongé l'état d'urgence jusqu'au 15 juillet 2017. Cette loi, qui limite la durée d'une mesure d'assignation à résidence à douze mois (consécutifs ou non), permet néanmoins de renouveler cette mesure au-delà, par périodes de trois mois, sous réserve (*Cons. const., déc. n° 2017-624 QPC du 16 mars 2017*) de trois conditions : le comportement de la personne en cause doit constituer une menace d'une particulière gravité pour la sécurité et l'ordre publics ; l'autorité administrative doit produire des éléments nouveaux ou complémentaires ; la durée totale de son placement sous assignation à résidence, les conditions de celle-ci et les obligations complémentaires dont cette mesure a été assortie doivent être prises en compte dans l'examen de la situation de l'intéressé. La durée de la mesure d'assignation à résidence doit être justifiée et proportionnée aux raisons ayant motivé la mesure dans les circonstances particulières ayant conduit à la déclaration de l'état d'urgence. Le Conseil constitutionnel a indiqué qu'il revient au juge administratif de s'assurer que cette mesure est adaptée, nécessaire et proportionnée à la finalité qu'elle poursuit. Le nouveau président de la République a indiqué qu'il souhaitait une nouvelle prolongation de l'état d'urgence jusqu'en novembre 2017.

Pour aller plus loin

- **CE, ord., 25 avril 2017, *M. D., n° 409725*** (et même jour, ***M. A., n° 409677***) : rejet de la demande de suspension d'une prolongation d'assignation à résidence au-delà d'un an par le ministre de l'Intérieur, respectant les trois conditions cumulatives prévues par la loi sur l'état d'urgence. Pour un exemple de suspension d'assignation à résidence : **CE, ord., 19 juin 2017, *Ministre de l'Intérieur c/ Mme E.*, n° 411587, n° 411588.**

- **CE, ass., 6 juillet 2016, *M. N. et autres*** : seule une responsabilité pour faute de l'État est susceptible d'être engagée à l'égard des personnes concernées par une mesure de perquisition administrative, soit au titre de l'illégalité de la décision de perquisition, soit en raison d'une faute commise dans l'exécution matérielle de la perquisition. La responsabilité de l'État à l'égard des tiers est, elle, engagée sans faute, sur le fondement de l'égalité devant les charges publiques, lorsqu'une telle perquisition cause directement un dommage.
- **CE, ord., 27 janvier 2016, *Ligue des droits de l'homme et autres*** : « si le Président de la République dispose d'un large pouvoir d'appréciation pour faire ou non usage de la faculté qui lui est reconnue par la loi de mettre fin à l'état d'urgence avant l'expiration du délai de trois mois prévu par [la loi], le silence de la loi sur les conditions de mise en œuvre de cette faculté ne saurait être interprété, eu égard à la circonstance qu'un régime de pouvoirs exceptionnels a des effets qui, dans un État de droit, sont par nature limités dans le temps et dans l'espace, comme faisant échapper sa décision à tout contrôle de la part du juge de la légalité ».
- **CE, ord., 22 janvier 2016, *M. B., n° 396116*** : suspension d'un arrêté d'assignation à résidence du ministre de l'Intérieur, faute d'établir qu'il existait de sérieuses raisons de penser que son comportement constitue une menace grave pour la sécurité et l'ordre publics.
- **CE, 15 janvier 2016, *Ligue des droits de l'homme*** (cf. développements sur la QPC). V. aussi **CE, ass., avis cont., 6 juillet 2016, *M. E... et autres, M. H... et autres, n° 398234, 399135*.**
- **CE, ord., 6 janvier 2016, *Mme C., n° 395622*** : l'assignation à résidence du requérant, qui s'était rendu en Arabie Saoudite en même temps qu'une personne connue comme un prosélyte radical, en ayant pris au préalable la décision de voyager ensemble, ne porte pas une atteinte grave et manifestement illégale à une liberté fondamentale.
- **CE, ord., 23 décembre 2015, *M. B., n° 395229*** : suspension de la fermeture administrative d'un restaurant, pour atteinte grave et manifestement illégale à la liberté d'entreprendre ; mais confirmation de l'assignation à résidence du propriétaire.
- **CE, ord., 18 décembre 2015, 2 esp. : *Association lutte pour un football populaire et autres*** : refus de suspension de l'arrêté du ministre de l'Intérieur portant interdiction de déplacement de supporters de clubs de football lors de la 19e journée de championnat de Ligue 1 et de Ligue 2 et du 8e de finale de la coupe de la Ligue (pas de disproportion de la décision).
- **CE, sect., 11 décembre 2015, *M. B., n° 394991*** : la circonstance que l'assignation à résidence ait été prise sans procédure contradictoire, ne saurait, par elle-même, porter une atteinte grave à l'exercice de la liberté d'aller et venir.
- **CE, ord., 1er décembre 2015, *M. B. et M. D., n° 394888*** : l'état d'urgence n'implique pas le report des élections régionales.

La responsabilité fondée sur la faute

Chapitre 10

En l'absence de textes généraux en la matière, le juge administratif a consacré une théorie autonome de la responsabilité extracontractuelle des personnes publiques indépendante de celle du Code civil. L'irresponsabilité traditionnelle des personnes publiques a fait place à une responsabilité généralisée, en principe fondée sur la faute. La preuve de celle-ci incombe en principe au demandeur. Par ailleurs, le juge administratif peut exiger, dans la mesure où l'activité administrative présente des difficultés particulières, la preuve d'une faute lourde. Le juge a enfin pour mission de déterminer dans quelle mesure le fait dommageable est le résultat d'une faute purement personnelle, imputable alors au fonctionnaire, ou au contraire celui d'une faute de service, auquel cas l'administration va en endosser la responsabilité.

1 T. confl., 30 juillet 1873, *Pelletier*

« Considérant que le décret rendu par le gouvernement de la Défense nationale, qui abroge l'article 75 de la Constitution de l'an VIII, ainsi que toutes les autres dispositions des lois générales et spéciales ayant pour objet d'entraver les poursuites dirigées contre les fonctionnaires publics de tout ordre, n'a eu d'autre effet que de supprimer la fin de non-recevoir résultant du défaut d'autorisation avec toutes ses conséquences légales et de rendre ainsi aux tribunaux judiciaires toute leur liberté d'action dans les limites de leur compétence mais qu'il n'a pu avoir également pour conséquence d'étendre les limites de leur juridiction, de supprimer la prohibition qui leur est faite, par d'autres dispositions que celles spécialement abrogées par le décret, de connaître des actes administratifs et d'interdire, dans ce cas, à l'autorité administrative le droit de proposer le déclinatoire et d'élever le conflit d'attribution ; Qu'une telle interprétation serait inconciliable avec la loi du 24 mai 1872 qui, en instituant le Tribunal des conflits, consacre à nouveau le principe de la séparation des pouvoirs et les règles de compétence qui en découlent ;
Considérant, que l'action formée par le sieur Pelletier devant le tribunal de Senlis, contre M. le général de Ladmirault, commandant l'état de siège dans le département de l'Oise, (...) a pour objet de faire déclarer arbitraire et illégale, par suite nulle et de nul effet, la saisie du journal que Pelletier se proposait de publier, opérée, le 18 janvier 1873, en vertu de la loi sur l'état de siège (...) ;
Considérant que la demande de Pelletier se fonde exclusivement sur cet acte de haute police administrative ; qu'en dehors de cet acte il n'impute aux défendeurs aucun fait personnel de nature à engager leur responsabilité particulière, et qu'en réalité la poursuite est dirigée contre cet acte lui-même, dans la personne des fonctionnaires qui l'ont ordonné ou qui y ont coopéré ;
Considérant qu'à tous ces points de vue le tribunal de Senlis était incompétent pour reconnaître de la demande du sieur Pelletier ; » (Confirmation de l'arrêté de conflit).

■ *Faits*

Le général commandant l'état de siège dans le département de l'Oise, a ordonné la saisie du journal que le requérant se proposait de publier, le 18 janvier 1873, en vertu de la loi sur l'état de siège. Le sieur Pelletier demande l'annulation de la saisie à la juridiction judiciaire, la restitution des exemplaires indûment saisis et la condamnation des défendeurs solidairement, à dommages-intérêts. Le préfet a élevé le conflit devant le Tribunal des conflits, qui est amené à évaluer les effets de l'abrogation de la « garantie des fonctionnaires » qui était prévue par l'article 75 de la Constitution de l'an VIII.

■ *Portée*

Le système dit de la « garantie des fonctionnaires », consacré par l'article 75 de la Constitution de l'an VIII ne permettait aux particuliers de poursuivre les fonctionnaires pour des faits en lien avec leurs fonctions qu'avec l'autorisation du CE (qui ne l'était que très rarement). Il fut abrogé par le gouvernement de la Défense nationale, par le décret-loi du 19 septembre 1870, qui soumet les fonctionnaires au droit commun, c'est-à-dire à la juridiction judiciaire. Le Tribunal des conflits interprète néanmoins strictement ce décret dans sa décision Pelletier. Il décide en effet que la juridiction administrative demeure seule compétente car ce décret n'avait pu avoir pour effet de porter atteinte à la règle de séparation des pouvoirs et des autorités, prévue dans la loi des 16 et 24 août 1790, qui sépare les fonctions administratives et judiciaires, et qui interdit aux juges judiciaires « de troubler de quelque manière que ce soit, les opérations des corps administratifs, ni citer devant eux les administrateurs pour raison de leurs fonctions ». Il estime donc que ce texte consacre une règle de procédure interdisant en principe aux juridictions judiciaires de poursuivre les administrateurs. Pour le Tribunal des conflits, c'est au seul cas de ***faute personnelle*** (la décision évoque le « fait personnel ») commise par un fonctionnaire que la juridiction judiciaire peut être reconnue compétente. En l'espèce, la saisie du journal décidée par le préfet et le commissaire de police a été considérée comme un acte de « haute police administrative », et le recours dirigé contre cet acte, non contre la personne des administrateurs ; le juge administratif reste donc compétent.

L'évolution législative et jurisprudentielle postérieure a maintenu la distinction entre la faute personnelle et la faute de service, mais en l'orientant dans une optique de protection de la victime, avec une notion de faute de service interprétée de plus en plus largement. C'est pourquoi aussi un « droit d'option » a été reconnu à la victime au cas de cumul de fautes ou de cumul de responsabilités (V. *infra*).

La distinction entre faute personnelle et faute de service est formulée dans les célèbres conclusions du commissaire du gouvernement Laferrière (sur *T. confl., 5 mai 1877, Laumonnier-Carriol*) : « *Si l'acte dommageable est impersonnel, s'il révèle un administrateur mandataire de l'État plus ou moins sujet à erreur, et non l'homme avec ses faiblesses, ses passions et ses imprudences, l'acte reste administratif et ne peut être déféré aux tribunaux ; si, au contraire, la personnalité de l'agent se révèle par des fautes de droit commun, par une voie de fait, une imprudence, la faute est imputable au fonctionnaire et non à la fonction et l'acte, perdant son caractère administratif, ne fait plus obstacle à la compétence judiciaire* ».

La faute personnelle est celle qui se détache assez de la fonction pour que le juge judiciaire puisse statuer sur elle sans avoir à porter d'appréciation sur le fonctionnement du service public. La faute de service reste, quant à elle, indissolublement liée au service et son appréciation implique nécessairement le fonctionnement du service. L'agent, en cas de faute personnelle, s'expose à une responsabilité pécuniaire à titre civil, devant le juge judiciaire. La victime pourra cependant poursuivre l'administration devant le juge administratif dans l'hypothèse où la faute personnelle n'est « pas dépourvue de tout lien avec le service ».

Pour aller plus loin

- **T. confl., 8 février 1873, *Blanco*** : la responsabilité, qui peut incomber à l'État pour les dommages causés aux particuliers par le fait des personnes qu'il emploie dans le service public, ne peut être régie par les principes qui sont établis dans le Code civil, pour les rapports de particulier à particulier ; cette responsabilité n'est ni générale, ni absolue.
- **CE, ass., 12 avril 2002, *Papon*** : caractère inexcusable d'un comportement qui constitue une faute personnelle détachable de l'exercice des fonctions.
- **CE, 17 octobre 2012, *Mlle B. et autres*** : présomption de faute du département suite à la divulgation d'informations relatives à l'identité d'un enfant adopté.
- **CE, 17 décembre 2014, *Ministre de l'écologie, du développement durable et de l'énergie c/M. D. et autres*** : l'État n'a pas commis de faute dans sa mission de contrôle du site de l'installation classée que constitue l'usine AZF de Toulouse, qui a explosé le 21 septembre 2001.
- **CE, 7 décembre 2015, *Mme A., n° 378325*** : la présomption de causalité mise en place par la loi du 5 janvier 2010 en cas d'exposition aux rayonnements ionisants due aux essais nucléaires ne peut être écartée que lorsqu'il est possible d'établir que le risque était négligeable.
- **CE, 4 avril 2016, *Société Unibéton*** : le juge administratif peut rejeter lui-même la recherche de responsabilité solidaire (recherchée sur le fondement de l'art. 1792-4 du Code civil) du fabricant d'un ouvrage ou équipement fourni à une personne publique.

2 CE, 10 février 1905, *Tomaso Grecco*

« Au fond :
Considérant qu'il ne résulte pas de l'instruction que le coup de feu qui a atteint le sieur Grecco ait été tiré par le gendarme Mayrigue, ni que l'accident, dont le requérant a été victime, puisse être attribué à une faute du service public dont l'administration serait responsable ; que, dès lors, le sieur Grecco n'est pas fondé à demander l'annulation de la décision par laquelle le ministre de la Guerre a refusé de lui allouer une indemnité ; »
(Rejet de la requête).

■ *Faits*

Un taureau s'était échappé et fut poursuivi par la foule. Un coup de feu fut tiré sur le taureau, mais qui blessa le sieur Grecco, qui était dans son logement. Il demanda réparation à l'État en arguant du fait que le coup de feu avait été tiré par un gendarme et que la police aurait dû éviter un tel incident.

■ *Portée*

Le Conseil d'État opère un revirement conséquent de jurisprudence dans cet arrêt en admettant le principe (même si le sieur Grecco n'obtient pas gain de cause en l'espèce) de la ***responsabilité de l'État pour faute du fait de l'action des services de police***. Auparavant, ce service bénéficiait d'une irresponsabilité juridique de principe, compte tenu des difficultés et des risques inhérents à cette mission. Aujourd'hui, le régime d'irresponsabilité de l'État a quasiment disparu.

On rappellera d'ailleurs que dans sa décision *Blanco*, le Tribunal des conflits avait bien précisé que la responsabilité administrative n'était « ni générale ni absolue ». Dans l'arrêt ici commenté, le Conseil d'État n'indique pas explicitement de quel type de faute, lourde ou simple, le requérant doit apporter la preuve. Il précisera dans les arrêts ultérieurs qu'il s'agit en principe d'une faute lourde. Le juge administratif a donc par la suite, tout au long du XXe siècle, précisé les règles relatives à la responsabilité des services de police.

Ainsi, le Conseil d'État continue à exiger une faute ***lourde*** lorsque le service de police administrative agit dans des conditions délicates, c'est-à-dire en principe *sur le terrain* (par exemple à l'occasion de l'usage de la force publique lors d'une manifestation ou à l'occasion de troubles dans un établissement pénitentiaire ; mais ce n'est pas systématique : une opération de terrain sans difficulté particulière peut entraîner l'application d'un régime de responsabilité pour faute simple). Mais les cas d'application de la faute lourde sont devenus l'exception, et c'est en principe la faute simple qui est requise désormais.

Aujourd'hui, une faute ***simple*** suffit normalement en ce qui concerne l'activité de réglementation de police (une faute lourde reste par contre nécessaire si l'activité est particulièrement délicate ; cela a été jugé ainsi en matière de réglementation de la circulation à Paris), ou en cas de carence de l'autorité de police à prendre une mesure adéquate ou à faire respecter sa propre réglementation.

Plus généralement, on observe un *déclin de la faute lourde* dans la quasi totalité des domaines d'intervention de l'administration, y compris en urgence (SAMU, Sapeurs-pompiers, sauvetage en mer), lorsqu'il s'agit d'examiner les conditions d'intervention du service. Mais le juge continue, bien entendu, à prendre en compte les difficultés spécifiques de chaque action de l'administration pour y adapter l'étendue de la responsabilité encourue.

Enfin, on verra dans le dernier chapitre, consacré à la responsabilité sans faute, que les services de police peuvent encore engager leur responsabilité sans faute, aussi bien sur le fondement du risque (en cas d'utilisation d'une arme à feu lorsqu'un accident est causé à un tiers par rapport à l'opération de police) que sur celui de la rupture d'égalité devant les charges publiques (en cas de dommage anormal et spécial à l'égard des tiers). L'évolution de la jurisprudence en matière de responsabilité du service de police est significative de la progression du contrôle de la juridiction administrative sur des services administratifs de type régalien.

Cependant, l'abandon de la nécessité de faute lourde ne signifie pas pour autant qu'il sera aisé pour le justiciable de prouver une faute simple. Et dans tous les cas, le juge administratif adaptera son contrôle aux difficultés intrinsèques de l'action administrative en cause.

Pour aller plus loin

- **CE, 28 novembre 2003,** ***Commune de Moissy-Cramayel*** : abandon de la faute lourde en matière de police du bruit du maire.
- **CE, 27 septembre 2006,** ***Commune de Baalon*** : abandon de la faute lourde en matière de police spéciale du maire concernant les immeubles menaçant ruine.
- **CE, sect., 21 mars 2011,** ***Krupa*** : abandon de la faute lourde en matière fiscale : une faute commise par l'administration lors de l'exécution d'opérations se rattachant aux procédures d'établissement et de recouvrement de l'impôt est de nature à engager la responsabilité de l'État à l'égard du contribuable ou de toute autre personne si elle leur a directement causé un préjudice. V. aussi **CE, 10 février 2014,** ***M. A., n° 360677***.
- **T. confl., 17 décembre 2012,** ***Mme A., n° C3877*** : les litiges relatifs aux dommages causés par des fonctionnaires des douanes lors de la constatation d'infractions au Code des douanes et de la recherche de leurs auteurs, qui relèvent de l'exercice de la police judiciaire, ressortissent à la compétence des tribunaux judiciaires, y compris lorsqu'est en cause une inaction fautive.
- **CE, 9 décembre 2015,** ***M. C. et Mme A., n° 386817*** : responsabilité désormais pour faute simple et non plus lourde en matière de contrôle de sortie du territoire ou d'une opposition à sortie du territoire (en l'espèce, d'un mineur). Cf. aussi : **CE, 26 avril 2017,** ***M. et Mme K., n° 394651***.

3 CE, 26 juillet 1918, *Époux Lemonnier*

« Considérant que la circonstance que l'accident éprouvé serait la conséquence d'une faute d'un agent administratif préposé à l'exécution d'un service public, laquelle aurait le caractère d'un fait personnel de nature à entraîner la condamnation de cet agent par les tribunaux de l'ordre judiciaire à des dommages-intérêts, et que même cette condamnation aurait été effectivement prononcée, ne saurait avoir pour conséquence de priver la victime de l'accident du droit de poursuivre directement, contre la personne publique qui a la gestion du service incriminé, la réparation du préjudice souffert, qu'il appartient seulement au juge administratif s'il estime qu'il y a une faute de service de nature à engager la responsabilité de la personne publique, de prendre, en déterminant la quotité et la forme de l'indemnité par lui allouée, les mesures nécessaires, en vue d'empêcher que sa décision n'ait pour effet de procurer à la victime, par suite des indemnités qu'elle a pu ou qu'elle peut obtenir devant d'autres juridictions à raison du même accident, une réparation supérieure à la valeur totale du préjudice subi ; » (Annulation ; indemnisation).

■ *Faits*

À l'occasion d'une fête de village, un stand de tir sur buts flottants a été mis en place. Or, l'année précédente, une promenade publique avait été aménagée sur la rive opposée aux tireurs. Le maire de la commune, informé du danger, n'a pas pris de mesures de sécurité adéquate et Mme Lemonnier fut blessée mortellement par une balle.

Les époux intentèrent une action en responsabilité devant les juridictions judiciaire (pour faute personnelle du maire) et administrative (pour faute de service).

■ *Portée*

Dans une première étape (*CE, 3 février 1911, Anguet*), le Conseil d'État avait consacré la théorie jurisprudentielle du ***cumul de responsabilités*** au cas de ***pluralité de fautes***, considérant que si la cause directe du préjudice subi est une faute personnelle, celle-ci n'a été rendue possible que par la faute de service qui l'a précédée. Le sieur Anguet, usager d'un bureau de poste, n'a pu sortir par la porte réservée au public, celle-ci ayant été prématurément fermée (faute de service). Sur indication d'un employé, il quitte l'établissement par une salle où s'effectue le tri des valeurs postales. Se méprenant sur les motifs de sa présence, les employés l'expulsent violemment dans la rue (faute personnelle), et il se fracture la jambe. Le Conseil d'État opte pour la compétence de la juridiction administrative, en retenant la faute de service. Cette solution est avantageuse pour la victime, qui peut se « contenter » de poursuivre l'État au chef de la faute de service, ce qui lui garantit un responsable solvable, même si en l'espèce, on peut distinguer deux fautes distinctes, une personnelle et une de service.

Une seule faute peut donc conduire à reconnaître à la fois la responsabilité de l'agent et celle de l'administration. Une fois encore, ce sont les conclusions du commissaire du gouvernement Léon Blum qui vont convaincre le CE de procéder à cette novation juridique d'un grand intérêt pour les victimes : si la faute personnelle « a été commise dans le service, ou à l'occasion du service, si les moyens et les instruments de la faute ont été mis à la disposition du coupable par le service, si la victime n'a été mise en présence du coupable que par l'effet du jeu du service, sien un mot, le service a conditionné l'accomplissement de la faute ou la production de ses conséquences dommageables vis-à-vis d'un individu déterminé, le juge administratif, alors, pourra et devra dire : la faute se détache peut-être du service – c'est affaire aux tribunaux judiciaires d'en décider –, mais le service ne se détache pas de la faute. Alors même que le citoyen lésé posséderait une action contre l'agent coupable, alors même qu'il aurait exercé cette action, il possède et peut faire valoir une action contre le service ».

La faute personnelle détachable de l'agent présuppose systématiquement aujourd'hui pour le Conseil d'État, nécessairement, une faute antécédente du service qui a consisté en un défaut de surveillance ou en une fourniture de moyens. Le lien avec le service est temporel (faute commise durant le temps du service) ou spatial (faute commise sur les lieux du service). La faute de l'agent est donc fictivement « recouverte » par celle du service qu'elle implique nécessairement.

C'est dans l'affaire ici commentée que le Conseil d'État a pour la première fois consacrée cette solution, et appliqué la théorie dite du ***cumul de responsabilités*** au cas de ***faute unique***. Il suffit que la faute personnelle ait été commise pendant le service pour que la responsabilité de la personne publique soit ainsi engagée. Le service est ici considéré comme une fiction, comme ayant lui-même commis la faute. L'arrêt *Époux Lemonnier* développe donc un système encore plus favorable à la victime, celui du cumul de responsabilités au cas de faute unique. Le Conseil d'État consacre aussi le principe du non-cumul des indemnités : l'administration répare l'intégralité du préjudice, mais pas plus, et elle est alors subrogée dans les droits des victimes contre l'auteur du fait dommageable.

Pour aller plus loin

- **CE, 14 novembre 1916, *Lhuillier*** : nouvelle application de la théorie du cumul de responsabilités au cas de pluralité de fautes : un meurtre est commis par un militaire ivre cantonné chez l'habitant (faute personnelle), consécutivement à une absence grave de surveillance de la part de l'administration militaire (faute de service).
- **CE, ass., 18 novembre 1949, *Dlles Mimeur, Defaux et Besthelsemer*** : abandon de l'exigence de la commission de la faute personnelle ***dans*** le service pour retenir le cumul de responsabilités, admis du moment que la faute personnelle n'est ***pas dépourvue de tout lien*** avec le service.
- **CE, ass., 26 octobre 1973, *Sadoudi*** : l'accident causé par un gardien de la paix à son compagnon de chambre, en dehors du service, en manipulant son pistolet, même s'il résulte d'une faute personnelle, engage la responsabilité de la ville de Paris qui emploie ce gardien, le règlement du personnel l'obligeant à conserver son arme, en dehors du service.
- **CE, 2 mars 2007, *Banque française commerciale de l'Océan Indien*** : le maire qui fournit de fausses attestations commet une faute qui, en raison sa gravité, doit être considérée comme une faute personnelle détachable du service, mais engage néanmoins la responsabilité de la commune car elle n'est pas dépourvue de tout lien avec le service.

4 T. confl., 14 janvier 1935, *Thépaz*

« Considérant qu'un convoi de camions militaires, allant à la vitesse de 20 kilomètres à l'heure, sous les ordres d'un gradé, a dépassé, sur la route, un cycliste, le sieur Thépaz, et que la remorque d'un de ces camions, à la suite d'un coup de volant donné par son conducteur, le soldat Mirabel, en vue d'éviter le choc du camion précédent, qui avait brusquement ralenti son allure, a renversé et blessé le cycliste ;
Considérant qu'à raison de cet accident, l'action publique a été mise en mouvement, en vertu de l'article 320 du Code pénal, à la requête du Ministère public, contre Mirabel, lequel a été condamné par le tribunal correctionnel, puis la Cour d'appel de Chambéry, à 25 F d'amende et au paiement à Thépaz, partie civile, d'une provision de 7 000 F en attendant qu'il soit statué sur les dommages-intérêts ; que, devant la cour d'appel, l'État, qui n'avait pas été mis en cause par la partie civile, est intervenu pour décliner la compétence de l'autorité judiciaire, aux fins de faire substituer sa responsabilité civile à celle du soldat ;
Considérant que, dans les conditions où il s'est présenté, le fait imputable à ce militaire, dans l'accomplissement d'un service commandé, n'est pas constitutif d'une faute se détachant de l'exercice de ses fonctions ; que, d'autre part, la circonstance que ce fait a été poursuivi devant la juridiction correctionnelle, en vertu des dispositions du nouveau Code de justice militaire sur la compétence, et puni par application de l'article 320 du Code pénal, ne saurait, en ce qui concerne les réparations pécuniaires, eu égard aux conditions dans lesquelles il a été commis, justifier la compétence de l'autorité judiciaire, saisie d'une poursuite civile exercée accessoirement à l'action publique ; (...) »
(Arrêté de conflit confirmé).

Faits

Un convoi de camions militaires, allant à la vitesse de 20 kilomètres à l'heure, sous les ordres d'un gradé, a dépassé, sur la route, un cycliste, le sieur Thépaz, et la remorque d'un de ces camions, à la suite d'un coup de volant donné par son conducteur, le soldat Mirabel, en vue d'éviter le choc avec le camion précédent, qui avait brusquement ralenti son allure, a renversé et blessé le cycliste. L'action publique a été mise en mouvement à la requête du Ministère public, contre le soldat, lequel a été condamné par le tribunal correctionnel, puis la Cour d'appel de Chambéry, à une amende et au paiement à la victime, partie civile, d'une provision sur les dommages-intérêts. Devant la cour d'appel, l'État, qui n'avait pas été mis en cause par la partie civile, est intervenu pour décliner la compétence de l'autorité judiciaire, aux fins de faire substituer sa responsabilité civile à celle du soldat.

Portée

Avec la décision *Thépaz*, le Tribunal des conflits consacre une séparation entre ***faute personnelle*** et ***faute pénale*** : si, comme la jurisprudence le reconnaissait déjà auparavant, une faute personnelle peut aussi constituer une faute pénale, il existe des fautes personnelles qui ne sont pas des fautes pénales et, comme en l'espèce, des fautes pénales qui ne constituent pas des fautes personnelles. Autrement dit, la faute pénale commise en l'espèce constitue une faute de service, qui engage la responsabilité de l'administration. On notera qu'en matière d'accidents de la route, la loi du 31 décembre 1957 opère une répartition des compétences juridictionnelles spécifique : les fautes pénales dans la conduite d'un véhicule engagent la responsabilité de l'administration (substitué à celle de ses agents) à l'égard de la victime. Par ailleurs, les modifications nombreuses du Code pénal depuis l'intervention de la décision du Tribunal des conflits ont conduit à la refonte du délit d'imprudence : l'article 121-3 du Code pénal précise aujourd'hui qu'« il y a également délit, lorsque la loi le prévoit, en cas de faute d'imprudence, de négligence ou de manquement à une obligation de prudence ou de sécurité prévue par la loi ou le règlement, s'il est établi que l'auteur des faits n'a pas accompli les diligences normales compte tenu, le cas échéant, de la nature de ses missions ou de ses fonctions, de ses compétences ainsi que du pouvoir et des moyens dont il disposait ». Le statut général de la fonction publique (art. 11 *bis* A de la loi du 13 juillet 1983 relative aux droits et obligations des fonctionnaires) transpose en droit de la fonction publique ces dispositions du Code pénal.

Enfin, on précisera que le juge pénal a plénitude de compétence, s'il est saisi, en ce qui concerne l'action publique. En ce qui concerne l'action civile, il n'est en principe compétent que dans l'hypothèse où l'agent a commis une faute à caractère personnel, sauf exceptions, prévues par le Code pénal : par exemple dans l'hypothèse prévue à l'article 136, en cas d'atteinte à la liberté individuelle.

Pour aller plus loin

- **CE, ass., 12 avril 2002, *Papon*** : le juge judiciaire répressif n'est compétent, en ce qui concerne l'action civile, que si l'action est dirigée contre l'agent public au motif d'une faute personnelle.
- **CE, 27 juillet 2009, *Min. Éd. Nat. c/Mlle Boullonnois*** : lorsque les faits commis par un agent public donnent lieu à la fois à une action pénale et à des poursuites disciplinaires, l'Administration peut se prononcer sur l'action disciplinaire sans attendre l'issue de la procédure pénale ; si elle décide de différer sa décision jusqu'à ce que le juge pénal ait statué, elle doit, dans le choix de la sanction, tenir compte notamment de la nature et de la gravité des faits répréhensibles.
- **T. confl., 16 novembre 2015, *M. et Mme B. c/ministre des finances*** : ordre judiciaire compétent pour connaître d'une action en responsabilité engagée par des parents, agissant en leur nom propre et en leur qualité de tuteurs de leur fils, agent titulaire de l'État, victime d'un accident de la circulation alors qu'il était passager d'un véhicule militaire (application de la loi du 31 décembre 1957).

5 CE, ass., 21 mars 1947, *Compagnie générale des eaux ; Dame veuve Aubry*

« I. – Compagnie générale des eaux
Considérant que l'évaluation des dégâts subis par l'immeuble de la dame veuve Pascal, du fait de la rupture d'une conduite de la Compagnie générale des eaux, devait être faite à la date où, leur cause ayant pris fin et leur étendue étant connue, il pouvait être procédé aux travaux destinés à les réparer ; que les premiers juges ont exactement apprécié les circonstances de l'affaire en estimant que cette date devait être fixée au 10 février 1942 ; que le sieur Pascal n'apporte pas la preuve que les travaux aient été retardés par l'impossibilité soit d'en assurer le financement soit de se procurer les matériaux nécessaires à leur exécution ; que, dans ces conditions, c'est à bon droit que le Conseil de préfecture de Versailles s'est placé à la date sus-indiquée du 10 février 1942 pour évaluer le montant de l'indemnité qui était due ;
(Rejet de la requête ; rejet du recours incident).
II. – Dame Veuve Aubry
Sur le montant de l'indemnité :
Considérant que, si le droit à la réparation du dommage personnel s'ouvre à la date de l'accident, il appartient à l'autorité qui fixe l'indemnité et notamment au juge saisi de conclusions pécuniaires de faire du dommage une évaluation telle qu'elle assure à la victime, à la date où intervient la décision, l'entière réparation du préjudice, en compensant la perte effective de revenu éprouvée par elle du fait de l'accident que, toutefois, il doit être tenu compte, dans cette évaluation, de la responsabilité qui peut incomber à l'intéressé dans le retard apporté à la réparation du dommage ; que, dans ce cas, le préjudice doit être évalué en faisant état des circonstances existant à l'époque où la décision aurait dû normalement intervenir ; »
(Annulation ; indemnisation).

■ *Faits*

Une canalisation de la Compagnie générale des eaux s'est rompue le 10 février 1942, endommageant un immeuble. Le Conseil d'État doit indiquer à quelle date il évalue le préjudice : celle du dommage, ou celle à laquelle il statue.

Le même jour, le Conseil d'État statue sur la requête de Madame Aubry, victime le 28 avril 1941 d'un accident causé par un véhicule du service des chantiers de jeunesse. Le Conseil d'État doit là encore préciser la date d'évaluation du dommage.

■ *Portée*

En matière de contentieux indemnitaire, le moment de l'appréciation par le juge du montant du dommage à réparer est capital. Il n'est que de se rapporter à l'époque des deux contentieux commentés, qui connaissait une inflation conséquente : procéder à une évaluation au moment des faits pouvait conduire à octroyer une indemnité qui se serait révélée très minorée au moment du jugement. Les deux arrêts, en tout état de cause, consacrent un progrès dans la réparation des dommages. Dans le cas de dommages matériels aux ***biens***, le juge apprécie depuis l'arrêt *Compagnie générale des eaux* leur valeur au jour de leur survenance, sauf si la victime prouve qu'il lui était alors impossible de faire effectuer les travaux de réparation (pour raison juridique, technique ou financière), en ce cas le montant des travaux sera apprécié au jour où le juge statue.

Cette dernière hypothèse est nouvelle et évidemment plus favorable à la victime qui va ainsi bénéficier d'une date d'évaluation reportée dans le temps, postérieure au dommage (ce qui tend à renchérir le coût des réparations).

Dans le cas de dommages corporels aux ***personnes***, en vertu de la jurisprudence *Dame veuve Aubry*, le droit à réparation s'apprécie à la date de réalisation des dommages, et le juge procède à leur évaluation au jour où il statue. Il tient compte dans son évaluation de l'entier préjudice ainsi que du retard apporté par la victime à intenter son action. Cette position, qui s'aligne sur celle de la juridiction judiciaire, est aussi favorable à la victime qui pourra voir sa situation évaluée alors que son état sera en principe « consolidé » (cas d'une invalidité), ou aux ayants droit (en cas de décès de la victime) qui ne subiront pas de dépréciation monétaire. Par la suite, le Conseil d'Etat adoptera, comme le juge judiciaire, la « nomenclature Dintilhac » pour calculer l'indemnisation des préjudices corporels, et intégrera aussi la réparation d'un éventuel dommage lié à une perte de chance (p. ex. liée à la perte d'un membre).

Enfin, l'exception de déchéance quadriennale peut être opposée par l'administration à partir du 31 décembre de la quatrième année qui suit celle au cours de laquelle la créance est née.

Pour aller plus loin

- **CE, 2 mai 1962, *Caucheteux et Desmonts*** : pour les dommages aux biens, les travaux sont appréciés au jour où ils étaient réalisables (en l'espèce à l'issue de la Seconde Guerre mondiale).
- **CE, avis, 16 février 2009, *Mme Hoffman-Glemane*** : les agissements qui ont permis ou facilité la déportation à partir de la France de personnes victimes de persécutions antisémites sont fautifs et engagent la responsabilité de l'État. La réparation de ces souffrances exceptionnelles ne se borne pas à des mesures d'ordre financier.
- **CE, ass. 24 novembre 1961, *Min. des travaux publics c/consorts Letisserand*** : le juge administratif accepte la réparation de la douleur morale.
- **CE, ass., 30 juillet 2014, *Mmes D. et B., n° 349789*** : les œuvres d'art inscrites au répertoire « Musées Nationaux Récupération » (MNR), œuvres sous la garde de l'État, doivent être restituées à leurs propriétaires légitimes, sans qu'une prescription puisse y faire obstacle ; et éventuellement faire l'objet d'une réparation équitable ; v ; aussi **CE, 27 mars 2009, *Mme Ranely Verge Dupré***.

6 CE, ass., 28 juillet 1951, *Laruelle, Delville*

« 1. Delville
Considérant que, si au cas où un dommage a été causé à un tiers par les effets conjugués de la faute d'un service public et de la faute personnelle d'un agent de ce service, la victime peut demander à être indemnisée de la totalité du préjudice subi soit à l'administration, devant les juridictions administratives, soit à l'agent responsable, devant les tribunaux judiciaires, la contribution finale de l'administration et de l'agent à la charge des réparations doit être réglée par le juge administratif compte tenu de l'existence et de la gravité des fautes respectives constatées dans chaque espèce ; [...]
Considérant qu'il résulte de l'instruction que l'accident est imputable tout à la fois et dans une égale mesure, d'une part, à l'état d'ébriété du sieur Delville, faute qui dans les circonstances de l'affaire constituait une faute personnelle caractérisée, et d'autre part au mauvais état des freins du camion, constituant une faute à la charge de l'État ; que dès lors le sieur Delville est fondé à demander à l'État le remboursement de la moitié des indemnités dont il est débiteur envers le sieur Caron, soit d'une somme de 85 385,70 F (...)
Considérant enfin que, s'étant rendu coupable d'une faute personnelle, ainsi qu'il a été dit ci-dessus, le requérant n'est pas fondé à demander à l'État le remboursement de tout ou partie des frais qu'il a exposés devant les tribunaux judiciaires pour défendre à l'action du sieur Caron ;
2. Laruelle
Sur la responsabilité encourue par le sieur Laruelle :
Considérant que, si les fonctionnaires et agents des collectivités publiques ne sont pas pécuniairement responsables envers lesdites collectivités des conséquences dommageables de leurs fautes de service, il ne saurait en être ainsi quand le préjudice qu'ils ont causé à ces collectivités est imputable à des fautes personnelles, détachables de l'exercice de leurs fonctions ; »

■ Faits

M. Laruelle, sous-officier, a renversé Mme Marchand, sans qu'aucune faute ne puisse être relevée à la charge de la victime, alors qu'il utilisait en dehors du service pour des fins personnelles, la voiture militaire dont il était le conducteur, commettant une faute personnelle. Le ministre des Anciens combattants lui réclame le remboursement total de l'indemnité versée à la victime par l'État au titre de la faute de service. M. Delville, employé au ministère de la Reconstruction, en qualité de chauffeur, a été condamné par les tribunaux judiciaires à indemniser en totalité les victimes de l'accident qu'il avait causé alors qu'il conduisait un camion de l'administration en état d'ébriété. Il réclame à son administration le remboursement de l'indemnité qu'il a versée, en raison de la faute commise par le service (défaillance des freins du camion).

Ces deux affaires conduisent le Conseil d'État à préciser les relations entre l'administration et ses agents dans le cas où son agent est coupable de faute personnelle, en tout ou partie, mais qu'une faute de service est aussi retenue, et dans le cas où son agent, coupable d'une faute personnelle, peut par ailleurs invoquer une faute de service.

■ Portée

Les deux arrêts ici commentés donnent l'état contemporain de la distinction entre faute personnelle et faute de service. Alors qu'à l'origine le principe était celui de l'irresponsabilité du fonctionnaire à l'égard de l'administration, qui ne pouvait pas se retourner contre l'agent pour obtenir le remboursement, total ou partiel, des sommes versées par elle (*CE, 28 mars 1924, Poursines*), en 1951, la jurisprudence met fin à ce régime. Les agents publics sont désormais pécuniairement responsables envers l'administration des fautes personnelles détachables du service. La compétence appartient toujours en matière de répartition des charges respectives entre l'administration et son agent, à la juridiction administrative : qu'il s'agisse de l'action de l'administration contre son agent pour obtenir remboursement des sommes versées au titre de la faute personnelle (cas de l'arrêt *Laruelle*) ; ou des sommes versées par l'agent à la victime alors qu'une part du dommage résulte en réalité d'une faute de service (cas de l'arrêt *Delville*). ***L'option*** dont dispose la victime en cas de cumul ne concerne que la contribution provisoire à la réparation du dommage. L'administration dispose toujours, ensuite (devant la juridiction administrative), d'une action récursoire contre l'agent public ayant commis une faute personnelle.

Pour aller plus loin

- **CE, ass., 12 avril 2002, *Papon*** : la contribution finale de l'administration et de l'agent est réglée par le juge administratif compte tenu de l'existence et de la gravité des fautes respectives.
- **CE, 9 novembre 2015, *SAS constructions mécaniques de* Normandie** : un employeur, condamné par le juge judiciaire à indemniser ses salariés en raison d'un manquement à son obligation d'assurer leur sécurité et la protection de leur santé, s'il n'a pas commis de manquement délibéré d'une particulière gravité, peut se retourner contre l'État qui aurait commis une faute ayant concouru à la réalisation des préjudices. V. aussi **CE, 9 novembre 2015, *MAIF et association centre lyrique d'Auvergne***.

7 CE, ass., 10 avril 1992, *Époux V.*

« Sur le principe de la responsabilité :
Considérant qu'il résulte de l'instruction, [...] que la césarienne pratiquée sur Mme V. présentait, en raison de l'existence d'un placenta prævia décelé par une échographie, un risque connu d'hémorragie pouvant entraîner une hypotension et une chute du débit cardiaque [...] ;
Considérant que le médecin anesthésiste de l'hôpital a administré à Mme V., avant le début de l'intervention, une dose excessive d'un médicament à effet hypotenseur ; qu'une demi-heure plus tard une chute brusque de la tension artérielle, accompagnée de troubles cardiaques et de nausées, a été constatée ; que le praticien a ensuite procédé à l'anesthésie péridurale prévue et a administré un produit anesthésique contre-indiqué compte tenu de son effet hypotenseur ; qu'une deuxième chute de la tension artérielle s'est produite à onze heures dix ; qu'après la césarienne et la naissance de l'enfant, un saignement s'est produit et a été suivi, à onze heures vingt-cinq, d'une troisième chute de tension qui a persisté malgré les soins prodigués à la patiente ; qu'à douze heures trente, du plasma décongelé mais insuffisamment réchauffé a été perfusé, provoquant immédiatement une vive douleur suivie de l'arrêt cardiaque ;
Considérant que les erreurs ainsi commises – qui ont été, selon les rapports d'expertise, la cause de l'accident survenu à Mme V. – constituent une faute médicale de nature à engager la responsabilité de l'hôpital ; »

■ *Faits*

Mme V. a subi, le 9 mai 1979, quelques jours avant le terme de sa grossesse, à l'hôpital, une césarienne pratiquée sous anesthésie péridurale. Au cours de l'opération plusieurs chutes brusques de la tension artérielle se sont produites, suivies d'un arrêt cardiaque. Mme V. a pu être réanimée sur place, puis soignée au centre hospitalier régional de Rouen, où elle a été hospitalisée. Elle demeure atteinte d'importants troubles neurologiques et physiques provoqués par l'anoxie cérébrale consécutive à l'arrêt cardiaque survenu au cours de l'intervention du 9 mai 1979.

■ *Portée*

Le Conseil d'État révise dans cette affaire un fondement de la ***responsabilité hospitalière***. Il ***abandonne l'exigence de la faute lourde*** (caractère lié à la gravité des dommages subis) pour les dommages causés aux usagers par les ***activités médicales ou chirurgicales***, afin de donner plus facilement satisfaction aux victimes. Il avait déjà consacré un tel système de responsabilité pour faute simple en cas de défaillance dans l'organisation ou le fonctionnement du service (p. ex. erreur administrative, défaut d'information du patient sur le coût de son hospitalisation), ou pour les actes de soins courants ne nécessitant pas la présence d'un médecin (p. ex. perfusion). Une année après l'arrêt ici commenté, le Conseil d'Etat étendra la faute simple en matière de transfusion sanguine.

Chaque faute commise dans cette affaire ne pouvait, individuellement, être considérée comme une faute lourde, ce qui aurait, sous l'empire de la jurisprudence antérieure, conduit au rejet de la requête à ce titre. En l'occurrence, c'est l'accumulation des erreurs commises qui constitue une ***faute médicale*** de nature à engager la responsabilité de l'hôpital (la preuve de la faute est toujours nécessaire). Cette faute, qui n'est pas une faute lourde, est toutefois d'une nature particulière : comme l'a indiqué le commissaire du gouvernement Legal dans ses conclusions, il ne s'agissait, par cette évolution jurisprudentielle, « ni de transformer l'obligation de moyens en obligation de résultat ni d'assimiler la faute médicale à d'autres fautes (...) Il s'agit d'une faute spécifique régies par les lois particulières de la discipline en cause », qui sera appréciée *in concreto*, au cas par cas.

On notera que la responsabilité hospitalière peut être engagée sans faute sur le fondement du risque au cas d'utilisation de produits sanguins par les hôpitaux et le Centre national de la transfusion sanguine en cas de contamination par le virus du SIDA à la suite d'une transfusion sanguine, ou au cas d'utilisation défaillante d'appareils de santé, ou en cas de réalisation d'un risque dont l'existence est connue mais dont la réalisation est exceptionnelle et dont aucune raison ne permettait de penser que le patient y était particulièrement exposé (dans ce cas, la responsabilité de l'hôpital est engagée si l'exécution de l'acte médical est la cause directe de dommages sans rapport avec l'état initial du patient comme avec l'évolution prévisible de cet état, et présentant le caractère d'une extrême gravité).

La loi du 4 mars 2002 relative aux droits des malades et à la qualité du système de santé, précise à son tour les règles en la matière. L'article L. 1142-1-I du Code de la santé publique dispose désormais que « *Hors le cas où leur responsabilité est encourue en raison d'un défaut d'un produit de santé, les professionnels de santé..., ainsi que tout établissement, service ou organisme dans lesquels sont réalisés des actes individuels de prévention, de diagnostic ou de soins ne sont responsables des conséquences dommageables d'actes de prévention, de diagnostic ou de soins qu'en cas de faute.* ».

Pour aller plus loin

- **CE, sect., 5 janvier 2000, *Consorts Telle*** : obligation de recueillir le consentement éclairé de l'intéressé à l'acte médical envisagé.
- **CE, sect., 3 novembre 1997, *Hôpital Joseph Imbert d'Arles*** : la solution de l'arrêt *Bianchi* est étendue aux actes chirurgicaux pratiqués sans nécessité thérapeutique, en l'occurrence à une circoncision rituelle.
- **CE, 9 décembre 2009, *CPAM des Yvelines*** : administrer à un enfant un traitement inadapté ne constitue pas une imprudence fautive dans la mesure où, en l'espèce, il s'agissait d'une maladie métabolique extrêmement rare et difficile à diagnostiquer.
- **CE, 12 mars 2012, *CHU de Besançon*** : confirmation du principe selon lequel, sans préjudice des actions susceptibles d'être exercées à l'encontre du « producteur » d'appareils ou de produits au sens communautaire du terme, le service public hospitalier est responsable, même en l'absence de faute de sa part, des conséquences dommageables pour les usagers de la défaillance des produits et appareils de santé qu'il utilise.
- **T. confl., 11 avril 2016, *Centre hospitalier de Chambéry, n° 4044 :*** l'action en garantie d'un hôpital contre un producteur d'un produit de santé défectueux relève de la juridiction administrative s'ils sont liés par un marché public.
- **CE, 27 juin 2016, *M. et Mme B. c/CHU de Poitiers, n° 386165*** : en présence d'une pathologie de la mère ou de l'enfant à naître ou d'antécédents médicaux entraînant un risque connu en cas d'accouchement par voie basse, la femme enceinte doit être informée de ce risque ainsi que de la possibilité de procéder à une césarienne, et des risques inhérents à une telle intervention.

8 CE, sect., 27 février 2004, Mme *Popin*

« Considérant que la justice est rendue de façon indivisible au nom de l'État ; qu'il n'appartient dès lors qu'à celui-ci de répondre, à l'égard des justiciables, des dommages pouvant résulter pour eux de l'exercice de la fonction juridictionnelle assurée, sous le contrôle du Conseil d'État, par les juridictions administratives ; qu'il en va ainsi alors même que la loi a conféré à des instances relevant d'autres personnes morales compétence pour connaître, en premier ressort ou en appel, de certains litiges ;

Considérant que la sanction que le conseil d'administration, constitué en formation disciplinaire, de l'Université des sciences humaines de Strasbourg (Université Marc Bloch Strasbourg II) a infligée, le 22 janvier 1998 à Mme Popin, professeur des universités, a été prise dans l'exercice des attributions juridictionnelles que la loi confère en premier ressort aux universités ; qu'il résulte de ce qui a été dit ci-dessus que seule la responsabilité de l'État pourrait, le cas échéant, être engagée à l'égard de Mme Popin du fait de cette décision juridictionnelle ; »

(Rejet).

Faits

Le conseil d'administration, constitué en formation disciplinaire, de l'Université des sciences humaines de Strasbourg a infligé, le 22 janvier 1998 à Mme Popin, professeur des universités, une sanction disciplinaire. Cette sanction est prise dans l'exercice des attributions juridictionnelles que la loi confère en premier ressort aux universités.

Mme Popin demande l'annulation de la décision implicite par laquelle a été rejetée sa demande indemnitaire présentée à son université, en réparation des préjudices subis du fait de cette décision.

Portée

Il existe en droit public de nombreuses juridictions administrations spécialisées, pour des raisons historiques, ou afin de répondre à une exigence de technicité des domaines en cause. On en trouve ainsi, notamment, au sein des ordres professionnels (*V. CE, 1943 Bouguen*), ou au sein d'établissements publics, à l'image des universités. L'Éducation nationale est ainsi organisée : une section disciplinaire est chargée au sein des établissements universitaires de statuer sur les fautes susceptibles d'être commises par les étudiants ou les enseignants.

En matière de responsabilité, en principe, c'est l'auteur du dommage qui doit procéder à la réparation : on pourrait penser que c'est l'institution pour laquelle le jugement est rendu (l'Université en l'espèce) qui endosse la responsabilité en cas de dysfonctionnement du service de la justice qui opère pour elle. Le Conseil d'État n'opte pas pour cette solution. En effet, il se rattache au principe selon lequel la justice est rendue au nom du peuple français, représenté par l'État. Il précise donc dans un considérant de principe que, en tout état de cause, ***la justice est rendue de façon indivisible au nom de l'État*** (les décisions juridictionnelles précisent bien, par ailleurs, qu'elles sont rendues « au nom du peuple français », celui-ci étant indivisible et souverain ; l'Etat en est la personnification juridique). Il n'appartient dès lors qu'à celui-ci de répondre, à l'égard des justiciables (et d'eux seuls, c'est-à-dire des parties au procès), des dommages pouvant résulter pour eux de l'exercice de la fonction juridictionnelle assurée, sous le contrôle du Conseil d'État, par les juridictions administratives (il faut en effet comprendre que la décision du Conseil d'Etat ne concerne quel celles-ci, et pas les juridictions judiciaires, dont la responsabilité incombe bien, aussi, à l'Etat, mais en application des dispositions de l'article L. 141-1 du Code de l'organisation judiciaire, qui précise par ailleurs que « Sauf dispositions particulières, cette responsabilité n'est engagée que par une faute lourde ou par un déni de justice »). Il en va ainsi alors même que la loi a conféré à des instances relevant d'autres personnes morales (en l'espèce une université) compétence pour connaître, en premier ressort ou en appel, de certains litiges.

L'article R. 311-1-5° du Code de justice administrative donne compétence au Conseil d'État pour connaître en premier et dernier ressort des actions en responsabilité dirigées contre l'État pour durée excessive de la procédure devant la juridiction administrative.

Pour aller plus loin

- **CE, ass., 29 décembre 1978, *Darmont*** : en vertu des *principes généraux* régissant la responsabilité de la puissance publique, une ***faute lourde*** commise dans l'exercice de la fonction juridictionnelle par une juridiction administrative est en principe seule susceptible d'ouvrir droit à indemnité.
- **CE, ass, 28 juin 2002, *ministère de la Justice c/Magiera*** : engagement de la responsabilité de l'État pour faute ***simple*** en raison du retard de la justice administrative.
- **CE, sect., 17 juillet 2009, *Ville de Brest*** : « lorsque le droit à un délai raisonnable de jugement a été méconnu, les justiciables peuvent obtenir la réparation de l'ensemble des préjudices tant matériels que moraux, directs et certains, causés par ce fonctionnement défectueux du service de la justice et se rapportant à la période excédant le délai raisonnable ; le caractère raisonnable du délai doit, pour une affaire, s'apprécier de manière globale – compte tenu notamment de l'exercice des voies de recours – et concrète en prenant en compte sa complexité, les conditions de déroulement de la procédure, de même que le comportement des parties tout au long de celle-ci, et aussi, dans la mesure où le juge a connaissance de tels éléments, l'intérêt qu'il peut y avoir pour l'une ou l'autre, compte tenu de sa situation particulière, des circonstances propres au litige et, le cas échéant, de sa nature même, à ce qu'il soit tranché rapidement ; lorsque la durée globale de jugement n'a pas dépassé le délai raisonnable, la responsabilité de l'État est néanmoins susceptible d'être engagée si la durée de l'une des instances a, par elle-même, revêtu une durée excessive ».
- **T. confl., 8 juillet 2013, *Mme B., n° C3904*** : lorsque la durée totale de la procédure qu'un justiciable estime excessive résulte d'instances introduites devant les deux ordres de juridiction, chacun compétent pour connaître d'une partie du litige, l'action en réparation doit être portée devant l'ordre de juridiction qui s'est prononcé en dernier sur le fond, qui portera une appréciation globale sur la durée de la procédure devant les deux ordres de juridiction.

La responsabilité sans faute

Chapitre 11

La responsabilité sans faute à prouver par le requérant est mise en œuvre dans des hypothèses dans lesquelles le juge administratif a considéré qu'il serait inéquitable de faire peser sur le requérant le poids d'un dommage causé par l'administration, alors qu'il n'est pas possible de considérer celle-ci comme ayant commis une faute. Il existe ainsi deux fondements à cette responsabilité particulière au droit public. Tout d'abord, le *risque* : l'administration est à l'origine d'un dommage accidentel réalisé suite à la concrétisation d'un risque exceptionnel engendré par son action d'intérêt général. Ensuite, la *rupture d'égalité devant les charges publiques* : l'administration fait volontairement peser sur l'administré une charge spéciale et anormale, qui doit pouvoir être indemnisée.

La juridiction administrative a forgé les règles de la responsabilité sans faute des personnes publiques de façon indépendante et totalement novatrice par rapport aux règles jusque-là pratiquées en droit privé.

1 CE, 28 mars 1919, *Regnault-Desroziers*

« Considérant qu'il résulte de l'instruction que, dès l'année 1915, l'autorité militaire avait accumulé une grande quantité de grenades dans les casemates du Fort de la Double-Couronne, situé à proximité des habitations d'une agglomération importante ; qu'elle procédait, en outre, constamment à la manutention de ces engins dangereux, en vue d'alimenter rapidement les armées en campagne ; que ces opérations effectuées dans des conditions d'organisation sommaires, sous l'empire des nécessités militaires, comportaient des risques excédant les limites de ceux qui résultent normalement du voisinage, et que de tels risques étaient de nature, en cas d'accident survenu en dehors de tout fait de guerre, à engager, indépendamment de toute faute, la responsabilité de l'État ;
Considérant qu'il n'est pas contesté que l'explosion du Fort de la Double-Couronne, survenue le 4 mars 1916, ait été la conséquence des opérations ci-dessus caractérisées ; que, par suite, le requérant est fondé à soutenir que l'État doit réparer les dommages causés par cet accident ; »
(Annulation, indemnisation).

■ *Faits*

L'explosion du Fort de la Double-Couronne, le 4 mars 1916, qui fit plusieurs morts et blessés civils, fut la conséquence des opérations de manutention des engins dangereux qui y étaient stockés. Certaines précautions n'avaient pas été prises pour que ce fort ne constitue pas un danger pour la population avoisinante.

Le Conseil d'État considère que le requérant est fondé à soutenir que l'État doit réparer les dommages causés par cet accident, en dehors de toute preuve d'une faute à apporter par le requérant.

■ *Portée*

Les voisins de services publics subissent parfois des inconvénients du fait de la présence de ceux-ci (bruit, risque d'explosion en l'espèce). En vertu de la jurisprudence ici commentée, ils peuvent demander réparation des dommages qui se réalisent du fait de ce ***risque anormal de voisinage***. En d'autres termes, l'administration est reconnue responsable, sans faute, lorsque le dommage est né d'un risque de nature exceptionnelle qu'elle avait elle-même contribué à créer, en toute connaissance de cause, mais pour des motifs tenant à l'intérêt général. Le CE étend par cette décision une jurisprudence qu'il avait déjà appliquée aux ouvriers de l'administration (arrêt *Cames*, 1895, V. *infra*).

L'arrêt concerne plus spécialement les choses dangereuses (munitions, armes à feu) ou produits présentant un danger spécifique (ce type de responsabilité a été étendu notamment aux produits sanguins) comme source de cette nouvelle responsabilité des personnes publiques. La jurisprudence a étendu ensuite cette solution aux activités ou situations dangereuses (permissions de sortie bénéficiant aux détenus ou aux personnes faisant l'objet d'internement psychiatrique ; assistance éducative). La victime doit prouver une proximité immédiate de l'établissement à l'origine du dommage. L'extension de cette jurisprudence répond à une exigence de socialisation des risques, du fait d'une politique décidée par le législateur et mise en oeuvre par l'administration, que l'on sait faire courir des risques au public, même si la concrétisation du dommage reste en principe exceptionnelle. Le juge administratif est par ailleurs amené à préciser au cas par cas les limites (géographiques et/ou temporelles) dans lesquelles on peut considérer la victime dans une telle situation de « voisinage ».

Aujourd'hui, compte tenu de l'extension des cas de responsabilité pour risque, elle doit plutôt établir un risque spécial de réalisation du dommage pour les tiers. Par définition la preuve de la faute n'est pas à établir ; mais le lien de causalité, lui, reste à prouver (ce qui n'est pas toujours évident). Les usagers du service, eux, restent en principe soumis au régime de la responsabilité pour faute.

Cette distinction entre les usagers et les tiers est normale : les premiers bénéficient du service public, alors que les seconds ne sont, dans l'hypothèse de la responsabilité, que victime de son action. On verra ci-dessous que les cas dans lesquels la responsabilité sans faute *pour risque*, initiée dans l'arrêt ici commenté, n'ont cessé d'augmenter dans la jurisprudence administrative.

Pour aller plus loin

- **CE, ass., 24 juin 1949, *Consorts Lecomte*** : la responsabilité sans faute du service de police, malgré l'utilisation d'armes à feu, sur le fondement du risque, dans le but d'améliorer la réparation vis-à-vis de la victime qui a qualité de ***tiers*** par rapport à l'opération de police.
- **CE, sect., 3 février 1956, *Thouzellier*** : extension de la responsabilité pour risque au régime d'internat surveillé pour mineurs délinquants.
- **CE, 5 juillet 2006, *CRAM de la Somme*** : consécration d'une responsabilité sans faute de plein droit du département du fait des dommages causés par les pupilles de l'État placés dans les familles d'accueil.
- **CE, 19 juin 2013, *M. et Mme A. c/communauté urbaine de Bordeaux, n° 343152*** : l'indemnisation du fait de dommages permanents de travaux publics doit intégrer les travaux réalisés pour les nécessités de l'exploitation du commerce riverain, même si les travaux sont engagés par un locataire.
- **T. confl., 14 octobre 2013, *M. C., n° C3916*** : la juridiction administrative est compétente pour connaître de l'action en réparation de dommages imputés à un immeuble, ayant le caractère d'un ouvrage public, appartenant à un office public d'habitations à loyer modéré (OPHLM), à une personne occupant un logement dans cet immeuble par nécessité absolue de service.

2 CE, 30 novembre 1923, *Couitéas*

« Considérant qu'en prenant, pour les motifs et dans les circonstances ci-dessus rappelées, la décision dont se plaint le sieur Couitéas, le gouvernement n'a fait qu'user des pouvoirs qui lui sont conférés en vue du maintien de l'ordre et de la sécurité publique dans un pays de protectorat ;
Mais Considérant que le justiciable nanti d'une sentence judiciaire dûment revêtue de la formule exécutoire est en droit de compter sur la force publique pour l'exécution du titre qui lui a été ainsi délivré ; que si, comme il a été dit ci-dessus, le gouvernement a le devoir d'apprécier les conditions de cette exécution et de refuser le concours de la force armée, tant qu'il estime qu'il y a danger pour l'ordre et la sécurité, le préjudice qui résulte de ce refus ne saurait, s'il excède une certaine durée, être une charge incombant normalement à l'intéressé, et qu'il appartient au juge de déterminer la limite à partir de laquelle il doit être supporté par la collectivité ;
Considérant que la privation de jouissance totale et sans limitation de durée résultant, pour le requérant, de la mesure prise à son égard, lui a imposé, dans l'intérêt général, un préjudice pour lequel il est fondé à demander une réparation pécuniaire ; que, dès lors, c'est à tort que le ministre des Affaires étrangères lui a dénié tout droit à indemnité ; »
(Annulation, indemnisation).

■ Faits

Par jugement en date du 13 février 1908, le tribunal de Sousse a ordonné le maintien en possession du sieur Couitéas des parcelles de terres du domaine de Tabia-el-Houbira et lui a conféré « le droit d'en faire expulser tous les occupants ». Le requérant a demandé, à plusieurs reprises, aux autorités compétentes l'exécution de cette décision. Mais le gouvernement français lui a toujours refusé le concours de la force militaire d'occupation, en raison des troubles graves que susciterait l'expulsion de nombreux indigènes de terres dont ils s'estiment légitimes occupants.

■ Portée

Le Conseil d'État consacre ici une hypothèse de ***responsabilité sans faute*** de l'État sur le fondement de la ***rupture d'égalité devant les charges publiques***, lorsque l'administration décide de ne ***pas exécuter une décision de justice*** parce qu'elle estime que son exécution serait susceptible de provoquer des troubles graves supérieurs au bénéfice attendu de l'exécution du jugement. La crainte des réactions que l'emploi de la force provoquerait permet donc à l'autorité administrative de refuser de mettre en œuvre la formule exécutoire du jugement, qui « mande et ordonne » pourtant à toute autorité publique de respecter et d'exécuter la décision prise par le juge au nom du peuple français. La victime de l'inexécution (que l'on doit en l'hypothèse considérer comme légale) de la décision de justice a néanmoins, c'est l'apport de l'arrêt, droit à réparation car elle supporte dans l'intérêt de la collectivité des charges anormales. La victime doit toutefois établir que le préjudice qu'elle subit a un caractère anormal (d'une gravité renforcée ; cette condition est en principe remplie puisque, comme on l'a vu, les décisions de justice doivent être exécutées) et spécial (circonscription à un petit nombre de victimes ; cette condition est en principe remplie par nature).

Parmi les éléments que peut prendre en compte l'autorité saisie d'une demande de concours de la force publique pour refuser l'exécution d'un jugement, peuvent figurer « les menaces immédiates que le retard mis à l'expulsion locative des occupants fait peser sur la sécurité de ceux-ci ».

La jurisprudence *Couitéas* a été étendue à l'abstention de l'exercice des pouvoirs de police. Le juge laisse en général un délai à l'administration pour exécuter la décision de justice.

L'article L. 153-1 du Code des procédures civiles d'exécution confirme cette jurisprudence lorsqu'il précise que « *l'État est tenu de prêter son concours à l'exécution des jugements et autres titres exécutoires. Le refus de l'État de prêter son concours ouvre droit à réparation* ».

Enfin, le Conseil d'Etat a précisé plus récemment les conditions dans lesquelles le refus de concours de la force publique était légalement possible (*CE, 30 juin 2010, Min. intérieur c/ M. et Mme Ben Amour*) dans un nouveau considérant de principe : « Considérant que toute décision de justice ayant force exécutoire peut donner lieu à une exécution forcée, la force publique devant, si elle est requise, prêter main forte à cette exécution ; que, toutefois, des considérations impérieuses tenant à la sauvegarde de l'ordre public ou à la survenance de circonstances postérieures à la décision judiciaire d'expulsion telles que l'exécution de celle-ci serait susceptible d'attenter à la dignité de la personne humaine, peuvent légalement justifier, sans qu'il soit porté atteinte au principe de la séparation des pouvoirs, le refus de prêter le concours de la force publique ; qu'en cas d'octroi de la force publique il appartient au juge de rechercher si l'appréciation à laquelle s'est livrée l'administration sur la nature et l'ampleur des troubles à l'ordre public susceptibles d'être engendrés par sa décision ou sur les conséquences de l'expulsion des occupants compte tenu de la survenance de circonstances postérieures à la décision de justice l'ayant ordonné, n'est pas entachée d'une erreur manifeste d'appréciation ».

Pour aller plus loin

- **CE, ass., 3 juin 1938, *Société Cartonnerie Saint-Charles*** : application de la jurisprudence *Couitéas* au refus de faire exécuter une décision d'expulsion de grévistes occupant une usine.
- **CE, ass., 22 octobre 2010, *Mme Bleitrach*** : si, pour des motifs légitimes d'intérêt général, l'État a pu étaler dans le temps la réalisation des aménagements raisonnables destinés à permettre de satisfaire aux exigences d'accessibilité des locaux des palais de justice aux personnes handicapées, le préjudice qui résulte des conditions de cet étalement dans le temps des mesures destinées à rendre accessibles les bâtiments concernés pour la requérante, avocate handicapée à mobilité réduite fréquentant régulièrement les locaux judiciaires, dont l'exercice de la profession a été rendu, de ce fait, plus difficile, sans que les mesures palliatives prises aient pu atténuer suffisamment les difficultés qu'elle rencontre, ne saurait, s'il revêt un caractère grave et spécial, être regardé comme une charge incombant normalement à l'intéressée.

3 CE, ass., 14 janvier 1938, *Société La Fleurette*

« Considérant qu'aux termes de l'article 1er de la loi du 29 juin 1934 relative à la protection des produits laitiers : "Il est interdit de fabriquer, d'exposer, de mettre en vente ou de vendre, d'importer, d'exporter ou de transiter : 1°) sous la dénomination de "crème" suivie ou non d'un qualificatif ou sous une dénomination de fantaisie quelconque, un produit représentant l'aspect de la crème, destiné aux mêmes usages, ne provenant pas exclusivement du lait, l'addition de matières grasses étrangères étant notamment interdite".
Considérant que l'interdiction ainsi édictée en faveur de l'industrie laitière a mis la société requérante dans l'obligation de cesser la fabrication du produit qu'elle exploitait antérieurement sous le nom de "Gradine", lequel entrait dans la définition donnée par l'article de loi précité et dont il n'est pas allégué qu'il présentât un danger pour la santé publique ; que rien, ni dans le texte même de la loi ou dans ses travaux préparatoires, ni dans l'ensemble des circonstances de l'affaire, ne permet de penser que le législateur a entendu faire supporter à l'intéressée une charge qui ne lui incombe pas normalement ; que cette charge, créée dans un intérêt général, doit être supportée par la collectivité ; qu'il suit de là que la société La Fleurette est fondée à demander que l'État soit condamné à lui payer une indemnité en réparation du préjudice par elle subi ; »
(Annulation).

■ Faits

La loi du 29 juin 1934 relative à la protection des produits laitiers interdit de fabriquer, d'exposer, de mettre en vente ou de vendre, d'importer, d'exporter ou de transiter sous la dénomination de « crème » un produit représentant l'aspect de la crème, destiné aux mêmes usages, ne provenant pas exclusivement du lait, l'addition de matières grasses étrangères étant notamment interdite. Cette loi conduit à l'interdiction pour la Société La Fleurette de produire la « Gradine », produit mélangeant du lait, de l'huile et des jaunes d'œufs.

■ Portée

Le Conseil d'État met explicitement fin dans cet arrêt à l'irresponsabilité de l'État législateur. Il ne peut par contre considérer que le Parlement a commis une faute, compte tenu de la souveraineté du pouvoir législatif. Celle-ci semblait devoir conduire à un régime général d'irresponsabilité du législateur. Il n'en est finalement rien, et le Conseil d'État consacre ici un nouveau fondement de responsabilité sans faute, sur le fondement de la ***rupture d'égalité devant les charges publiques, du fait des lois***. C'est un régime de responsabilité très favorable à la victime. La victime doit cependant établir, comme dans tous les cas de mise en jeu de responsabilité, que le préjudice subi a un lien direct et certain avec le fait générateur. La victime doit aussi établir que le préjudice qu'elle subit a un caractère anormal : il doit être d'une gravité renforcée. Le préjudice doit aussi être spécial, c'est-à-dire circonscrit à un petit nombre de victimes. La victime ne doit pas être dans une situation excluant tout droit à réparation (p. ex. en cas de fraude). Par ailleurs, la responsabilité du fait des lois n'est pas invocable quand la loi institue un régime délibérément discriminatoire, nécessaire pour obtenir les résultats voulus (p. ex. des résultats économiques spécifiques : lutte contre l'inflation) ou exclut clairement toute possibilité d'indemnisation. Le Conseil d'État peut aussi se référer aux travaux préparatoires de la loi afin de vérifier l'intention réelle du législateur. Sa position est la suivante : si ni les dispositions de la loi ni les travaux préparatoires n'excluent par principe l'indemnisation, celle-ci sera normalement octroyée (si les conditions susvisées sont remplies, et si aucune autre circonstance ne l'interdit).

Ce régime de responsabilité se renouvelle du fait de plusieurs facteurs :

- le Conseil constitutionnel tout d'abord, qui développe sa propre conception de la rupture d'égalité devant les charges publiques à l'occasion de son contrôle de constitutionnalité des lois ;
- en matière de lois de validation : il s'agit dans ce cas de réparer « l'ensemble des préjudices qui résultent de l'intervention d'une loi adoptée en méconnaissance des engagements internationaux de la France ».

Enfin, ce régime très particulier, de responsabilité de l'Etat du fait des lois, est de la compétence de la seule juridiction administrative. (cf. nos commentaires sous l'arrêt *Gardedieu*).

Pour aller plus loin

- **CE, 21 octobre 1998,** ***Plan*** : la loi du 10 juillet 1976 qui protège les flamants roses ne permet pas l'indemnisation des dégâts qu'ils occasionnent aux rizières (solution donnée au regard des travaux préparatoires). Mais cette solution a été tempérée (**CE, sect., 30 juillet 2003,** ***Association pour le développement de l'aquaculture en région Centre***).
- **CE, sect., 22 février 1963,** ***Commune de Gavarnie*** : les règlements légalement pris engagent la responsabilité de l'administration lorsqu'ils entraînent un dommage, même s'ils sont intervenus dans un but d'ordre public, et à condition de causer un préjudice à la fois spécial et anormal.
- **CE, 9 mai 2012,** ***Société Godet frères, Société Charentaise d'entrepôts*** : en l'absence de dispositions législatives le prévoyant expressément, l'exploitant d'une installation classée (susceptible de présenter des dangers particuliers) dont la fermeture ou la suppression a été ordonnée en raison des dangers ou inconvénients qu'elle représentait, est fondé à demander l'indemnisation du dommage qu'il a subi de ce fait lorsque, excédant les aléas que comporte nécessairement une telle exploitation, il revêt un caractère grave et spécial.

1 CE, 9 avril 2010, *Union des familles en Europe*

Considérant qu'aux termes du premier alinéa de l'article 23-5 de l'ordonnance du 7 novembre 1958 portant loi organique sur le Conseil constitutionnel : « Le moyen tiré de ce qu'une disposition législative porte atteinte aux droits et libertés garantis par la Constitution peut être soulevé (...) à l'occasion d'une instance devant le Conseil d'État (...) » ;
Considérant que le 2° de l'article L. 211-3 du Code de l'action sociale et des familles est applicable au présent litige au sens et pour l'application de l'article 23-5 de l'ordonnance du 7 novembre 1958 ; que les dispositions de ce 2° n'ont pas déjà été déclarées conformes à la Constitution par le Conseil constitutionnel ; que le moyen tiré de ce qu'elles portent atteinte aux droits et libertés garantis par la Constitution, et notamment au principe d'égalité, soulève une question présentant un caractère sérieux ; qu'ainsi, il y a lieu de renvoyer au Conseil constitutionnel la question prioritaire de constitutionnalité invoquée ;

■ *Faits*

L'Union des familles en Europe demande au Conseil d'État l'annulation du décret n° 2008-1112 du 30 octobre 2008 créant un Haut Conseil de la famille. À l'appui de cette requête, elle demande au Conseil d'État de renvoyer au Conseil constitutionnel la question de la conformité aux droits et libertés garantis par la Constitution du 2° de l'article L. 211-3 du Code de l'action sociale et des familles qui dispose que « L'union nationale et les unions départementales des associations familiales sont habilitées, sans préjudice de tous les droits et prérogatives pouvant résulter de leurs statuts, à : (...) 2° Représenter officiellement auprès des pouvoirs publics l'ensemble des familles et notamment désigner ou proposer les délégués des familles aux divers conseils, assemblées ou autres organismes institués par l'État, la région, le département, la commune ».

■ *Décision*

Le Conseil d'État a renvoyé au Conseil constitutionnel le 14 avril 2010 cette question prioritaire de constitutionnalité (QPC) présentée par l'Union des familles en Europe qui s'intéresse à la représentation des associations familiales auprès des pouvoirs publics.

En l'espèce, l'Union des familles en Europe conteste les règles de représentativité des associations familiales, et plus particulièrement les préférences accordées à l'Union nationale des associations familiales (l'UNAF) et aux unions départementales qui lui sont affiliées (UDAF), au regard du principe constitutionnel d'égalité.

Le Conseil d'État considère que les trois conditions de recevabilité ci-dessous mentionnées, conditionnant le renvoi d'une QPC, sont bien réunies :

- la disposition contestée, de nature législative (mais pas constitutionnelle ou réglementaire), est applicable au litige ou à la procédure, ou constitue le fondement des poursuites ;
- qu'elle n'a pas déjà été déclarée conforme à la Constitution dans les motifs et le dispositif d'une décision du Conseil constitutionnel, sauf changement des circonstances (de droit ou de fait) – ce qui conduit à prendre en compte l'évolution de la pratique des textes ;
- et qu'elle est *nouvelle* ou présente un caractère *sérieux* (ce dernier critère constituant la majorité des cas de refus de transmission).

Lorsque le Conseil constitutionnel a été saisi (il a *trois mois* pour statuer), le Conseil d'État sursoit à statuer jusqu'à ce qu'il se soit prononcé.

2 Sélection de QPC récentes examinées par le Conseil d'État

La QPC est d'une grande richesse, tant en ce qui concerne les conditions de procédure que les principes de fond applicables. Le Conseil d'État se montre strict dans son appréciation des conditions de recevabilité (transmission, en moyenne, dans moins de 25 % des cas). Il confirme, sur le fond, l'autorité de la chose jugée des décisions du Conseil constitutionnel, ainsi que l'interprétation à donner des « droits et garanties » prévues par la Constitution ; il découvre aussi de nouveaux champs d'investigation. La QPC se révèle d'un intérêt évident pour les justiciables, qui bénéficient d'un nouveau champ d'investigation juridictionnel ; et surtout, ils y trouvent le bénéfice de pouvoir invoquer des garanties essentielles tirées du champ constitutionnel.

La nouveauté de cette procédure conduit à un nombre très élevé de décisions dignes d'intérêt. Il est donc impossible dans le cadre de cet ouvrage de les retenir toutes. Le choix a donc été fait de sélectionner essentiellement les décisions rendues dans l'année de la parution de chaque édition de l'ouvrage. Les décisions significatives des années précédentes peuvent donc être trouvées dans les éditions antérieures. Quelques décisions de principe, précisant le sens général ou la portée même de la QPC, et rendues dans les premiers temps de la procédure, sont toutefois mentionnées.

Pour aller plus loin

- **CE, 9 avril 2010, *M. Matelly*:** une QPC doit, pour être recevable, être présentée sous la forme d'un mémoire distinct et motivé ***(non-transmission).***
- **CE, 16 avril 2010, *M. Virassamy*** : la QPC n'a pas pour but de demander au Conseil constitutionnel une interprétation d'articles de la Constitution ***(non-transmission)***.
- **CE, 14 mai 2010, *M. Rujovic*** : une disposition de traité ou accord international ***ne peut pas faire l'objet d'une QPC (non-transmission)***.
- **CE, 2 juin 2010, *M. Ponsart*** : une disposition de nature réglementaire ne peut ***pas faire l'objet d'une QPC (non-transmission).***
- **CE, 26 janvier 2012, *Comité Harkis et vérité*** : l'objectif de valeur constitutionnelle d'intelligibilité de la loi et l'exigence constitutionnelle de transposition du droit de l'Union européenne ne sont pas au nombre des droits et libertés garantis par la Constitution qui peuvent être utilement invoqués à l'appui d'une QPC ***(non-transmission).***
- **CE, 11 avril 2012, *M. Roland A.*** : la méconnaissance par le législateur de sa propre compétence ne peut être invoquée à l'appui d'une QPC que dans le cas où est affecté un droit ou une liberté que la Constitution garantit.
- **CE, 27 février 2013, *Société Promogil*** : le juge du référé-suspension (art. L 521-1, CJA) ne procède à l'examen d'une QPC qu'après avoir réglé la question de l'urgence.
- **CE, 5 février 2014, *Société d'édition de Canal Plus*** : le moyen tiré de la méconnaissance de la procédure d'adoption d'une loi ne peut être invoqué à l'appui d'une QPC (V. **CE, 16 novembre 2016, *M. F... et autres, n° 40274***).
- **CE, 4 mai 2016, *n° 395466*** : une QPC ne peut pas être transmise si elle met en cause une loi antérieure à la Constitution de 1958, et dont les effets ont été définitivement produits avant l'entrée en vigueur de la Constitution.
- **CE, ass., 31 mai 2016, *M. J., n° 393881*** : Lorsque l'interprétation d'une directive de l'Union européenne présente une difficulté sérieuse et conditionne l'interprétation et la compatibilité d'une disposition législative, une QPC « dirigée contre cette disposition à raison de la méconnaissance du principe d'égalité qui résulterait du fait qu'elle devrait être laissée inappliquée aux situations relevant du champ du droit de l'UE et ne serait donc applicable qu'aux situations ne relevant pas du champ de ce droit ne peut être regardée comme présentant, en l'état, un caractère sérieux ».

- **CE, ass., 31 mai 2016,** ***Mme G., n° 396848*** : le juge du référé-liberté doit exercer un contrôle de conventionnalité de la loi qui peut l'amener à rechercher si des dispositions législatives sont manifestement incompatibles avec les engagements européens ou internationaux de la France (en l'espèce, Conv. EDH), et si la mise en œuvre de ces dispositions entraînerait des conséquences manifestement contraires aux exigences nées de ces engagements.
- **CE, 8 juin 2016,** ***Association française des entreprises privées (AFEP) et autres*** : eu égard à l'objectif de sécurité juridique poursuivi par l'article L. 80A du Livre des procédures fiscales, « les instructions ou circulaires fiscales dont un contribuable peut, dans les conditions définies par cet article, se prévaloir doivent être appliquées littéralement et ne sauraient donc faire l'objet d'une interprétation permettant d'en faire une application conforme aux normes qu'elles doivent respecter ».
- **CE, sect., 13 juillet 2016,** ***Mme B., n° 388317*** : en posant une QPC, « tout justiciable a le droit de contester la constitutionnalité de la portée effective qu'une interprétation jurisprudentielle constante confère à la disposition législative contestée » (affaire relative à l'aide à domicile dans l'intérêt de l'enfant).
- **CE, ord., 22 juillet 2016,** ***Mme B., n° 400913 :*** le juge des référés du Conseil d'État peut, y compris lorsqu'une QPC est soulevée devant lui, rejeter de telles conclusions pour incompétence de la juridiction administrative, irrecevabilité ou défaut d'urgence. « S'il ne rejette pas les conclusions à fin de suspension pour l'un de ces motifs, il lui appartient de se prononcer, en l'état de l'instruction, sur le renvoi de la question prioritaire de constitutionnalité au Conseil constitutionnel. Même s'il décide de renvoyer la question au Conseil constitutionnel, il peut décider de faire usage des pouvoirs que l'article L. 521-1 lui confère pour ordonner à titre provisoire la suspension de l'exécution de l'acte attaqué, s'il estime que les conditions posées par cet article sont remplies ».
- **CE, 28 novembre 2016,** ***Min. des finances et des comptes publics c/SAS Autoguadeloupe Développement*** : le Conseil constitutionnel peut préciser dans ses décisions que la déclaration d'inconstitutionnalité qu'il prononce « peut être invoquée dans toutes les instances non jugées définitivement ». Sont de telles instances celles qui n'ont pas donné lieu à des décisions devenues irrévocables.
- **CE, 7 décembre 2016,** ***Département d'Ille-et-Vilaine*** : le moyen tiré de ce que le législateur « aurait méconnu le principe d'égalité en permettant à divers organismes versant à la victime d'un dommage corporel des prestations à caractère indemnitaire d'exercer un recours subrogatoire contre le responsable de ce dommage, sans ouvrir la même voie de droit aux départements au titre des prestations d'aide sociale ayant pour objet la prise en charge des frais liés au handicap qu'ils versent à la victime, soulève une question présentant un caractère sérieux ».
- **CE, 16 décembre 2016,** ***Commune de Mantes-la-Jolie*** : les pouvoirs de police du maire lui permettent de prendre les mesures nécessaires pour prévenir les troubles à l'ordre public que pourrait susciter l'inhumation dans un cimetière de la commune d'une personne qui a commis des actes d'une particulière gravité ayant affecté cette collectivité, y compris refuser l'inhumation ; refus de transmettre la QPC tirée de la prétendue obligation du maire d'accepter toute inhumation.
- **CE, 28 décembre 2016,** ***M. et Mme A., n° 401464*** : le requérant, qui n'a pas contesté, dans le délai de recours en cassation, le refus de transmission d'une QPC, ne peut former devant le Conseil d'État une QPC portant sur la même disposition, même en soulevant des moyens nouveaux.
- **CE, 28 décembre 2016,** ***Société éditrice de Mediapart*** : refus de transmettre une QPC qui met en cause une loi qui se borne à transposer une directive, sinon, cela reviendrait à critiquer la directive de l'Union européenne elle-même, or la Constitution l'interdit (sauf si une règle ou un principe inhérent à l'identité constitutionnelle de la France est mis en cause).
- **CE, ord., 16 janvier 2017,** ***M. A., n° 406614*** : transmission de la QPC relative à la loi du 19 décembre 2016 qui proroge l'état d'urgence et permet dans certains cas de renouveler au-delà de la durée « normale » maximale des assignations à résidence (douze mois sur la période), au regard du sérieux du moyen tiré d'une atteinte « injustifiée et disproportionnée » à la liberté d'aller et venir.

- **CE, 8 février 2017, *M. B., n° 404993 :*** il n'appartient pas au CE, lorsqu'il examine une QPC, de se prononcer sur la régularité de la décision juridictionnelle qui lui a transmis cette QPC.
- **CE, 3 mars 2017, *Union nationale des associations de familles de traumatisés crâniens et de cérébro-lésés (UNAFTC)*** : transmission de la QPC relative aux articles du Code de la santé publique (issus de la loi du 2 février 2016) créant au regard des droits constitutionnels de sauvegarde de la dignité de la personne humaine, dont découlerait le droit à la vie, de la liberté personnelle et du droit à un recours juridictionnel effectif, une question nouvelle.
- **CE, 29 mars 2017, *M. B., n° 407230*** : transmission de la QPC relative à la loi du 3 avril 1955 modifiée sur l'état d'urgence en tant qu'elle autorise le préfet à interdire le séjour dans tout ou partie du département à « toute personne cherchant à entraver de quelque manière que ce soit l'action des pouvoirs publics », au regard de la liberté d'aller et venir.
- **CE, 26 avril 2017, *Société Enedis*** : la règle de l'article 21 de la Constitution établissant le pouvoir réglementaire du Premier ministre n'est pas au nombre des droits et libertés garantis par la Constitution susceptible de justifier une QPC.
- **CE, 9 mai 2017, *M. B., n° 407999*** : des dispositions législatives non couvertes par une réserve d'interprétation du Conseil constitutionnel ne peuvent être regardées comme ayant déjà été déclarées conformes à la Constitution dans les motifs et le dispositif de cette décision.
- **CE, ord., 29 mai 2017, *Association « En Marche ! »*** : les dispositions du Code électoral limitant pour les partis et groupements politiques non représentés à l'Assemblée nationale le temps d'antenne pour les élections législatives, justifient la transmission d'une QPC. V. aussi **CE, ord., 31 mai 2017, *Association « En Marche ! »*** : non-lieu à statuer sur la demande, suite à la décision du Conseil constitutionnel du même jour abrogeant l'article contesté du Code électoral à la date du 30 juin 2018 et précisant les conditions dans lesquelles ces dispositions, relatives au temps d'antenne alloué aux partis et groupements qui ne sont pas déjà représentés par un groupe parlementaire à l'Assemblée nationale sortante, devaient être interprétées.

Cet ouvrage a été achevé d'imprimer dans les ateliers de Leitzaran (Espagne)
Numéro d'impression : 480
Dépôt légal : Août 2017